红军师长

侯梯云

许妙惠 著

浙江工商大学出版社
ZHEJIANG GONGSHANG UNIVERSITY PRESS
·杭州·

图书在版编目(CIP)数据

红军师长侯梯云 / 许妙惠著. —杭州:浙江工商大学
出版社，2020.9
ISBN 978-7-5178-3713-8

Ⅰ. ①红… Ⅱ. ①许… Ⅲ. ①侯梯云(1897—1933)—
传记 Ⅳ. ①K825.2

中国版本图书馆 CIP 数据核字(2020)第 022110 号

红军师长侯梯云
HONGJUN SHIZHANG HOUTIYUN

许妙惠 著

责任编辑	沈明珠
封面设计	孙婷玫
责任印制	包建辉
出版发行	浙江工商大学出版社
	(杭州市教工路198号　邮政编码310012)
	(E-mail:zjgsupress@163.com)
	(网址:http://www.zjgsupress.com)
	电话:0571-88904980,88831806(传真)
排　　版	杭州朝曦图文设计有限公司
印　　刷	杭州高腾印务有限公司
开　　本	880mm×1230mm　1/32
印　　张	13.375
字　　数	213千
版 印 次	2020年9月第1版　2020年9月第1次印刷
书　　号	ISBN 978-7-5178-3713-8
定　　价	64.00元

侯梯云像

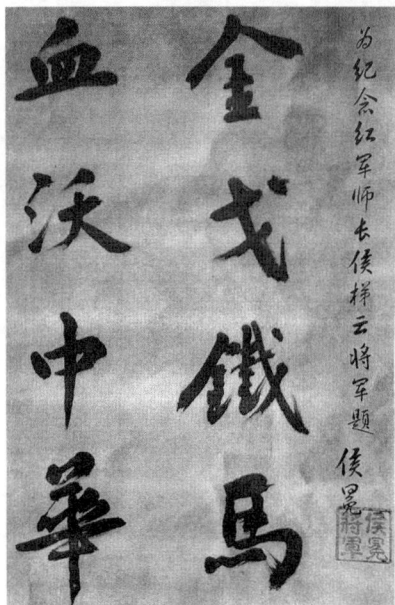

金戈铁马 血沃中华

为纪念红军师长侯梯云将军题

侯冕将军

侯冕将军题字

为革命牺牲精神光辉永在

侯梯云纪念碑残部

2

1933年5月11日,《大公报》关于侯梯云牺牲的报道

1933年5月14日,《大公报》关于嘉奖徐洞一事的报道

序　一

读罢许妙惠同志的《红军师长侯梯云》样稿,我的心情久久不能平静,仿佛刚刚穿越了历史隧道,进行了一次时间旅行,回到那个金戈铁马的战场,重温那段激情燃烧的岁月,接受一次灵魂的洗礼、精神的升华。

安仁是一片神奇的热土,受神农文化和湖湘文化熏陶浸染,安仁人既有淳朴厚道、勤劳奉献的气质,也不乏吃得苦、霸得蛮,敢为人先、勇于抗争的精神。正是这种气质和精神,让安仁人在革命战争年代书写了厚重的一页。叶挺在这里打响北伐第一枪,朱德在这里策划井冈山会师。激荡的红色风云,席卷安仁大地,一代代热血儿女从这里起程,抛头颅、洒热血,为民族独立、人民幸福贡献一切,侯梯云同志就是其中的优秀代表。他生于1897年,早年曾参加

1

"二次革命"和北伐战争，1927年加入中国共产党，此后长期在井冈山根据地从事革命工作，先后担任湘南游击大队大队长、湘赣红军警卫团团长、湘赣红军独立第一师师长、湘赣红军独立第三师师长、新编独立第一师师长，是我们党早期革命战争时期的骨干分子。这一时期，侯梯云同志在极其困难的情况下，坚定理想信念，为了夺取革命胜利，身先士卒、冲锋在前，矢志不渝地与敌人斗智斗勇，为井冈山革命根据地建设和中国革命事业发展做出了巨大贡献。1933年5月，侯梯云同志在酃县（今炎陵县）一次战斗中身负重伤，不幸壮烈牺牲。

为有牺牲多壮志，敢教日月换新天。屈指算来，侯梯云同志离开我们已经有84年了。84年，人事轮回，沧海桑田，岁月抹去许多痕迹，但侯梯云同志的故事仍在安仁的大地上不息流传。今天的安仁，政通人和，物阜民丰，这一切正是千千万万个侯梯云一样的革命先烈筚路蓝缕、奋斗牺牲换来的。

忘记历史是最大的背叛。如今，战斗的硝烟已经远去，但是奋斗的精神不能丢失。记史育人、存史资政是中华民族的优良传统。时隔八十余年，许妙惠同志为了能够再现先人的丰功伟绩，不辞辛劳、查阅典籍，历时经年编著成《红军师长侯梯云》一书，用朴实无华的语言详细记述了侯梯云同志波澜壮阔、英勇无畏的一生,为安仁人民镌刻了一段共同的历史记忆,其德其行,令人感佩。前事不忘,后事之师。今年是中国共产党建党96周年,建军90周年,在这个特殊时刻,我们重读侯梯云同志事迹,除了学习革命历史,传承革命精神,我想,更重要的是要鉴古知今、不忘初心,像无数为了建立新中国而牺牲的革命先烈一样,为早日建成"实力安仁、美丽安仁、幸福安仁、实干安仁",鞠躬尽瘁、砥砺前行。

李小军

2017年7月于安仁

(作者系中共安仁县委书记)

序 二

　　《红军师长侯梯云》一书即将出版发行,因我是侯梯云的孙子,作者许妙惠同志要我在该书出版之前写几句话附于书前,我只好遵命,特作此文。

　　我的爷爷已牺牲86年了,爷爷牺牲时我还没出生。1983年安仁党史办的同志准备把爷爷一生的重大活动整理成书,予以公开发行,我非常高兴,党史办约我一同前往各地采访,我欣然同意。走了3年,我对爷爷的方方面面了解了很多。在走访的过程中,江西许多同志都说:"你爷爷是典型安仁人,安仁人的典型性格是'舍得己、霸得蛮',不管做什么事,只要认准了,就一定要做到底,而且一定要做好。你爷爷认准了共产党,认准了共产主义,他就勇往直前,打仗总是'冲锋在前,不怕牺牲'。"这些话我深感认同,我做事也是舍得己、霸得蛮。近10年来，我和妻子两人每年都种稻谷、烤烟各50亩。2015、2016年，我夫妻俩扩大种植，种烤烟和稻谷各100亩，其艰辛可想而知。我们每天的劳动时间都超过了12个小时，但我们从不叫苦。我深深懂得，幸福是靠奋斗换来的。要想过幸福日子就要舍得己、霸得蛮。爷爷，我要大声地对你说："你没有白牺牲。家乡美丽了，中国富强了，人民过上好日子了。你的孙子长大了，在平凡的田野劳动中用自己的双手创造了自己的幸福。爷爷你安息吧。你的革命精神会永远传承下去！"

侯清德

2019年4月5日

（作者系侯梯云孙子）

目 录
ontents

目录

目录

第一章

聪慧少年

雨夜出生

这里是湖南省安仁县南雷乡（今灵官镇）古塘村。村子不大，三面环山，只有村前临水，一条小溪从村前缓缓流过。村后山上长满了松树、杉树、樟树和其他杂木。树木参天，遮天蔽日，是各种野生动物藏匿的好地方。晚上，经常有老虎、豺狼、野猪、黄斑①出没于此林。村的东面山上是一片油茶林，西边山上是一望无际的竹海。每当风和日丽的时候，天上阳光灿烂，地上绿草如茵。山风送舞，百鸟放歌。这时，村中小孩常结伴来竹林玩耍，在竹林中捉迷藏，用弹弓追打小鸟。累了的时候，背靠大竹子，看被风吹着的竹

---

① 黄斑：外形像狼的肉食动物，个头比狼小。其身长满黄毛，黄毛中间有黑毛，看上去间有斑点，故称其为黄斑。

子不断摇曳时婀娜的姿态,听风吹竹子时谱出的优美乐章。这时,即使玩得再困再累也会精神焕发、心旷神怡、浮想联翩,尽情地享受这大自然送来的美好风光和幽静环境,这鬼斧神工的地方真是太美了。可惜当时历史已进入清朝晚期,外族入侵,山河破碎;豪强霸道,人民流离失所。古塘村这如诗如画的地方,也矛盾重重,危机四伏,已不是一个其乐融融的地方了。

村子里面居住着27户人家,全部姓侯。有13户佃农,12户自耕农,只有2户地主。其中村东的侯清满是全村的大地主,有土地200多亩,房屋30多间。一栋三进的八垛屋①摆在村东,好不气派。除此之外,正屋东面还建了许多杂屋。侯清满在清光绪十六年(1890)考中秀才。后来又参加过省试,虽未考上举人,也得了个轮贡②。但其时运不济,正如俗话所说:"拔贡拔上天;轮贡轮尽死。"他到死也没做过县令,只当过县衙的师爷和乡长,人称他老爷。

1897年农历的十一月十六日夜晚,雨下个不停,气温急剧下降,凛冽的寒风卷着急促的雨点洒落在门窗上、屋顶的瓦片上,不

---

① 八垛屋:安仁土话,把房子的直墙称垛子。八垛屋即有八个直墙的屋子。横墙称间墙,即把一间屋隔成两间或更多间。

② 轮贡:贡生考试中的备取生。

时发出"啪啦啪啦"和"叽嘎叽嘎"的声音。藏在山上的野狼"啊唷"的尖叫声随着寒风传向四面八方。天黑黑的,风急急的,雨骤骤的,狼声尖尖的,四周的山峦都深深地埋在漆黑中。眼下除了黑暗和阴森恐怖的狼声之外,没有小孩的哭声,也没有大人的说话声,连狗叫声都没有,好像周围的人一下子都被黑夜吞噬了。偌大的一个世界竟如此安宁和沉默,人们连大声喘气都不敢,这是什么世道?这是什么时代?这是人吃人的社会!这是中华民族处于灾难深重的时代!正如鲁迅先生所说,这个时代人们不在沉默中灭亡,就会在沉默中爆发。

突然,一声新生婴儿坠地的哭叫声打破了冬夜的宁静,表明生命依然存在。虽是黑夜,尽管周围阴森恐怖,尽管空气沉重,生命依然在挣扎。

新出生的婴儿叫侯梯云,字万元。父亲是个老实巴交的农民,名叫侯恕铭,除了种田外,还会烧制陶器,是附近有名的陶器烧制匠。那年二十七岁,侯梯云成了他的第二个儿子。望着这个刚出生的小儿子,侯恕铭泪如雨下,悲哀地说:"儿啊,你来得不是时候,虽收割完晚稻才两个月,可家里已没几粒米了,我怎么养活你啊!"说完,他冲出了门,把门关上,随即消失在黑夜之中。他妻子赶忙大叫:"恕铭,你到哪里去?"大儿子也醒了,哭喊着:"爸爸,你到哪里去? 我也要去!"回答他们的是风声、雨声和风雨敲打门窗的声音。

　　到天快亮时,除了嗖嗖的风声外,雨已经停住了。妻子还在喃喃地念道:"恕铭,你干什么去了,怎么招呼都不打一声。"就在这时,一个被雨水淋得通身湿透的人走了进来,手里还提着一只老鹰,妻子一看,是侯恕铭回来了,忙说:"你好傻呀,这么风雨交加的夜晚,你不怕冻坏身子,也不怕野狼吃了你,只身一人跑到山里掏鹰窝,你好大胆啊!""不胆大点,我拿什么给你补身子。"侯恕铭解释说。"快把衣服换了,你看你冻得全身发抖,唇乌脸紫。把衣服换了后,快来烤烤火,别冻坏了身子。"妻子嗔怪地说。"好哩。"丈夫说完就换衣服去了。大儿子醒了,一看地上有只死鹰,忙说:"这下好了,我有好的吃了。"当妈妈告诉他:"我给你生了个弟弟。"大儿子高兴极了,一下子从被窝里钻了出来,拖着鞋跑到了妈妈床边,高兴地喊道:"我要看弟弟,我要看弟弟。"这一喊,把睡在隔壁的两个姐姐也吵醒了,两个姐姐也忙从被窝里钻了出来,也跑到妈妈床边,闹着要看小弟弟。顿时,小屋子里充满了生气、喜气。

　　这时,天大亮了。

二

高师出名徒

时光荏苒,转眼间,侯梯云长到了八岁,村里的同龄小孩已有不少人入学读书了。侯梯云见自己的同伴入学读书了,也跑到爷爷面前嚷着要去读书。爷爷告诉他:"我和你奶奶在家带着你和你大姐,靠租种侯清满老爷家四亩地过日子,今年收成不好,交完租全家人吃饭的粮食都不够。你爸爸妈妈在江西办窑厂,收入也不多,还要送你二姐和哥哥读书。你爸妈赚的钱只够那边四人用,一年到头基本上没什么钱寄回来,你要我拿什么送你读书? 我看,你再等一两年,等你爸妈钱赚得多了,再去读书,现在安心跟我做事。"侯梯云听爷爷这么一说,也就不说什么了。侯梯云要读书的事很快传到了外公刘振武耳朵里。刘振武本是四川绵阳人,因家穷后来流落到了云南,在云南崇圣寺当了俗家弟子,跟住持学了一身好武功。后来离开了崇圣寺,回到了绵阳,娶了妻,生了个女儿叫刘碧莲。妻子是羌族,叫慕容皙,修长的身材,嫩葱葱的皮肤,瓜子脸上镶嵌着一双炯炯有神的大眼睛,加上一头亮丽乌黑长发,使她看起来美丽得无与伦比。一天,夫妻俩去绵阳城卖药材,刚把药摊摆好,一顶轿子在药摊前停了下来,知府大人刘得锡从轿内走了出来,无意之中,他看见了慕容皙,眼睛突然一亮,立即对慕容皙上下打量一番,觉得眼前这女人美极了,羞花闭月,胜过西施、貂蝉。心里痒痒的知府大人,于是竟对慕容氏动起手脚来,慕容氏大怒,吼道:"你身为朝廷命官,不遵王法,光天化日之下竟敢调戏民间妇女,是何道理! 你再不放尊重点,我可对你不客气了!"刘得锡一听这话,越发无耻了,竟说:"我就是要你对我不客气,只有不客气才别有风味。我的美人呀,我也真的不客气了。"说完,就势朝慕容皙身上扑来。刘振武一见这情势,肺都气炸了,怒不可遏,对着刘得锡的胸部狠狠地打了一拳,刘得锡顿时四脚朝天,口吐白沫,身边四个亲兵立即围着刘振武打了起来。四个亲兵怎是刘振武的对手,刘振武操起扁担,"啪! 啪! 啪! 啪!"四下就把四个亲兵打倒了。刘振武知道此地不能久留了,拖着妻子赶快逃。可是,这时倒

第一章

聪慧少年

在地下的刘得锡忍着剧烈疼痛,从身上摸出了手枪,对准慕容暂开了枪,慕容暂当即倒地身亡。刘振武见妻子死了,气得发疯,又朝刘得锡身边跑去,刘得锡还没来得及开枪,刘振武的扁担已狠狠地打在他的脑袋上,打得刘得锡脑浆迸出,血流满地。刘振武还不解恨,又把刘得锡的四个亲兵也活活打死。这时,哨声响了,大批清兵朝他跑来。刘振武忍着巨大的悲伤,丢下妻子的尸体逃了。跑到家里,抱起女儿刘碧莲又继续逃。逃到贵州,又逃到湘西,最后在安仁落了脚。这时已是清光绪元年(1875)。1887年,年仅十四岁的刘碧莲做了侯恕铭的妻子。1888年为生活所迫,夫妻俩来到了江西安福县洲湖乡葱塘开窑厂。侯梯云八岁时,已是清光绪三十一年(1905)了。三十一年来,刘振武只是老老实实地替人做长工打短工,遇到什么难堪事,都是一笑了之,从不卖弄半点武功。这下听说外孙侯梯云读书没有钱,他竟在南雷乡政府门口贴了一张告示:"我,刘振武,现年五十九岁,年轻时曾在云南崇圣寺学过武。现外孙侯梯云读书缺钱,为赞助侯梯云读书,愿招收数名爱好武功的幼童为生。如信不过我,愿设擂台比武。"告示一贴出首先遭到后妻沈氏的反对,说:"你五十九岁了,还设擂比武,你找死!万一你有什么三长两短,我和你的子女怎么办?"刘振武安慰妻子说:"别怕,我对自己知根知底,我有信心打败安仁所有的武林高手,即使有打不赢的我认输就是了。比武之道不打服输者,你放心,不会出人命。"

告示贴出后,轰动了整个南雷乡。首先是沈家湾有七个青年找他比试。刘振武说:"你们不要一个个与我比试,我现在站在这儿,你们七个人一齐上,能把我的一条腿抬起来就算我输了,我立即把告示撕了。"刘振武说完,七个人真的冲了上来。一个人喊:"一、二、三!"七个人齐心用力抬刘振武的左腿,可无论这七人怎么用力,刘振武都站在那里纹丝未动。七人赶快倒身下拜,说:"愿拜你为师。"刘振武立即将他们一一扶起,说:"本村人随我学武,我不取你们分文。"

告示贴出后的第五天,龙海乡红庙前村的侯洪发来到了沈家湾,要找刘振武比武。刘振武说:"侯师傅,你到沈家湾来,你是客,我是主,今晚我以薄酒相待。明天龙海塘逢墟,我俩早点去龙海塘墟上,在那里我搞一场武术表演赛。先让你的徒弟扎一台子,我在台子上翘起屁股,在屁股上罩一个砂罐,然后让整个墟场上的人都来打我屁股上的砂罐。你和你的徒弟都可来打,但任何人都不准跑到我前面来打我的头、眼、脸等部位,也不准往我身上丢狸炮子

(自制的土炸弹)、鞭炮或火,只准用木棍、小石子、瓦片、三节鞭、三叉戟等物来打砂罐。在一炷香内若有人能把砂罐打烂,就算我输了,我拜他为师。从此,我再不谈招收学徒的事。"侯洪发反问:"此话当真?"刘振武说:"此话当真。大丈夫一言既出,驷马难追。"侯洪发说:"好,那明天就看你的本事了。如真的无人能打烂你屁股上的砂罐,我也拜你为师。"刘振武忙说:"侯师傅言重了,你是龙海乡有名的武林高手,收你为徒不敢,但可结八拜之交,不知侯师傅肯否?"侯洪发忙说:"能与刘师傅结八拜之交真是三生有幸了,岂有不应允之理!"

第二天,两人早早来到了龙海塘墟上。侯洪发让弟子在墟中央扎了一擂台,擂台两旁贴了一副对联,左联"以武会友诚交天下武林高手",右联"强身健体传承中华奇特文化",横批"安仁县龙海乡首届武术擂台赛"。横幅下方擂台正中央贴了一张比赛规则。规则上写着:

第一,此次比赛以弘扬中华武术,传承中华文明,促进乡村武术向着健康方向发展,迅速提高劳动者的身体素质为目的。

第二,友谊第一,比赛第二。

第三,服从裁判,听从指挥。

第四,此次擂台赛的擂台主是刘振武。比赛内容是刘振武屁股上罩有一个砂罐,比赛号令发出后,台下所有的人都可用小石子、小瓦片、木棍等物从刘振武屁股后方向其屁股上的砂罐发起攻击,但不准在刘振武前方向刘振武头部、脸部、眼部发起攻击,不准向刘振武身体边投放易燃、易爆或有毒之物。违者,特别是造成人员伤亡者当依法论处。

第五,一炷香内如无人打烂砂罐即算刘振武胜,若有人按规定方式打烂砂罐即算刘振武败。

第六,胜利者奖耕牛一头,经费由红庙前村捐助。

比赛由龙海乡神龙冲法云寺主持贺振华担任裁判,乡长李炳坤负责维持比赛秩序。

上午十点,比赛正式开始。首先裁判请刘振武上台,然后,裁判将一砂罐罩在刘振武屁股上,接着裁判宣读比赛规则。规则宣读完毕后,贺振华敲响了挂在擂台上的一面锣。锣声一响,男男女女、老老少少争相向刘振武屁股上的砂罐投石头、掷瓦片。有的人见石头、瓦片打不中,就手握棍棒朝刘振武屁股上的砂罐上乱打。人们你一棍,我一棒,只见无数棍棒在刘振武身后飞扬。而刘振武手握一根钢绳不停地在自身周围旋转,钢绳舞的速度超乎寻常。

第一章

聪慧少年

人们不但看不到砂罐,甚至连刘振武本人也看不到,看到的是钢绳的旋转和旋转时击落的石头、瓦片和木棍等物。人们被刘振武的高超武功所惊呆,于是不再向刘振武屁股上的砂罐发起攻击,而是热烈地鼓起掌来,齐声喝彩:"好武功,有本事,我们佩服。"一炷香烧完了,锣声响了,比赛时间到了。贺振华高喊:"刘振武胜了!"随着这一喊声,台下的人们像潮水般地涌上擂台,把刘振武抛向了空中,高喊:"刘振武胜了! 刘振武胜了!"

狮子队舞起来了,鞭炮响起来了,唢呐吹起来了。龙海塘墟上异常热闹,比过什么节都喜气洋洋。人们不断地向刘振武送钱。刘振武热泪盈眶,不断地说:"谢谢! 谢谢诸位捧场!"比赛结束后,刘振武披红戴绿地被龙海人用轿子抬回了沈家湾,奖的一头耕牛也头戴大红花被牵进了沈家湾,从此,刘振武这个名字传遍了安仁的山山水水。

刘振武出名了,侯梯云有钱读书了。当外公刘振武把钱送到他手上时,他哭了。

清光绪三十一年正月十六日,侯梯云终于走进了古塘侯家祠小学堂。

学校设在本村西头的侯家祠堂里,祠堂不大,可办两个班。一年级招收了十六个学生。二年级有十二个学生。学生大都是本村的,也有少数是外村的。老师是从隔壁朴塘村请来的,姓谭,名叫严实,是清末的一个秀才,很有学问。原本是个富裕人家,因其不善于持家理财,于是家道中落了,现在只能靠教书来维持全家生计。每收一个学生,一年交酬劳稻谷一担。平时由学生家长轮流管饭,过年时由侯家祠堂给老师添置一套衣服,送上两瓶酒,四斤猪肉,一只母鸡,二十个蛋。为了使自己常年有书教,其工作相当认真,每天早早就来到学校。学生到齐后,先是搞卫生,然后进行升龙旗活动。龙旗升到空中后,师生一齐高呼:"不忘国耻,认真读书,振兴中华,驱逐列强!"每天谭老师都要向学生进行爱国主义教育,向学生讲述甲午战争的惨烈场面,戊戌变法"六君子"的感人事迹,《辛丑条约》对中国的疯狂掠夺。谭老师每讲一次,都是泪流满面,学生更是义愤填膺,对清政府咬牙切齿,对外国侵略者恨之入骨,希望自己快快长大,早一天报效祖国。

1906年大年三十,刚读了两年书的侯梯云为自家写了一副春联:

辞旧岁,废科举,读书不唯官,奠万世基业;

聪慧少年

迎新春,上学校,作文亦如人,树千秋风范。

横批:志在奋进

村里人看了侯梯云的春联后,都赞不绝口,说:"只读了两年书的梯云能写出这样的春联,真是侯家的骄傲。"只有侯清满老爷不高兴,说对仗不工整,平仄不正确,甚至说他暗藏反动。全村人对侯老爷这个评价很不满意,但又不敢得罪他,只得由他瞎说。

一天,侯清满老爷找到梯云说:"你现在知道写对联了,我们村里的祠堂还少两副对联,一是祠堂大门没有对联,另是祠堂香火堂上没有对联。这两副对联写好了,大家满意了,祠堂就送你家一亩水田,算是对你读书的赞助。怎么样,敢写吗?"

"有什么不敢,两副对联我已想好了。"侯梯云胸有成竹地说。

"哦,这么快就想好了,念来听听。"侯老爷不屑一顾地说。

侯梯云大声念道:"大门的对联是'青山永绿侯家旺,碧水常流福祇长'。或者'门对青山侯门旺,户迎旭日满庭辉'。香火堂上的对联是'一堂孝友承先泽,万卷诗书启后昆'。"

众人听了,热烈鼓掌,连忙说:"好!写得好!就用这两副对联。"

侯老爷却不以为然地说:"小孩子懂得什么对联,我只不过想以此来激励激励他,你们就以为真的要用他的对联了。"说完,拂袖走了。

众人愤愤不平,大声说:"说话不算数,亏你还是老爷。有本事,你也给大家念两联。"

说完,众人各自散了。

侯梯云在祠堂里读了四年书。1909年,外公刘振武突然病逝。侯梯云失去了外公的经济资助,不得不辍学。谭严实实在舍不得这个学生,就对侯恕铭说:"你儿子侯梯云是块好料,琢一琢就能成器,你不能让他就此失学。我看这样行不行,他白天随爷爷劳动,晚上随我学习,我不收他学费。梁启超先生说得好,国家寄希望于后辈,后辈强则国强,后辈弱则国弱。对后辈一定要教育好,让他们多学文化,多懂一些科学知识。今天他们能多学一点,明天他们就能为国家多做一些贡献,国家就能早一天兴旺。人才是强国之本,教育是培养人才必经之途,只有科教才能兴国。"侯恕铭听完谭老师的话,无限感激地说:"诚如是,则家门有幸,梯云有福了。只是辛苦谭老师,无以为报,在此我代表全家向您作揖了。"说完,双手抱拳,向老师深深地鞠了一躬。谭老师忙说:"侯兄,您太讲礼了。振兴中华，匹夫有责。教他这样的学生，是我一生的荣幸。"于是侯梯云又随谭老师读了两年夜校。在这六年时间里，侯梯云学完了《三字经》《弟子规》《百家姓》《幼学琼林》《左传》《史记》《千家诗》等著作，成了村里最有学问的年轻人。难怪原湖南省政协副主席谷子元曾对安仁的同志说："你们安仁的侯梯云师长是当时红军队伍里难得的文武全才。"（中共安仁县委党史办、安仁县革命烈士传编纂办，《安仁英烈》）

三

挽联风波

1908年,也就是侯梯云十一岁那年,慈禧、光绪在两天之内相继逝世(光绪病逝于1908年11月14日,15日慈禧病逝)。侯家本村的绅士侯清满要求全村的男女老幼在本村侯氏祠堂为皇上、老佛爷举行隆重哀悼会。祠堂正中央设灵位,四周扬幡悬白,男女老幼戴黑纱,佩白花,哀乐低鸣不止。侯清满请谭老师撰写挽联。侯梯云却自告奋勇说:"谭老师,让学生试一试。"众人都说:"好。"谭老师说:"长江后浪推前浪,'江山代有才人出,各领风骚数百年'。现在是该你们后辈大展身手的时候了。"

侯梯云磨墨展纸,一挥而就。

第一章

聪慧少年

叔嫂合谋,同心扑满事未成,一江春水向东流。

母子连根,共创中兴梦难圆,半生心计随风飞。

横批:天命难违

侯清满看了后,非常恼火,连连说道:"这是乱党言论,这是乱党言论! 国将不国了!"说罢,号啕大哭。

侯梯云见状,跑到他面前,大声说:"本来就是国将不国,现在这二人死了,国家的转机可能来了,你哭什么! 如丧考妣! 真像一具干尸。"

侯清满突然大声说:"来人,把侯梯云捆起来,他传播乱党言论,叛国忤君,应送官府处理。"

侯梯云说:"侯老爷,你有什么证据证明我有叛国忤君罪?"

侯清满说:"第一,辱骂我侯老爷,犯了侮辱族长罪;第二,你的挽联效法黄兴,鼓吹革命,鼓吹清满,犯了大逆不道罪,还不该抓吗!"

侯梯云不慌不忙,慢条斯理地走到侯清满面前说:"请问侯老爷的大名叫什么?"

侯绅士大声说:"你不知道我叫侯清……"刚说到"清"字忙住

了口,这时他才醒悟自己就叫"清满"。说侯梯云清满是大逆不道,那自己又算什么呢!想到这里他结结巴巴说:"我……我……我的名字是我父亲取的,我……我属清字辈,在家排……排行老满①,所以叫清满。这是我父亲无心取的名字。你是有意毁谤朝廷,两者性质不同,不能相提并论。"

侯梯云又说:"你父亲可能是随意取名,可你是有心反满!"

"你胡说!你有什么证据证明我是有心反满!"侯清满气急败坏地怒斥道。

侯梯云见侯清满急了,自己反而说话平和多了。轻轻说道:"君记否!'清风不识字,何事乱翻书'这两句诗招来什么后果?"

"招来杀身之祸。"侯清满不假思索地说。

侯梯云紧接着说:"朝廷为什么杀他?"

"因为这是反诗。"侯清满振振有词地,"反在辱骂当朝满人是少数民族,不懂中原文化,却要跑到中原来胡乱翻弄中原历史,也想在中原历史上留名。这是反动至极的诗句,杀之是顺天意,得民心。"

---

① 老满:安仁土话,指爸妈一生中生的最后一个孩子,即老末。

聪慧少年

　　侯梯云听后,一边拍手一边连说:"说得好,说得好,说得好极了。"停了一下后,侯梯云突然把话锋一转,连珠炮似的说:"侯老爷,你想过没有? 你生下时你父亲给你取名清满,这不是你的错。你入学读书叫清满,也不是你的错。博取功名后,仍叫清满,你有没有错? 有没有罪? 这时,你大概知道了有人利用诗句、名字之类的东西来反对朝廷,你为何还要叫清满呢? 你这不是下定决心坚持清满到底吗? 尤其是你已知道黄兴被定为乱党分子遭到通缉的原因是其华兴会会词暗藏'清满'二字(华兴会的会词为'当面算清,同心扑满'两句话的后面的'清'字和'满'字合起来是为'清满'),你却行不更名,坐不改姓,高叫'清满',你真伟大呀! 你真是反满集团中的铁杆分子。你要不要我为你向孙中山请功邀奖呢?"侯梯云一边慢慢地说着,一边步步向侯清满靠拢,吓得侯清满两腿打颤,不断后退。侯梯云继续追问:"以上事实能说明你的名字是随意取的? 能说明你是无心反满? 你是大清的忠臣良民? 以上事实是不是你反满的铁证? 侯老爷,你当过乡长,又在县衙做过师爷,很懂大清律法。你现在要以谋反罪抓我去见县太爷,好呀,我俩一同去见县太爷,看谁是真凶,谁是良民? 来人! 把侯老爷送官府。"侯梯云这一喊,好多青年人就围过来,有个叫侯勇的青年人对侯清满说:"侯老爷,请吧。"

侯老爷见青年人真的要把他送官府,忙跪了下来,哀求说:"本是同根生,相煎何太急? 求你们高抬贵手,放我一马。"

"嘿,侯老爷现在记得是与我们同根生了,既有今日,何必当初! 想当初你当县衙师爷时,当南雷乡乡长时,你是如何让我们受尽煎熬的,你应该还记得吧。就是刚才,侯梯云才十一岁,你就要置他于死地而后快,真是狼心狗肺,现在你理论不过了,却问我们相煎何太急,你还是不是人? 还会不会说人话?"侯勇的话字字落地有声,驳得侯老爷体无完肤,无地自容,满脸涨红,一句话都说不出来。

这时,侯廉石说话了:"放你一马可以,但你得把我们写给你的借据还给我们,因为那些借据是你当师爷、当乡长时,为了搜刮百姓钱财,巧立名目,增科加赋,乘人之危逼我们写的。我们交不清你那些苛捐杂税时,你就逼我们写借据,还美其名曰你顾及同宗,允许我们当年暂缓不交,过一两年补交。你真是发财有方,剥削有法呀! 所以你必须把那些借据还给我们,要不然,我教你人即正法,家财充公。"

侯清满一听这话,脸都煞白了。忙说:"自家兄弟,有话好说,

第一章

聪慧少年

我把那些借据还给你们就是了。反正又不是欠我的,是欠县衙的,县衙也没具体数,我不说,谁也不知。现在我就回家拿借据。"说完,急忙往家跑。一会儿,借据拿来了,侯清满亲自将借据一一送至当事人手中,当事人拿到借据后,立即用火将借据烧了。

这时,侯清满双手抱拳作揖说:"众位乡邻,感谢你们念及同宗,不把我扭送官府;又幸得你们提醒,我才知这贱名犯了上。今天我当着大家的面正式改名为侯亲满,即亲爱的亲。以后谁也不许再叫我'清满'了。"说得众人哈哈大笑。

侯福优说:"侯老爷,你刚才的话我怎么也听不明白,你说你从今天起,不叫'清满'了,而改叫'亲满'了,可是我听起来,这两个名字没有区别,都是清满呀。你还要清满,你就不怕杀头抄家株连九族,你以后不叫'清满'改叫'寿满'行不行?"侯福优的话说得众人笑的更大声了。

侯清满听了侯福优的话,胡须倒竖,怒目圆睁,把侯福优狠狠地瞪了一眼,然后怒气冲冲地跑回了家。

侯清满走后,村里的穷哥们忙拉着侯梯云、侯勇等人的手说:"你们后生可畏,为我们出了口恶气,替我们教训了侯老爷,是好样的!"

此事之后,侯梯云在乡里就小有名气了。好多人见着侯梯云都夸奖说:"长江后浪推前浪,轮贡不敌小少年。"

侯清满本想通过隆重悼念仙逝的佛爷、皇上来捞取政治资本,博得清政府的欢喜,使自己加官晋爵,结果由于侯梯云的挽联引发出对自己名字的控诉,使自己偷鸡不成反蚀了一把米,落得声名、钱财两亏空,真是又恼又气。

四

戏耍县太爷

　　戊戌变法被镇压后,顽固守旧的慈禧太后却于1901年开始大唱"新政"之歌。随着"新政"的推行,清政府于1905年正式下令废除科举,1907年颁布《钦定宪法大纲》,准备在中国推行宪制——即君主立宪制,同时放宽了对私人企业的限制,私办企业有了一定的发展。清政府在推行"新政"的同时,又不断地向人民征收苛捐杂税。时任南雷乡乡长的侯清满,为了弥补上次的损失,也打着"新政"的旗号,向人民增科加赋,还打起了丐帮的主意。他伙同保皇分子——时任安仁县县令的谭立人,在1909年拟订了一个《丐帮管理条例二十四条(暂行)》。规定:第一,凡是以乞讨为生者必先入册,原则上何乡乞讨者即在何乡入册。入册时交纳入册费五元,乡

25

政府即发给该乞讨者乞讨证一本。乞讨者领取乞讨证时需交纳工本费一元。第二,每个乞讨者一年需向县衙交纳特殊管理费、特殊保护费、"新政"赞助费(简称"三费")合计十五元;包片叫花头则在此基础上再加十五元,即需交三十元;包乡叫花头则在包片叫花头的基础上又增加十五元,即需交纳四十五元;县丐帮头每年应向县政府交纳"三费"两千元,大米一千斤。第三,未入册的乞讨者一年乞讨时间不得超过一百天。违者视情况罚款十到二十元。第四,未入册的乞讨者其身份仍然是农民,农民该履行的一切义务乞讨者必须同样履行,但丐帮的一切规矩和规定其在乞讨期间也必须切实履行之。第五,县丐帮头要切实管理好本县的所有乞讨者,督促他们遵规守法,按时交纳好本办法中规定的一切收费。第六,从外县来到本县的乞讨者,如乞讨时间超过一百天,则应办理入册手续;未超过一百天者每人每次应交纳委托管理费十元。第七,难民途经安仁需临时乞讨,按第六条办理。第八,包乡叫花头每月亲自登门乞讨不得超过两次,违者截断双肢。包片叫花头对本片的叫花子的乞讨地点应实行定人定点定时间,同一叫花子在同一天内不得去同一农户乞讨两次,违者,第一次教育并罚款两元;第二次又犯,打四十大棍,罚款五元;第三次再犯,则截断双肢。第九,所

第一章

聪慧少年

有乞讨者不得以任何身份任何名义参与乡村械斗,违者处死。第十,凡属乞讨者均无上诉权利和告官权利,乞讨者内部的纠纷由帮主处理,乞讨者与非乞讨者的纠纷由帮主协同地方政府处理。

暂行管理条例对乞讨者进行了种种限制,引起丐帮的极端不满。过去穷人无以为生,还可以走乞讨这条路,现在这条路也被政府堵死了。怎么办?老百姓要活命,叫花子要生活,于是一些叫花子就来找侯梯云讨计策。侯梯云告诉他们,现在你们别理他们,到年底时他们来催你们交费时,你们就如此这般,看他们能过个快乐年吗?叫花子们听了侯梯云的计谋都觉得很好,都说就这么办。

1909 年的大年三十,天气晴和,安仁县丐帮帮主马三九带领十八个丐帮兄弟来到了县令谭立人的家门口。卫兵问马三九:"你们来干什么?"马三九回答:"给县太爷送礼来了。"县令一听是给自己送礼来了,非常高兴,忙叫马三九等人进屋。马三九叫弟兄们将十八个麻包扛了进来。谭县令见马三九送来这么多东西,很是高兴,忙说:"马帮主,你太客气了。过年给我送这么多东西,弄得我都不好意思了。过年了,你们丐帮也不容易,千来号人,不知年货置办得怎么样了,该不会有很大困难吧?"

"我们丐帮众兄弟,千辛万苦,乞讨一年,好不容易讨到几千块钱,千来斤米,年底都给你们送来了。眼看你们官家都喜洋洋准备吃过年团圆饭了,而我们丐帮千来号兄弟却衣无着落,食无着落,没办法,我只好带着这些兄弟给你们家送来一些紧急用品,想换几个铜板给弟兄们买点米凑合着过个年,望你可怜可怜我们,随便给点钱,把东西收下。"

"什么东西?"谭立人问。

马三九赶忙叫人把麻包打开,一看,每个麻袋里装了一床稿荐(草垫),共十八床。谭立人一见稿荐忙收敛了笑容,很不高兴地说:"送这些稿荐来干什么?"马三九忙说:"过年了,你们家来客多,开的床铺多,我想稿荐也一定需要很多,所以就送了这么多稿荐来。""开什么玩笑,谁要你们的臭稿荐,赶快给我把东西背出去。否则我就叫人了。"谭立人恶煞凶神地说。"弟兄们,既然谭县令不需要我们的稿荐,我们背回去也无益,不如就在这里烧了吧。"马三九大声说道。"这是县衙门,谁敢在这里烧稿荐,我立即叫卫兵将他乱棍打死!你们吃了豹子胆,敢在我谭立人家撒野!"谭立人的话还未落音,门外突然来了千来号叫花子,他们将打狗棍一齐敲了起来,边敲边喊:"谭立人,你不仁,想尽歪法剥削人,我们今天来这里,讨不到公道不离门!"木棍声、喊声直冲云霄,惊天动地,吓得其

第一章

他县府官员赶紧把自家住屋的门关紧。这时马三九下令："弟兄们，点火，烧稿荐！"谭立人的夫人王氏见状忙向马三九求情："马帮主，别点火，有话好好说。立人也是一时糊涂了，他也不知道今天是什么日子，今天是大年三十，弟兄们从老远赶来，何况每人还背了一床稿荐，就是空手来，也应该打发你们几个子儿，让你们高高兴兴地回家过年。立人呀，不是我说你，平时你总是把积德行善挂在嘴边，路上遇见什么穷人、病人，都主动给钱给物。今天你这脑子怎么就转不过弯来，还不快点给他们几个钱，让他们早点回家过年。"谭立人一听夫人这席话，立即明白了是怎么回事（当地风俗，只有死了人，才把他睡过的稿荐烧掉，大年三十叫花子在谭立人家烧稿荐，是咒谭立人家新年里会全家死光）。赶紧堆上笑容，走到马三九面前，深深鞠了一躬，然后说："马帮主，我刚才实在是糊涂了，幸亏夫人提醒，我平时最爱行善，今天该行善了却倒忘了。现在我给你十个龙凤银圆，你去给弟兄，让大家过个开心年吧！"说完，掏了十个银圆放在马三九手心上。马三九接到银圆后对谭立人说："谭县令，你真会打发叫花子，十个银圆让我们丐帮千来个兄弟去过个开心年，你说，我们能开心得起来吗！丐帮从墨翟建帮以来，已有两千多年的历史，经历十几个朝代，你翻翻历史，有哪个朝

29

代哪个皇帝对丐帮征过税？没有！只有你谭立人敢向丐帮征税。丐帮兄弟个个是穷得无米下锅才出来乞讨，辛辛苦苦讨来这么一点点钱财却要送给你们，你们于心何忍？你们的良心都被狗吃掉了！秦始皇是个暴君，可他不向丐帮征税。汉武帝是个独裁者，他罢黜百家，独尊儒术，却不敢动丐帮半根毫毛。朱元璋的锦衣卫横行天下，却不敢对丐帮施暴。朱元璋称丐帮是无冕皇帝，告诫锦衣卫'三不惹'，即一不惹丐帮，二不惹小孩，三不惹妇女。你谭立人胆大包天，叫卫兵乱棍打死我们。好呀，我们千来号丐帮兄弟等你们卫兵来。弟兄们，敲打狗棍，等卫兵来！"于是千来号丐帮兄弟手握打狗棍不断地用力在地上敲，同时又唱起了："谭立人，你不仁，想尽办法剥削人。我们今天来这里，讨不到公道不离门。"敲打声、喊叫声使谭立人急得像热锅子里的蚂蚁，不停地在自家的屋子里转来转去，手不停地搔后脑。其夫人见谭立人全无了主张，忙跑到马三九面前，笑嘻嘻地说："马帮主，今天是大年三十团圆的日子，大家都要图个吉利。今天这事就由你做主来个圆满解决，你说怎么解决就怎么解决。丐帮兄弟们，你们说好不好？""好。"丐帮兄弟齐声回答。马三九得到丐帮兄弟的同意后，就对夫人说："我们只有三个要求。第一，如数退还我们丐帮所交的一切钱财；第二，立

30

即宣布废除《丐帮管理条例二十四条暂行》;第三,撤销侯清满南雷乡乡长职务,因此事实由他主谋。着侯清满赔偿丐帮损失费一千元。"谭立人一听要如数退还丐帮所交的一切钱财,顿时火冒三丈,立即插话:"什么？要全部退还……"谭立人话还未说完,夫人赶忙扯了一下他的衣角,谭立人只好不说了。忙改口道:"你继续说吧,先让你把话说完。"马三九说:"我的话说完了,就这三个条件,但只要有一个条件不答应,我们就不会离开此地。"谭立人一听这话,只好无可奈何地说:"就照你的意思办。"马三九与丐帮兄弟在县衙领到了钱、粮之后高高兴兴地离开了县衙。

等马三九他们走远后,谭立人愤愤不平地往地上吐了一口口水,恶狠狠地说了句:"呸！臭丐帮,敢戏弄我县太爷,看老子明年怎么收拾你们！"

夫人听后忙说:"得了吧。他们都是些光棍、无赖,你跟他们斗,有好果子吃？即便斗赢了,能算是英雄？还是赶快给侯清满下个免职书吧！告诉他,以后别尽出馊主意,要出就多出几个正经主意。"

听夫人这么一说,谭立人立即给侯清满写了个免职书,着差人立即送到侯清满手中。下午四点,侯清满收到了文书,拆开一看,一张是免职书,一张是要其赔偿丐帮一千元的通知书。两张文书如同晴天霹雳,使侯清满气倒在床上,大喊:"我挖了谁的祖坟,年终晚岁给我这么两个文书,我倒大霉了!"说完,号啕大哭起来。

侯梯云与侯勇听到这话,暗暗地笑了。

五

火烧大宅院

侯清满住的大宅院与侯梯云家的一间杂屋紧紧相连。据说侯清满的大宅院的前院原是侯梯云家的两间矮瓦房。侯清满为了建自己的大宅院,强行拆除了侯梯云家的两间瓦房,把自己屋后的一间茅房换给了侯梯云家。侯梯云的父亲侯恕铭不同意,但侯清满财大势大,奈何他不得,只好忍气吞声罢了。侯梯云长到八岁时,从长辈口中知道了这件事,对侯老爷恨之入骨,决心要报复他一下。

侯清满什么事都满意,就是有一事使自己说不起大话。那就是他虽有一妻二妾,但只生一男一女。而且儿子还患有痴呆症。孔子说:"不孝有三,无后为大。"他虽有儿子,但生这么一个蠢儿子跟没生也差不了多少,因此总觉得自己对不住列祖列宗。不过,有时他这么想:我有的是钱,将来替儿子娶个聪明美貌的妻子,再生个聪明美貌的孙子,不一样可以光宗耀祖了吗。因此也就不再为儿子的蠢犯愁了。反过来,对儿子特别地疼爱。他给儿子取名小虎,目的是希望儿子长大后就能像他一样横行乡里。古人曰:"有其父必有其子。"小虎虽然痴呆,可心地非常坏,跟他父亲一样,无恶不作,尽干些伤天害理之事。儿子长到八岁,侯清满特意在本村祠堂开了个蒙馆,聘请远近闻名的谭严实来当老师。谭严实到馆的第一天,侯清满特设家宴为谭老师接风。席上侯清满举杯对谭老师说:"犬子天资不足,茅塞未开,愚笨顽劣已成习性,非高儒严师恐难对其约束。谭先生鸿学博闻,诲人不倦,动之以情,晓之以理,惩劣疏导,持教有方,功盖安永,名播遐迩,今能屈就敝村,实侯氏之荣耀,犬子之有幸。他日犬子略有所成,必当重报。今日第一次相逢,薄酒相待,略表寸心。来,我先敬你一杯。"说完,侯清满一饮而尽。谭严实老师赶快站起来,举杯答谢:"谭某有虚名而无实学,今有幸能执教贵村,是谭某之荣耀。感先生之盛情款待,谭某传道、授业、解惑敢不尽力乎? 为师者,不为名,不为利,就为弟子能成名。侯先生书香门第,古人云:虎父无犬子,强将手下无弱兵。

先生之子必是聪慧睿智,光彩照人,他日飞黄腾达,勿忘老师,谭某就知足了。来,我也敬你一杯,祝先生仕途风顺,祝贵子早日腾达,祝贵府福泽永长,世代兴旺!"说完,谭老师也一饮而尽。侯清满听谭老师这么说,非常高兴。真是闻其名不如见其人,见其人不如闻其声,闻其声不如听其言,与君一席话,便知谭老师学问深,是个名副其实的鸿儒高师。心想:要是谭老师能对小虎多加关照,小虎又能老老实实接受老师的教诲,小虎的形象得到改变,我也就更加风光了。他这么一想,觉得眼前光亮了许多,也觉得自己此次确实请了一位高师,对谭老师也就特别殷勤起来,忙说:"谭老师,来,吃菜。"一边说一边往老师碗里夹菜。两人从午时一直吃到申时方散。吃完饭又招待谭老师吃水果,然后亲自送谭老师回蒙馆。

谭严实老师确实没少在侯小虎身上花工夫,每天给集体授课完毕后,就主动走到侯小虎桌旁,问他刚才讲授的东西记住了没有。侯小虎却半天不给回答,记住了也不说,没有记住也不说。谭老师要他把刚才讲的内容复述一遍,他要么不断地傻笑,要么大喊:"你为什么总是问我?你欺负我,你瞧不起我,我不喜欢你这个老师!"弄得其他的学生都哈哈大笑起来,让谭老师也好为难。

一天,谭老师要侯梯云背诵《三字经》。侯梯云不到半小时就背完了。接着他要侯小虎读《三字经》。侯小虎刚读完"人之初,性本善,性相近,习相远"就打住了。谭老师问他:"侯小虎,你为何不往下读了,请继续读。"侯小虎摇摇头,说:"后面的字我不认得了。"谭老师无法,只好让他坐下。然后叫同学们自由读,他自己坐在侯小虎旁边,将《三字经》重新给侯小虎讲读一遍。每讲读四句,为侯小虎领读三遍,然后让小虎自己读。当侯小虎能流畅地读出四句来,才讲读后面四句。谭老师认为这样一来,侯小虎总能把《三字经》学完。谁知半期下来,侯梯云等人已将《弟子规》都背全了,侯小虎的《三字经》依然只能读出前四句,但是侯小虎扰乱课堂秩序的办法却是超群出众的。一次,谭严实老师正在给学生讲读《弟子规》中有关学生听课时需要遵守的一些规则时,侯小虎突然大喊一声:"谭老师,侯福州的鸡鸡从裤裆里钻出来了,大家快来看呀!"课堂一下乱了起来,同学们的视线一下集中到了侯福州的裤裆上。侯福州的脸变得通红,赶紧看自己的裤裆,发现没破,鸡鸡没有钻出来,是侯小虎有意捉弄自己,于是怒不可遏地冲了过去狠狠地给了侯小虎两个耳光。侯小虎也不示弱,站起来扯住侯福州的衣领就用拳头打侯福州的头。谭老师赶忙冲过去将两人扯开,质问侯小虎:"侯小虎,你自己不听讲,还挖空心思戏弄同学,扰乱课堂教学,是可忍孰不可忍!"这时侯小虎才慢慢低下头,老老实实站着。

还有一次谭老师问侯小虎:"你懂得'苟不教'的意思吗?懂得就给我解释一遍。"

侯小虎回答说:"狗不叫了,是……是狗公伏在了狗……狗婆身上。"他的话还未说完,同学们早已笑得前俯后仰了。谭老师立即用教鞭在桌子上用力一拍:"你放肆!'子不学,不知义',你扰乱课堂,不以为耻,反以为荣,一而再,再而三,真是朽木不可雕也。"

一个学期完了之后,谭老师只好对侯老爷说:"侯老爷,谭某蒙你器重,受聘蒙馆,又委以公子,实是荣幸。怎奈谭某才疏学浅,有负重托。教授贵公子一期,未有任何收获。贵公子非一般人能比,不能与一般人同窗。万望侯老爷专为公子择一高师,以成就公子之学业,将来能使公子展鸿鹄之志,耀侯氏之门庭。谭某不才,就此道歉。"说完,向侯老爷拱手作揖,走了。就这样,侯小虎被谭严实老师逐出了校门。

侯老爷后来从永兴请来了一位老师,在自家专为侯小虎授课。不到一期,这位老师也自谦辞职而去,从此侯小虎再也不读书了。侯老爷见儿子学文不成,就改学武。花重金请了师傅来教儿子武功。开始,侯小虎对学武很感兴趣,觉得学武功很好玩,可以到处蹦蹦跳跳。可是后来师傅要侯小虎跟着他去一招一式地练,不许偷懒,不许敷衍塞责。每天五更必须按时起床,然后跑步、练功。练功时蹲桩实在很苦,跑步时两只脚上要各捆一个沙袋,跑起来也极吃力。不但如此,白天练了六个小时的功,晚上还要练两个小时的功。一到床上,全身像散了架似的,浑身疼得很,而且没有一点自由,除了吃饭、睡觉之外,就是练功。整天就是练功、练功,练得人乏味得很。侯小虎学武学了三个月,死活不肯学了,他说:"太苦了,这简直就不是人干的事。"就这样,侯小虎的武也没学成。在侯小虎学武那段日子,侯梯云与侯勇一有空就趴在侯梯云那间紧靠侯小虎家的茅屋顶上,偷偷观看侯小虎的师傅是如何教其学武的。看了之后俩人躲在茅屋里偷偷地练起来。这样,侯小虎的武功未练成,他们二人的武功却有了相当的基础。真是鱼塘养鱼鱼不长,野生荷花独飘香。

侯小虎学文文不成,学武武不就,整天就知道傻哈哈地笑,真使侯老爷头痛。一天,侯老爷请来一个风水先生,让风水先生看看他的屋场是不是有什么问题。风水先生看了后,说:"侯老爷,你这屋场没什么问题,但你屋后那间茅屋里可能藏有猪妖精,贵公子怕是被猪妖精缠身,因此学什么都学不进。要想使贵公子学得进东

第一章

聪慧少年

西必须毁了那茅屋,赶走那猪妖精,否则贵公子一生只能是一无所学,一无所长。"送走风水先生之后,侯清满想着如何能把侯恕铭那间茅屋毁了,如何能把猪妖精赶走。正在想这个问题时,其在安平司的姐夫来了。他只好暂时停止对这个问题的思考,忙去陪姐夫说话。姐夫是特意给他送请柬来的,本月27日是姐夫的五十岁生日,姐夫家准备在那天做五十周岁寿宴,请他全家去赴宴。姐夫生日,他当然得去,于是高兴地说:"你不请,那天我们全家也会去。一是姐夫生日,该去祝贺;二是好久未见到姐姐了,也很想去看看;三是那天是安平司逢墟,我们也想去买点东西。"姐夫没坐多久,借口还要到其他地方去送请柬便走了,侯老爷也不好强留。

侯小虎从父亲口中得知他什么都学不进,是猪妖精缠身。而猪妖精就藏在自家屋后侯梯云那间茅屋里,他很是气愤,决心要毁了那间茅屋。

侯梯云知道侯清满父子要毁掉他那间茅屋,却装着不知,秘密找到侯勇说:"侯清满父子要毁掉我那间茅屋,说小虎之所以呆,是因为被猪妖精缠了身,而那猪妖精就藏在我那间茅屋里。这一次我不能让他白白地毁了我那间茅屋,我要让他付出惨痛的代价。"接着附在侯勇耳朵边低语了一阵,侯勇听后,忙说:"这办法好,让侯清满从害人开始,以害已告终,也使你报了一箭之仇。你想好了主意,至于鱼儿上钩的事包在我身上。"

第二天,侯勇找到侯小虎,说:"你也这么大了,可从没做一件惊天动地的事,你看侯梯云却已做了好几件让大人刮目相看的事了,所以全村的人都说他聪明。你说你爸要毁掉侯梯云那间茅屋,这一次你就不要你爸出面。你爸妈要去你姑父家喝酒,你找个借口不去,等他们走后,你立即动手毁了那间茅屋。""怎么毁?"侯小虎问。"凡是妖精都怕火,用火驱妖是最好不过了。"侯勇漫不经心地说。"对,用火烧了侯梯云那间茅屋,房子烧了,猪妖精自然赶走了,老子也自然聪明了。"侯小虎神气十足地说。"小虎,我可没教你烧房子,你烧房子,出了问题你负责。"侯勇着急地说。"谁要你负责,我家有的是钱,大不了另找个地方给侯梯云家起个茅房不就得了吗?我爸早就打过这间茅房的主意了。侯勇哥,就这么办,到时候你看我的就是了。"说完,"哈哈,哈哈"笑个不停,接着说:"老子终于要干大事了。"然后侯小虎飞也似的跑了。

27日,小虎对爸妈说:"你们去姑父家喝酒,我不去,我不喜欢姑父,他老瞧不起我,我在家看房子。"他爸说:"你不去也行,这么远的路你也难走,我们当天去当天回,你在家好好待着,菜饭有现成的,饿了你自己吃就是了。吃饱了别生事。"临走时又招呼侯福州的爸妈,请他们替自己照看好小虎。

小虎等他爸妈一走,立即找来了一个用稻草扎成的火把,走到侯梯云那间茅屋门前,用火柴点燃了火把,然后用力一甩,火把就到了茅屋顶上,茅屋霎时火光冲天。当时风又大,风助火势,侯梯云的茅屋顿时起了熊熊大火,火焰一丈多高,很快烧着了小虎自家的住宅,在风的鼓动下,火势越来越猛,小虎家的住宅顿时成了一片火海,噼噼啪啪的火声,哗啦哗啦的瓦、梁着地声,使小虎害怕起来,赶忙大喊:"快来人哟,我家着火了!"村民看到火焰,又听到喊声纷纷赶来,问小虎是怎么回事,小虎如实做了回答。侯福州的爸爸侯廉平拉着他的手说:"小虎,你闯大祸了。这下猪妖精恐怕是烧跑了,但你家偌大的一份家业恐怕也被你烧掉了一半,你家老爷回来,不知要如何处罚你了。你聪明是无望了,挨打是靠得住了。"小虎一听这话,大哭了起来。这时村民赶忙去救火,可火已到了屋顶,风那么大,鱼塘离小虎家又那么远,尽管村民奋力扑救,大火还是将侯老爷的家产烧得难剩一二。到天黑时分侯清满夫妇回来了,见自己一个好端端的家现在只烧得剩下一些残垣败壁。粮食、布匹、家具、金银器皿全成灰烬。侯老爷见此情景当场晕倒在地,两脚抽筋,口吐白沫。夫人、小妾又哭又喊:"老爷!老爷!你醒醒,你走了,我们怎么办?"众人赶紧走向前来,对侯清满又是压穴,又是扎针,通过一阵子折腾,侯老爷终于醒了。

侯老爷一跃而起,冲到小虎面前,狠狠地打了他一个耳光,小虎一边哭,一边逃走了。侯老爷哭丧着脸说:"家门不幸,生儿不如猪。我前世造的什么孽,生了这么个孽种。我一生心血,让这小子全毁了。这是报应呀!是报应呀!"

侯梯云与侯勇听到这话,会心地笑了。侯梯云轻轻地对侯勇说:"报应得好,干尽了坏事,应该报应。"

侯恕铭听说自己的一间茅屋被小虎烧了,立即从江西赶了回来,找到侯清满说:"侯老爷,你家公子烧了我家茅屋,你看怎么办?"侯老爷说:"小孩子玩火这是常有的事,你家还只烧间茅屋,可我家那大宅院和里面的所有东西全都烧光了,损失惨重啊。幸好还有两间杂屋离大宅院较远,要不然连个住的地方都没有。你那一间茅屋能值多少钱,我看就算了。"

侯恕铭反驳说:"侯老爷,你这个话就说得不在理。不能因为你的房子烧了,我的房子就该烧。也不能因为是间茅屋值不了多少钱就不赔。起一间这么大的茅屋没有三四担谷是弄不成的。你家是当地闻名的富翁,一间茅屋当然算不了什么,可就我们穷苦人,这也是一笔不小的财富。更不能因为小虎小就不赔。如果是失火,那当然要另当别论。可现在他是有意纵火,而且据他说是在你的授意下他才这么干的。因此你不赔恐怕说不过去。"

"他胡说,我怎么会授意他这么干。这个呆子,真是说话都不会说。好了,反正我们时也背了,霉也倒了,烧了那么多东西,还愁你这四担谷。你家不是租佃了我家几亩地,年底还租时扣除四担就是了。"说完,侯清满气冲冲地回了家。

六

祠堂内外老少斗智

　　侯清满虽是老爷，却很小气，爱贪小便宜，还会干些偷鸡摸狗的事。村里别人家的鸡跑到了他家，他决不会把这鸡赶出门，而是关起门来，把鸡杀了煮着吃。村里人对他这种行为非常愤恨，总想报复他，却又想不出办法来。

　　一日，侯梯云从山上砍柴回来，看见一群鹅在自己的稻田里糟蹋禾苗，就喊了起来："这是谁家的鹅？"侯勇轻轻地说："梯云，这是侯老爷家的鹅。你看这鹅多肥！能不能弄只来饱饱口福，反正他养鹅，全村人替他喂谷。你看，你这丘田靠路边的稻谷都被他的鹅吃光了。今天我们抓他一只吃了怕他什么！"侯梯云心领神会，把柴放下，说了声："有了。"一个箭步冲下田捉了只又大又肥的鹅。

x

44

第一章

聪慧少年

侯清满在自家门口闲坐,听到田里发出急促的鹅叫声,忙跑了过来,看到侯梯云手中提着一只鹅,阴沉沉的脸露出一丝奸笑,说:"好小子,光天化日之下,你敢做贼,偷我的鹅。今天人赃俱获,看我怎么收拾你!""谁是贼,就你家养了鹅吗,我家也养了鹅,我捉自己的鹅难道犯法了?"侯梯云反驳说。侯清满毫不理会侯梯云的反驳,大喊:"来人,开祠堂门,看我今天如何处置家贼!"侯梯云也不示弱,大声说:"开祠堂门就开祠堂门,当今之世谁怕谁?""好,你有种,死到临头还嘴硬。有理到祠堂里去说。"侯清满气势汹汹地说。

全村的人都来到了祠堂,侯清满先向列祖列宗上了香,焚了纸钱,又向列祖列宗虔诚地拜了三拜,然后说:"列祖列宗在上,我侯清满,古塘侯氏第十二代族长。今抓到家贼一名,依祖训,将在祠堂内依族规公开处置,特禀告公祖,望明鉴。"说完,又在香火堂前拜了三拜,然后转过身来,对众人说:"今天开祠堂门把大家召来,是因为侯梯云违反祖训,光天化日之下做贼,偷我的鹅,我要请大家做个证人,让我按族规对其进行惩处,大家说好不好?"

侯清满说完后,祠堂一片寂静,连咳嗽声都没有,好多人为侯梯云捏一把汗,因为按照族规,偷盗者须沉江而死,看来,侯梯云今天非死不可。

安静了很久,都无人说话,侯清满火了,骂道:"你们都哑了,开不得声了!族里出了败类,竟无人主持正义,你们还是侯氏之子孙吗?"

这时终于有人讲话了。讲话的人是侯勇。侯勇说:"清满老爷,这祠堂是侯氏祠堂还是你的私人刑堂?你说谁是贼谁就是贼了,还就得由你来宣判,你也太霸道了吧!"

侯勇还未说完,下面又有人说话了:"对,都是侯门子孙,一个族长就能随便吆三喝四胡乱处置人呀。祠堂是说理的地方,不能骂人,骂人者是婊子养的。"

"对,骂人者是婊子养的!"祠堂里像水被煮沸,顿时闹开了。侯清满见此情况,又急又气,强压怒火,高喊:"乡亲们,肃静!肃静!"

过了好久,祠堂里又静了下来。这时侯廉石讲话了:"侯老爷,大家说得对,祠堂是讲理的地方,有理才能走遍天下,才能服众。你身为族长,不能以势压人,更不能以大压小。侯梯云还是个小孩,你是个老爷,老爷亲自出面开祠堂门召集众人来处置一个小孩这非同一般,更应以理服人。什么是理?理者以事实为依据,以族规为准绳。另外,开祠堂门处置一个侯氏未成年的小孩,只有四种

第一章

聪慧少年

情形:一是参与反叛朝廷罪恶重大被朝廷通缉者,二是偷盗成性屡教不改者,三是不孝敬父母对父母身体造成伤残者,四是违反纲常与同宗如姊妹、姑嫂或辈分更高者有淫秽关系者。你今天开祠堂门,请问侯梯云犯了哪一条?"

"对,侯梯云犯了哪一条?"台下的人又闹起来了,祠堂里又陷于一片混乱。在混乱中侯恕铭气冲冲地走到侯清满面前,气愤地说:"侯清满,你欺人太甚了! 我儿写副挽联你就诬他是乱党;我两间矮瓦房在你房子前面,你为了建大宅院,不经我允许,将我的瓦房强行拆除;你儿子蠢,怪我的茅屋藏有猪妖精,是猪妖精缠住了你儿子的身,一把火将我的茅屋烧了;我儿子会读书,怕他将来有出息,你今天竟以莫须有的罪名把他抓来,还开祠堂门想整死他,你的心真歹毒呢! 但是你今天不给大家一个答复,开祠堂门由你,出祠堂门就由不得你了。"

"对,不给一个答复,不准他出祠堂门!"台下的人异口同声地说。

侯清满见众怒难犯,脸唰地白了,全身冒汗。忙解释说:"各位兄弟,各位侄儿侄孙,大家说得对,祠堂是讲理的地方,我也是个讲理的人。我抓侯梯云来祠堂,就是让大家见证一下我抓得对不对。

我抓他，第一是因为他光天化日之下敢做贼，这是有辱侯氏门风；二是他做贼，人赃俱获，我教育他，他还敢顶撞我，这是目无尊长，也说明他知错不改。知错不改者与屡教不改者有多大差异？你们说，我开祠堂门开错了吗？"

"错了。"侯梯云愤愤不平地说，"我根本就不是贼，我捉的是我自家的鹅，你有什么资格把我当贼办！"

"你们看，我亲眼看见他偷我家的鹅，到现在他都死不认账，你们说对这种死不悔改又目无尊长之人该不该开祠堂门当众处置以儆效尤？"侯清满边说边神气起来了。

侯梯云接着说："父老乡亲们，侯清满说他亲眼看见我偷他的鹅。我现在愿用事实来戳穿他的谎言。凡有一点生活常识的人都知道，鹅欺生。我家的鹅从未与他家的鹅放在一起，你们现在一同陪我去放鹅，鹅一放到他那鹅群，如果不斗，相处融融，则说明我偷了他的鹅，大家要怎么处置我我心甘情愿。如果鹅放下去，他家的鹅全来啄它，那证明这鹅是我家的。乡亲们，你们说我讲得有没有道理？"

"有道理！"众人应声如雷。

侯清满也说："好，小子，就照你的方法办。如果鹅打架，是我冤枉了你,我在祠堂给你放鞭炮赔不是,田里的鹅我一只也不要了,全给你,算是对你名誉损失的一个赔偿。如果鹅不打架,你将被逐出侯家祠堂,永不得回来。众乡亲,你们看我说得在不在理?"

侯廉石说:"这样说就比较在理,就会让人服。"

于是大家都来到了田边。侯梯云站在田埂上,顺势用手把鹅背上的羽毛用力往反方向一推,鹅毛立即根根倒竖起来,旋即将鹅快速放入田中,正在田中觅食的其他鹅见一只全身羽毛倒竖的鹅下来,如临大敌,一齐围了过去,使劲地用嘴啄它,鹅在田里拼命地打斗起来,侯清满立即瘫了下去。众乡亲大喊起来:"这鹅是侯梯云家的。侯老爷赶快到祠堂放鞭炮赔礼!"

大家又回到祠堂,侯老爷当众燃放了鞭炮,然后向侯梯云深深鞠了一躬,说了声:"对不起,我冤枉你了。田里的鹅都归你了。"

等众人都散去后,侯老爷重重地打了自己两个耳光,说:"真笨,我怎么就总斗不过他!"

这天晚上,古塘村除侯清满家外,家家吃鹅。儿童欢天喜地。突然,悠扬的笛声伴随一首嘹亮的歌声传遍附近的田野山冈。歌词曰:

鹅、鹅、鹅，

曲项知人意。

田中粉罪恶，

红掌劈汹波。

聪明谁似鹅？

帮主压邪魔。

青史传佳话，

高歌盛赞鹅。

七

学习经商两不误

　　侯梯云的父亲侯恕铭十多岁就来到江西省安福县洲湖乡葱塘村开窑厂,靠烧陶瓦、陶钵、陶罐、陶盆等陶器养家糊口。他制陶技术精湛,为人谦和大度,见人总是笑嘻嘻的,因此生意还不错。侯梯云的妈妈刘碧莲生下梯云后,在他不到一周岁时就离开安仁来到了葱塘,和丈夫一同开窑厂。侯梯云在安仁跟着爷爷奶奶过日子。侯梯云读书后,接受了一些先进思想,开始不满现状,憎恶贪官污吏和土豪劣绅。随着侯梯云年龄的增长,他同土豪劣绅的斗争日益激烈。他点子多,经常让当地乡绅难堪,好多乡绅都对他恨之入骨,因此让他继续待在安仁很危险。爷爷劝他到江西去,与爸爸妈妈一起生活。

由于家庭生活困难,侯梯云不想再读书了,萌发了做生意的念头。他找到姐夫张传位说:"姐夫,我们合伙到江西开窑厂好不好?"姐夫说:"你会制陶器吗?"梯云答道:"我会画画。"姐夫又说:"你有钱吗?"梯云说:"我可先向爸爸借点,赚了钱后就还他。我想爸爸是会借钱给我的。"姐夫说:"那好,我们明天就去江西。"

1911年的农历二月,14岁的侯梯云与姐夫张传位一同来到了江西的安福县洲湖乡。在父亲的帮助下,他和姐夫在瑶溪开了一家制陶厂,两人就住在葱塘一个大地主周金城家里。周金城的祖父是清光绪年间状元,当过翰林,文章写得极好,因此光绪帝敕令江西巡抚为周家造了一栋房子。清光绪八年(1882),房子竣工。光绪帝为其大门上方御书"斗魁公祠"四字,为其香火堂赠送"文治光华"牌匾一块。

斗魁公祠

第一章

聪慧少年

翰林孙继勋为房子大门两旁撰写了对联,左边为"圣科第贤政要仁勋业俊彩星驰",右边为"宋黄龙明烈山清洙泉芳名雅颂"。房屋很是气派,青砖绿瓦,栋宇、飞檐、栏杆全部饰有彩画。楼板下层也饰有彩画,镶金嵌银,金碧辉煌。地板全是青砖铺成,楼板由整木镶就,楼上走路楼下毫无声音。正厅的"文治堂"悬挂清政府各级要员书赠的匾额,清政府赠送的"状元及第"匾额雄居中央。大门前面两侧各建一套厢房,均是四室一厅,置有从京沪运来的各色家具,墙壁上悬挂各种字画,其府文气十足。周金城见侯梯云相貌堂堂,英俊威猛,且投足举手尽显非凡,觉得这家伙很是可爱,将来必有一番出息。对他小小年纪就辍学经商,周金城很是惋惜,于是问道:"少年不读书,借问前程何如?"梯云答道:"男儿当自立,试看改天换地。"周金城见其出语不凡,继续说道:"无才便猖狂,不知天高地厚。"梯云答道:"有志更努力,坚持就是胜利。"周又说:"赤手空拳能何为?"梯云答:"心有大众万事成。"周听他能言会对,大喜曰:"老朽遇少年英雄,三生有幸。"梯云谦虚说:"不才蒙老爷教诲,终身铭记。"说完,两人都哈哈大笑。周金城说:"我今天太高兴了,终于遇到了一个可说话的人了。来,到我家喝上两盅。"两人坐下,刚喝上一盅,周金城问道:"当今世道何如?"梯云说:"民国兴,大清

53

灭,事已定矣。"周金城又道:"花开花落几度秋,人间争斗何日休。今年还是秦时月,明年将是汉家天。老气横秋无所事,《易经》难读仍自修。紫气东来非好运,改朝换代民堪忧。"说完,连连叹气。停了很久,才说:"来,我们喝酒。"两人你一杯我一杯,直喝到傍晚方散。

周老爷喜欢侯梯云,因此耐心劝导侯梯云继续学习,教他把窑厂交给其姐夫打理,自己继续读书。还说:"你有大志,更要多读书。书到用时方恨少,不趁着青春年少多读点书,将来会悔之晚矣。"侯梯云说:"我去读书,窑厂咋办,我姐夫一个人能照顾得来吗?"周老爷说:"你可抽休息时间帮姐夫记一下账,在胚胎上画一些画。至于体力劳动你可请人。这样你就学习、经商两不误。"侯梯云接受了周老爷的意见,于是又在周武学校读了两年书。

八

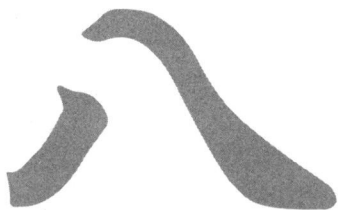

反对封建礼教

在周武学校侯梯云结识了李景才。李景才是个穷苦农民的儿子,比梯云大两岁,一身好水性。学校就在河边,两人放了学,经常到河里游泳、捉鱼。捉到鱼,侯梯云都叫李景才带回去。如果捉得多,两人就把鱼提到洲湖圩上去卖,得来的钱全给李景才。有时他们还上山掏鸟窝,掏来的鸟蛋全给李景才带回家做菜吃。捉来的小鸟就关在小笼子里,一有空就逗它玩,还上山捉虫子给小鸟吃。

1912年8月的一天,他俩在山上捉了一只画眉鸟,很是可爱,李景才说要把这只鸟送给学校的周云芸老师。这个老师对人很好,全班同学都喜欢他。他教书很认真,对同学可好了,冬天在自己的住房里烧一盆火。中午,用这盆火帮同学热菜热饭,因为当时好多同学家穷,交不起住宿费,只好走读,中午带饭到学校吃。周老师怕同学吃冷饭生病,就主动帮同学热菜热饭,所以李景才提议把这只鸟送给周老师。侯梯云非常同意,于是两人提着鸟笼朝学校走去。刚到校门口,就听到有人喊:"快来救人啊!有人投河了。"两人听说有人投河了,赶紧把鸟笼放在河边,立即跳下河去。经过他俩奋力抢救,终于把投河这人救了上来。站在岸上观看的人见人救了上来,都赶来帮忙。李景才赶快把人平放在沙滩上,进行急救。先用双手挤压其腹部,让其把河水吐出来。然后嘴对着她的嘴进行人工呼吸,这个妇女终于被救活了。妇女被救活后放声大哭,爬起来又要投水,众人急忙劝住。侯梯云问她:"你是哪里人?为什么要投水?有什么冤屈?告诉我们,我们大家替你想办法把问题解决。人的生命只有一次,不能轻生。现在是民国了,民国提倡法治,提倡民主,提倡平等。你不要怕,把冤情讲出来,我们替你申冤。"妇女见状,才边哭边慢慢地叙述了投水的原因。事情是这样的,她是广东梅县人,姓温,名舒娟。周金城的二儿子周纯正在梅县办钱庄认识她,今年八月两人结了婚。结婚后周纯正就带她回来见父母。一进门,周金城见儿媳一双大脚,就火了。说:"纯正,你怎么讨个不伦不类、不男不女的家伙回来了。我们周家可是

第一章

聪慧少年

书香门第、官宦人家,是有头有脸的。讨个媳妇总要三从四德。你看看,你的老婆像个什么样子!大手、大脚、大脸、大嘴。古人云'女子无才便是德',她连妇道都不守,能有什么德?女子要裹足,足最长不超过三寸。你看她的脚板没有八寸长,也不会短于七寸,这不让人笑话吗?古人还曰'女子笑不露齿',你看她的嘴这么大,不笑都把牙齿露出来。你讨个这么一个女人回来,把我们周家的脸都丢尽了,你赶快打发她走。她哪里来就回哪里去!快让她滚!"说完,怒气冲冲地把为儿媳接风的一桌菜全掀翻了。温舒娟见状,立即吓得哭了起来,后悔自己不该跟周纯正来江西。现在是哭爹爹不理,喊娘娘不应,千里迢迢,如何回去?就是回去了又如何见人?而周金城又怕别人看见自己的儿媳会耻笑自己,于是把她关在柴房里。把儿子周纯正关在"委曲求全"的反省屋里。温舒娟在柴房里,没有饭吃,没有水喝。温舒娟想:这下死定了,与其让周家折磨而死,不如自己寻短路死。于是今天中午乘周家人都睡午觉,她打破窗子逃到河边来投水,不料又被侯梯云、李景才救活,全身湿淋淋,更觉无脸见人。说完,又要去投河。几个妇女赶快把她架到李婆婆家里去了。温舒娟向众人诉说自己的遭遇时,周云芸老师也在场,听后非常气愤。他对侯梯云、李景才说:"这还了得,现在是民国了,周金城还这么封建,不行! 我们赶快回学校去,今天下午我们不上课,组织同学到周金城家去示威,不准他欺压妇女。我们坚决反对裹足,维护《临时约法》,维护民权。"于是一行人来到了学校,经过周老师的发动和侯梯云、李景才的带头响应,周武学校有一百多师生参加了示威。大家排着队向周金城家走去。校长拦也拦不住。师生们一边走一边高呼:"打倒封建专制主义!""提倡男女平等,反对歧视妇女!""反对裹足!""维护《临时约法》!""反对家长制!""反对宗法制!"师生的口号声惊动了附近群众,好多看热闹的人也参加到示威队伍中来。队伍在"斗魁公祠"的大门前停了下来。周金城见来了这么多人,忙走了出来。周云芸老师见他出来了,忙走向前,高声问道:"周金城,你是我们的长辈,又是知书达理之人,怎么能做出这种事! 把儿子、媳妇都关起来,还置儿媳于死地,你这是什么行为? 你这是犯罪!"周金城却毫无畏惧,慢条斯理地说:"我家的私事也该你周老师管?"周老师也不示弱道:"你违犯了《临时约法》,强逼妇女裹足,我们就要向你问罪。你今天不给我们满意的答复,我就带着这一行人到政府去告你。告你歧视妇女,破坏《临时约法》;告你无视政府法令,继续强迫妇女裹足! 你看看,政府要不要治你的罪?"侯梯云接着说:"周老爷,你聪明一世,糊涂一时,你怎么能做出这种事?现在是什么时候?是民国了。你不能包办婚姻,不能强迫妇女裹足,不能歧视未裹足的妇女。人家广东人早就思想解放了,妇女早就不裹足了。你这是与'三民主义'唱对台戏,绝不会有好下场。你应审时度势,与时俱进,不能总看老皇历。"周金城见侯梯云也敢数落他,先是很惊讶,后是很气愤,说:"你小子也敢教训我,住在我家里不知恩图报,还胳膊肘向外拐,我明天就把你赶出去!"侯梯云也不示弱,说:"你不要威胁我,我搬出去就搬出去。我坦白地告诉你,路不平有人修,话不平有人谈,你做了不合理的事我们一定要管。今天你儿媳被我们救活了。要是死了,我一定写信叫她娘家来你家打人命官司。她家打不赢,我们大家帮她娘家打,看你能奈何得了我们吗?"侯梯云这么一说,周金城怕了,忙改口说:"乡里乡亲,有话好好说。梯云,你说我该怎么办?"侯梯云说:"第一,向儿媳道歉,放鞭炮把她从李婆婆家接回来;第二,在洲湖乡各村张贴你的检讨书,向全乡人承认错误;第三,把你的家产分一部分给他们夫妇俩,让他们到广东梅县去过日子。"这时一些老人也来劝周金城,说:"按侯梯云说的办算了,向儿媳检讨道歉,不算丢人,今后后辈们的事我们少管些。古人云:'儿孙自有儿孙福,莫把儿孙当马骑。'我们老了,有的观念,是该改改了。"周金城无奈,只好说:"侯梯云小子,这回我依了你。如果下回你再敢教训我,你可得当心。"侯梯云则说:"今后大家做事都得当心点。"

当天晚上,周金城带着老婆和儿子周纯正跑到李婆婆家向儿媳认了错,赔了不是,放了鞭炮。在众人的规劝下,儿媳温舒娟原谅了他。在周纯正的搀扶下,温舒娟回到了"文治堂"。

过了两天,周纯正、温舒娟夫妇俩去了广东。

又过了两天,周金城给侯梯云送来了一杆从外地买来的双管猎枪和一箱洋硝,对侯梯云说:"我们俩是不打不相识,这杆枪算是奖励你对我骂得好。"侯梯云说:"你这个人尽管很封建,很守旧,看不惯新生事物,但有一个最大的优点就是闻过能改,不怕丢面子。"周金城不知听见了侯梯云的说话没有,头也没回就快步朝自己的房子里走去了。

周纯正夫妇像

第二章

在斗争中成长

投笔从戎

1912年2月12日,清帝宣布退位,统治中国200多年的清政府终于被推翻,在中国延续了2000多年的封建帝制也就此终结,但中国的封建势力仍很强大。3月,孙中山被迫辞去临时大总统职务。4月,袁世凯在北京当上了中华民国大总统,辛亥革命的果实被袁世凯篡夺,北洋军阀在中国的统治正式确立。

袁世凯当上大总统后,接着就想复辟帝制,大举外借,不断扩充北洋军队,同时令黄兴大量裁减革命军队,又废除内阁制,实行总统负责制。孙中山为了限制袁世凯的权力,同袁世凯争夺议会席位,把同盟会改组为国民党。1913年国会选举国民党大胜,国民党成为国会中最大的党。宋教仁雄心勃勃,准备当中华民国政府总理。在此情况下,袁世凯派人给宋教仁送去一张五十万元的支票,意即要宋与他合作,总理可当,但不能代表国民党利益。宋教仁收了袁世凯的五十万元支票,并以此作为活动经费,到处发表反袁演说。袁世凯恼羞成怒,于是派人在上海车站刺杀了宋教仁,这就是在当时轰动全国的"宋案"。"宋案"发生后,袁世凯佯装震惊,高喊要不惜一切代价,缉拿凶手归案。没过多久,真凶即在上海被捕。凶手交代,他杀宋教仁是受袁世凯指使。"宋案"真相大白于天下,举国哗然。袁世凯决定用武力镇压国民党,免除国民党的李烈钧、柏文蔚、胡汉民三人在江西、安徽、广东三省的都督职务,于是孙中山宣布武力讨袁。7月,李烈钧在湖口宣布江西独立。孙中山的"二次革命"开始。

李烈钧在湖口宣布独立后,大行招兵买马,侯梯云激于义愤,投笔从戎,在李烈钧部下当一名士兵。由于袁世凯用重金收买了李烈钧的一位部将,部将反水,李烈钧猝不及防,差点被那部将捉去见袁世凯。危急之下,侯梯云带一个班的战士冲进李烈钧的指挥所,让其穿上士兵服,然后一阵猛打,使李烈钧从湖口逃到了九江。后李烈钧从九江搭乘英国轮船到了上海,再由上海转渡日本逃过了这一劫。他对侯梯云的临危不惧、机智勇敢很是佩服,觉得

第二章

在斗争中成长

侯梯云是一个人才,于是在九江上船时,要求他的卫队,在他走后绝不能向袁世凯交枪,全体人员归侯梯云指挥,上山打游击,继续反袁,并语重心长地说:"我们还会东山再起的。"

李烈钧走后,侯梯云带着李烈钧的九十多杆枪、七十多个人回到安福洲湖乡,把枪全部埋在瑶溪窑厂里,人员全部伪装成窑厂的工人。他们白天做工,晚上打土豪,使这一带的土豪劣绅、贪官污吏对他恨之入骨,多次请求县政府、省政府剿灭"侯梯云匪帮"。但当时北洋军政府已四分五裂,为争夺中央权力内战不已,无暇顾及地方"匪患",因此侯梯云的部队得以长期在这一带活动。这一带不仅有侯梯云的武装,还有许许多多的绿林武装,这是因为外族入侵、国家分裂、军阀混战致使民不聊生,穷苦农民只有铤而走险,靠劫富济贫、打家劫舍过日子。"匪患"实是国家分裂、军阀混战的滋生物。

由于当时江西社会秩序很乱,土匪丛生,地痞横行,侯梯云的父母觉得在这里做窑不安全了,不但赚不到钱,甚至连命都可能保不住。于是1925年停窑不办,夫妇俩一同回安仁去了。只留侯梯云在安福处理剩下的货物,一旦货物卖光,也立即返回安仁。

1925年3月,当地一些豪绅唆使一些无赖抢劫侯梯云父母窑上所存货物,侯梯云出面制止无效,情急之下,拔枪打伤了一个抢劫犯。当地豪绅以此为由,要捉侯梯云去政府。周金城老爷见此情况,将受伤人背回家里治疗,伤好后又给了十枚银圆打发他回家,叫他别再往政府告状。此事本可就此了结,但地方豪绅硬说侯梯云有枪,是土匪,一定要捉他去见官,无奈之下侯梯云只好躲进了谷源山中的吉峰檀庵子里,原来跟随他的人都被遣散回家了。

1926年7月,广东国民政府正式挥师北伐。侯梯云在江西加入了北伐军,终于躲过了洲湖乡那些土豪劣绅的迫害,由于作战勇敢,他还在北伐军中当了排长。当侯梯云在安福当绿林好汉时,其哥哥侯兆元、弟弟侯文元都先后报考了黄埔军校。哥哥在黄埔军校参加了共产党,是黄埔军校五期毕业生,弟弟是黄埔军校六期毕业生。哥哥在北伐军中当了营长,弟弟当了副营长,分散多年的兄弟终于在北伐军中相聚了。哥哥兆元见到梯云时无比激动地说:"二弟,你不是在江西周武读书了,怎么也投笔从戎了?"梯云回答说:"现在是国无宁日,民不聊生,我能读得下书吗?"文元说:"二哥,你身材高大,在我们四兄弟中,你武功最好,你投军是选对了路。现在正是国家用人之际,也正是我们报国之时,我们兄弟三人要好好干,要干出点名堂来。"兆元接着说:"天降大任于吾身,当今之势,齐家治国平天下舍我其谁也!"三人都哈哈大笑起来。兆元继续说:"我说的齐家治国平天下可不是要求大家像封建时代的武将效忠某一个人,为建立一个新封建王朝而去殊死拼搏,建功立业,从而达到光耀侯氏门庭,显赫自己家族的目的。我说的齐家治国平天下是要驱逐列强,统一国家,救民于水火,让工农翻身做主人。这个任务是历史地落到我们年轻人身上,我们要勇敢地挑起这个重担,完成历史赋予我们的使命。宁为玉碎,不为瓦全。"说完,他把两个弟弟紧紧地抱在怀里。那年侯梯云已经二十九岁了,但很少同哥哥弟弟在一起。今天听哥哥这番话,很是激动,他为自己有这么一个大哥而骄傲。从哥哥的这番话中他知道哥哥是个热血青年,是个有理想有追求的人,他要向哥哥学习,为驱逐列强、统一国家、救民于水火、让工农翻身做主人贡献一点微薄的力量,从此侯梯云有了一个明确的人生目标。但这也是侯梯云同哥哥最后一次见面,最后一次聆听哥哥的教诲。1927年4月,侯兆元因共产党员身份被暴露,被国民党反动派杀害于上海。

二

光荣入党

1926年10月,蒋介石攻克了南昌,反革命面目日益暴露,开始镇压工农运动。他在赣州杀害了工会主席,引起工农群众的不满。

国民革命军第一军的一个营长叫王新亚,是共产党员,由于他隐蔽得很好,蒋介石反革命清算时没有发现他。在北伐军攻下南昌后因不满蒋介石的两面派行为离开了部队,来到了安福,帮助安福县的农民协会组建农民自卫军,为未来的突发事件做好武装准备。安福的农民协会有了自己的武装,又有共产党作领导,农民运动如火如荼,打土豪,分地主浮财,废除封建的礼教制、宗法制,提倡男女平等等活动开展得有声有色,一些作恶多端、民愤极大的恶霸地主受到镇压。昔日在乡村作威作福的地主有的逃到省城,有的逃到上海。农民宣布一切权力归农会，农民真正成为安福的主人。

　　侯梯云从小就憎恨恶霸地主和官僚劣绅，同情劳动人民。一听到这一消息，迅即离开了北伐军回到了安福，加入了王新亚领导的农民自卫军，并把原来埋藏在洲湖瑶溪窑厂的九十多杆枪也挖了出来，捐给了王新亚。王新亚让侯梯云担任洲湖农民赤卫军队长。侯梯云带领农民在中洲村烧了恶霸地主周毓声的房子，群情激昂，农民佩服侯梯云的勇气和胆略，纷纷参加农民自卫军。当时洲湖赤卫中队有100多杆枪，200多人，还成立了苏维埃政府。侯梯云的工作得到了王新亚的肯定。这时候，侯梯云通过与王新亚的接触，初步了解了共产主义和马列主义，懂得只有共产党才能救中国，只有共产党才能领导劳苦大众翻身得解放，开始渴求参加共产党。这期间，侯梯云认真阅读了《共产党宣言》《私有制、家庭、国家的起源》《国家与革命》《我的马克思主义观》等大量革命著作，对党的认识更加深刻。一次他同王新亚交流学习马克思主义著作心得时说："原来我只认为中国人苦，中国人尤以农民苦，农民苦是因为受地主的压迫，是因为财富不均。过去我对行侠仗义、劫富济贫非常赞赏，认为这是农民获得解放的唯一手段。现在我懂得了农民之所以受苦是因为有了私有制。有了私有制就有了阶级,有了阶级就有了剥削与压迫。私有制是农民受苦的根源。国家是维护私有制的工具,行侠仗义、劫富济贫永远不能把私有制消灭、把维护私有制的国家政权推翻,因此,农民永远不能从根本上得到翻身解放。共产党主张消灭私有制、消灭阶级、使国家最终消亡,在全世界实现共产主义。这不但可以使农民从根本上得到翻身解放,还可以使全人类实现共同富裕,和谐相处,所以,共产主义是最先进的社会制度,共产党是最先进最革命的党,是一切劳苦大众的大救星。我要加入共产党,愿为共产主义奋斗终身。"王新亚握着侯梯云的手说:"共产党是无产阶级的先锋队,是劳苦人民自己的党,共产主义是一项伟大的事业,需要千千万万的人自觉为其奋斗,为其献身,因此党的大门永远是为有志于共产主义的人敞开的。你渴求加入共产党,我非常欢迎,真诚地希望你有一天能成为我的同志。相信我,我一定会把你的请求反映给上级。"侯梯云听了这番话,心情无比激动,革命积极性更高了。

1927年蒋介石在上海发动了"四一二"反革命政变,许克祥在长沙发动了"马日事变",轰轰烈烈的大革命即将失败。国共两党开始由合作走向分裂,由团结变为对抗。安福的恶霸地主、土豪劣绅在蒋介石军队的保护下纷纷回到了家乡,组建靖卫团,开始向革命的工农群众反攻倒算。安福大有黑云压城城欲摧之势,但是安福人民并没有被反革命的气焰所吓倒,而是兵来将挡,水来土掩,以革命武装反对反革命的武装。

周毓声从上海回到洲湖,立即组建了洲湖靖卫团,四处追查烧毁他房屋的农会会员,杀害了洲湖苏维埃政府主席周根发,悬赏500枚银圆捉拿侯梯云。侯梯云带领洲湖的赤卫队员白天躲在谷源山,晚上把赤卫队分成若干个小组,四处打击靖卫团。

一天,一个农民向侯梯云报告:第二天周毓声将带十多个兄弟去南山茅坑岭姐姐家喝酒,因其姐姐的儿子结婚。侯梯云得此消息,兴奋不已,心生一计。第二天,他把赤卫队分成两组,一组由侯廉材带领去中洲村围攻周毓声的靖卫团司令部,一组由侯梯云带领去茅坑岭捉拿周毓声。

侯廉材率队来到中洲村附近,先把人马埋伏起来,然后叫一个当地农民进村送信,说周毓声在茅坑岭被侯梯云的部队包围,要他们速派一支队伍去救援,越快越好,去迟了周团长性命恐怕难保。靖卫团副团长李鸡狗命令周继文率一个排去救援。周继文的部队一到南山口,即被预先埋伏在那里的侯梯云部缴械。赤卫队员迅即穿上靖卫团的衣服,侯梯云命令周继文带路向茅坑岭进发。到了茅坑岭,周毓声的哨兵见是自己人,又是周排长带队,也就没问什么。几十个赤卫队员迅速冲到周毓声面前,喝令:"举起手来,缴枪不杀!"正在喝酒的周毓声顿时傻了眼,刚要从腰上拔枪,侯梯云迅即把他按在桌上,两个赤卫队员将其捆了。主子被捉,卫兵们个个举手投降,不费一枪一弹这个靖卫团长就被押回到洲湖。

侯廉材待周继文部走后,立即向中洲村发起了进攻,因有村里的老百姓带路,战斗很顺利。李鸡狗一听到枪声就带着十几人逃跑了,其余三十几人全部当了俘虏。

周毓声被带回中洲村后,侯梯云在这里开了个"洲湖乡批斗周毓声大会",然后枪毙了这个恶贯满盈的大地主。他给靖卫团的其他人员发路费让他们回家,有16人自愿留下当赤卫队员。

侯梯云在洲湖反靖卫团的胜利既鼓舞了安福的农民赤卫队,打击了安福反动派的气焰,也表现了他英勇无畏的精神和坚强的革命意志。经上级组织批准,侯梯云光荣地加入了中国共产党,王新亚在安福赤卫大队指挥部为其举行入党宣誓仪式。

1927年5月28日,侯梯云在鲜红的党旗下,高举右手,庄严宣誓:

第二章

在斗争中成长

牺牲个人,努力革命,阶级斗争,服从组织,严守秘密,永不叛党!

自此侯梯云的命运与党紧密结合在一块了。

安福如火如荼的农民运动震撼了南昌的国民党顽固派。他们立即向安福派遣了大量正规军,到了7月,安福县的农民赤卫队在国民党的正规军和地方靖卫团的夹攻下,大部分被打散,王新亚被迫离开安福。

王新亚走后,侯梯云又潜入谷源山,晚上住在吉峰檀庵子里。一天,一个妇女来庵子找水喝,侯梯云盛了一碗水给她喝,并告诉她不要在外面讲这里有赤卫队,千万要保密。那妇女说:"赤卫队是好人,我一定替你们保密,决不在外面说及此事。"其实这个妇女是国民党的特务,专门来谷源山侦察侯梯云及其赤卫队的情况的。侯梯云误认为她是个好人,轻信了她的话。第二天,国民党的军队就把庵子包围得水泄不通。幸好侯梯云不在庵子里,敌人扑了个空,只捡到一个包袱。谷源山待不下去了,于是侯梯云只身来到了永新。

三

里田开窑厂

1927年7月,侯梯云来到永新,幸好身上还有16枚银圆。为了生活,也为了寻找组织,他在永新里田办了一家制陶厂,工人全部是当地人。为了不使敌人怀疑,他改名侯万元。不久,被打散的赤卫队员、安仁老乡侯廉材、侯勇等几个也来了。侯梯云有了帮手,高兴极了。他让侯勇管理生产,侯廉材负责经营。自己则抽出时间四处打听党组织的下落。脱离了党组织的他就像一只离群的大雁,孤独得很。他想尽快找到党组织。

侯梯云家从其曾祖父起就代代做窑,是安仁县南雷乡有名的窑匠世家。侯梯云虽很少从事窑活,但耳濡目染也学到了不少东西,兼之他从小聪慧,悟性极好,所以他烧制的陶器无论是形、质、

第二章

在斗争中成长

气、韵还是釉、色、诗、画都堪称一绝。他的陶器既能进入寻常人家,也能登大雅之堂。百姓图他的陶器实惠耐用,官家图他的陶器有文化底蕴、观赏价值和收藏价值。尤其是他烧制的茶壶、花盆,在当地人看来简直就是珍品,因此,每天来他窑上购货者络绎不绝。

里田有个女子名叫周雪莲,聪明、贤惠、漂亮,很讨人喜爱。长到十八岁,来她家说媒者络绎不绝,可周雪莲一个也不答应。她看到侯梯云老实又聪明,手中有一门绝活,且身高一米八三,力大非凡。里田河边有一对石狮,每个重六十斤,梯云两只手各提一个石狮把它高高举在空中,还能边举边走,足足走了五百米才把石狮放下来,看得人都惊呆了,个个都说:"好力气!"因此周雪莲很喜欢他。

侯梯云烧窑需要大量的柴,周雪莲就天天砍柴卖给他。每次周雪莲去卖柴时,梯云都给她搬凳递茶,很是客气。周雪莲总是说:"侯师傅,别客气。你忙你的,我渴了会自己找水喝,你不要太费心。"临走时,总是深情地望着他说一声:"侯师傅,我走了。"梯云也极有礼貌地说:"走好,明天再来呀。""好。"周雪莲一边说"好",一边目不转睛地看着梯云,迟迟不肯离开。开始梯云并没在意周雪莲的一举一动。一天,周雪莲把柴担到窑厂后,梯云照例递给她一碗茶水，周雪莲趁接茶时，连碗带手都握住了，两只炯炯有神的眼睛深情地凝视侯梯云。梯云像触电一样，热血沸腾，忙说了声："雪莲，坐下来休息一会儿吧。"随即递给她一条长凳。周雪莲坐了下去，同时招呼梯云："侯师傅，你也坐会儿吧。"于是两人并排坐着。梯云轻轻地对雪莲说："以后别叫我侯师傅，我哪有资格当师傅。""那我以后叫你什么？"周雪莲仰着脖子满脸通红地对梯云说。梯云爽快地说："你没有哥，我就当你哥哥，以后你就叫我哥哥吧。"周雪莲马上喊了声："万元哥哥，你真好。"说完，附在梯云耳边轻轻说了一句："万元哥哥，今晚麻烦你到我家去一趟，我有个哥哥要见你。"梯云反问说："你不是没有哥哥，怎么一下子又冒出一个哥哥来了？"雪莲忙解释说："是我表哥。"梯云又问："他为什么要见我，他认识我？"雪莲忙说："别紧张，你去了就知道了，你俩恐怕还不只是认识，还非常亲密。"万元听了这话有点莫名其妙，搔了搔后脑壳，说："他是谁，我在永新不认识什么人呀？"这时，来了很多卖柴的人，周雪莲怕她与侯梯云坐一条凳被人笑话，忙起身走了。临走时，说了声："侯师傅我走了。""好，明天见。""明天见。"周雪莲既兴奋又害羞，低着头飞也似的跑了。

吃完晚饭，侯梯云招呼侯勇与侯廉材看好窑厂，自己就奔出了

第二章

在斗争中成长

窑厂,径直朝雪莲家走去。刚走到雪莲家门口就碰到雪莲的父亲,忙喊了声:"周叔叔,你好。雪莲在家吗?""雪莲在家,你进屋去吧。"雪莲的父亲回答他说。梯云进到屋里,看见雪莲的母亲,忙说:"周婶,你好。"雪莲的母亲忙答道:"侯师傅好! 雪莲在里屋。"梯云踏进里屋,一眼看见李景才,忙高兴地喊了一声:"景才,怎么是你! 十多年没看见你了,真想死你了!""我也想死你了! 听说你在安福搞农民运动搞得轰轰烈烈,我也想去参加,走到半路,又听说安福农民运动失败了,你也不知所踪。这次受组织派遣来永新搞农民运动,听周雪莲同志说你在这里,所以我叫她通知你来见我。"李景才回答说。"真是太好了,我们又在一起了。"梯云兴奋地说。停了一下,梯云突然问李景才:"你怎么知道我在里田?"李景才不假思索地说:"是周雪莲同志告诉我的。"梯云疑惑不解地问雪莲:"你怎么知道我和景才的关系?"周雪莲笑着说:"我的侯梯云同志,你在安福是出了名的人物,你参加了反对袁世凯的斗争,参加了周武的学潮,参加了农民赤卫队,打了土豪,谁人不知,哪个不晓,你以为来到永新把侯梯云改成侯万元就没有人知道你的底细了?"侯梯云仍然不解地说:"这一些是谁告诉你的?"这时,李景才插话了:"梯云,她是我们党在永新的地下联络员,她当然了解你的情况。""哦,你是地下联络员,看不出你这小小年纪还挺有本事。你在我面前真是真人不露相,把我蒙得深,佩服,佩服。"侯梯云连连向周雪莲作揖,弄得周雪莲倒不好意思了。这时,周雪莲的母亲来敲门,叫他们出来吃饭。侯梯云说:"我已经吃完晚饭了。"雪莲母亲说:"那就陪老李喝杯酒吧。"席上,侯梯云问李景才:"你叫我来,有什么事吩咐?"李景才说:"组织上要我俩在永新搞农民运动,成立农会,打土豪,组织赤卫队,这你是内行。不过,现在你暂不露面,仍做你的制陶业,但可秘密发动群众。等群众发动起来了,我们就公开成立农会,与乡村封建势力对着干。"侯梯云说:"行,我听你的。"

研究完了工作,他们也就散了。

在回窑厂的路上,侯梯云更觉得周雪莲是个好女孩。不但聪明、贤惠、漂亮,而且为人谨慎,与自己志同道合,能与她结合,真是般配极了。

第二天,周雪莲又来卖柴,侯梯云照例又是先搬凳,然后递茶水。周雪莲坐下来喝完了水,侯梯云对她说:"中秋节快到了,我是否可到你家去探节?"雪莲说:"那是你的事。不过,我俩的关系我还没跟父母讲,你去他们欢不欢迎就看你的造化了。"说完,满脸通红。侯梯云说："你既然这么说,那我就去你家吧。"

农历八月十四日,侯梯云给周雪莲家送去了两盒月饼、一袋水果、四斤猪肉、两瓶酒和一盆兰花。花盆是侯梯云精心设计烧制的。花盆上烧制了"举案齐眉"图,花盆里栽了兰花。意味着他和周雪莲相敬如宾,爱情之花永不凋谢,还给周雪莲置办了两套衣服。周雪莲的父母见侯梯云送来这么多东西,知道这不是一般朋友之间的往来,肯定是上门来向雪莲求亲的,忙把女儿叫来,说:"雪莲,你跟侯万元到底是什么关系? 他今天来是不是向你求亲? 他今天要来,你怎不早点告诉我们,现在弄得我们手忙脚乱,如何是好。你呀! 真不懂事。""妈、爹,他今天来我也不知道。他只是早几天跟我说,哪天有空他要来我们家提亲,谁知道他说的是真的还是假的,所以我就不敢跟你们说,要怪你就怪他去。"她妈接着说:"那他的东西收不收?""当然收。"雪莲斩钉截铁地说。"哎呀,我的小祖宗,你们早就搭上了,为啥不给妈通通气呢?"妈埋怨周雪莲。雪莲说:"我天天去卖柴,每次去他都给我搬凳子、递茶水。我觉得他人好,又有一门好技术,且又是自己的同志,志同道合。每次去就同他多聊了几句,其他也没什么。谁知道他喜不喜欢我,我也没底,所以不敢与你们通气。他倒好,说来就真的来了。"这时周雪莲的爸爸插话了："你既觉得他人好，志同道合，就依了你的意见，把礼收了。她妈，赶快做饭，招待客人。"周雪莲见父母这么开通，高兴得差点要跳了起来，忙走了出去，附在梯云耳边说："爸妈对你的到来非常高兴，你以后就常来吧。"说完，两人都抿着嘴笑了起来。

侯万元到周雪莲家送礼的消息不胫而走，很快整个里田的人都知道了。

里田有个恶霸地主叫李春才，当过里田乡的乡长，家有几百亩田土，娶了两个老婆，只有小老婆给他生了个女孩，现在年过半百，还膝下无子，想娶第三房。他看中了周雪莲，想娶周雪莲为三姨太，托了许多人来说媒，都被周家婉言谢绝。这下他听说周雪莲要嫁给一个湖南老表，怒火胸中烧。他想，强龙都不敢与地头蛇斗，一个烧窑的小子敢与我争女人，我不给他点颜色，就不是里田一霸。主意已定，一天，他带领管账先生和家丁来到了窑厂，要梯云孝敬他一对茶壶，说："你小子从湖南跑到江西开窑厂，也不问问山神爷准不准开，你就擅自开起来了。听说你小子手艺不错，我就权且不追究你不恭之罪。但你必须给我献上一对茶壶。茶壶无论是釉、色、形、质，还是诗、画、气、韵都必须一流，敢以次充好，我必砸

在斗争中成长

了你这个窑厂。"说完扬长而去。

梯云不敢得罪这个恶霸,替他赶制了一对茶壶。一只茶壶上绘制了两株李子树。李子树上花儿盛开,有两朵花上各绘了一只毛毛虫。李子树下两个笑佛在把壶喝茶。壶上还写有"笑口常开"四字。另一只壶上绘了飞龙舞凤。壶上写有"龙凤呈祥"四字。茶壶的釉、色、形、质和诗、画、气、韵都堪称一绝。李春才得此茶壶后,喜笑颜开,连说数声:"好,好,'笑口常开'好,'龙凤呈祥'好。"

李春才对梯云要娶周雪莲之事本来非常恼火,要想办法拆散他们,但他得了这对茶壶后,觉得侯梯云有利用价值,因此他们两人的婚事就不再放在心上了。

一天,李春才的同窗李美才、同僚吴向月、好友谭连柯来他家打牌,李春才特意把这两只茶壶拿了出来,让众人观赏,并沾沾自喜地说:"这壶是一个安仁老表敬献给我的,是他精心制作的。你们看这釉,油光发亮,晶莹剔透;这壶质地很好,用的是上等观音土,做工精细,无一丝纰漏;造型奇特、美观,有非凡之态;绘画生动,两个笑佛栩栩如生,画境寓意深刻,标题尤令人喜欢。这家伙能制出如此精湛之壶,也算是能工巧匠,所以他在这里开窑厂我也就不为难他了。"李春才说完,他的同科秀才李美才就把这两只壶拿来欣赏。仔细瞧了一阵后对李春才说:"老爷,你上当了。""我上啥当了?"李春才顿时一惊。李美才接着说:"你看,这只壶画了好几株李子树,李子树上开满了花,说明这是春天。可两朵花上各画了一只毛毛虫。'春'字下面添两只虫不成了'蠢'字了。合起来就是骂你是李蠢才;再看这一只,画了一条龙,一只凤。可龙头上长的是鸡冠,尾巴是鸡尾。凤在下蛋,蛋从空中落下,寓意着鸡飞蛋打。蛋打了,还能有鸡崽吗?两只壶合起来理解就是李蠢才家鸡飞蛋打,断子绝孙,最后无可奈何遁入空门。他骂你骂得真狠毒呢!"李春才听李美才这一解释,气得脸青血紫,怒吼道:"这狗杂种,想出如此办法来骂我,我非收拾他不可。走,找他算账去!"李美才忙劝住他:"找他算账也不是说去就去,我听人说,这侯万元武功极好,三五个人无法近得他身。找他算账,也要多带些人去,就我们几个人去,不是白白去送死。"李春才听李美才这么一说,决定暂时不去窑厂算账。吴向月又对李春才说:"今天还是陪我们打牌,反正这小子目前还不会离开里田,找他算账就像到锅子里捞煮熟的肉,容易得很。强龙都不敢跟地头蛇斗,侯万元算什么,敢跟我们李老爷斗,自找死路!"于是大家坐下来,一边打牌,一边喝酒。

四

五死一伤

12月16日,天下着毛毛细雨,北风呼啸,气温很低。天虽然很冷,可侯梯云早早地就开了厂门,和侯廉材、侯勇认真地干活。这时一顶轿子在窑厂门口停了下来。轿子周围站满了杀气腾腾的打手。梯云见势不妙,忙迎了过去。轿子里走出了李春才。侯万元忙嘻嘻地说:"李老爷,您早。不知您老大驾光临,有失远迎,敬请海涵。""不敢劳你远迎,不骂我断子绝孙就是万福了。我今天来,不为别事,就是来问明白一事:我什么时候得罪过你!我要你两只茶壶给我是看得起你,有的人想巴结我,想送我东西,我还不要。可你小子倒好,你从安仁来到里田,没喝你一口水,就让你顺顺当当开起了制陶厂,你不但不感谢我,还借送茶壶为名,恶毒地骂我

'鸡飞蛋打,断子绝孙,遁入空门'。我在这里生活了几十年,还从来没有人这么骂过我。你小子不知天高,不知地厚,敢如此骂我,看我今天怎么收拾你!来人,把这小子捆了!"随即冲来四五个大汉。可说时迟,那时快,梯云一个纵步,立即冲到李春才面前,用左手卡住了他的喉咙,右手扯住了李春才的后脑壳上的头发,大吼道:"谁敢向前,我立即卡死他,大不了与他同归于尽!"众人都被这突如其来的动作吓呆了,不知所措,只好傻傻地站在那儿。梯云立即命令:"你们立即滚出窑厂,我数三下,如果你们还不滚出窑厂,我立即卡死他。现在我开始数,一,二……"二还未数完,那些人都飞也似的离开了窑厂。当众人逃离窑厂后,梯云放开了手。李春才松了一口气,气喘吁吁地说:"侯万元,你饶我一命吧!""我饶你一命可以,可放了你,你会不会饶我一命?"梯云反问道。"我再也不敢了,我再也不找你算账了。"李春才哭丧着脸说。梯云说:"量你也不敢,里田离我老家也只不过百把里路,我有什么三长两短,我老家的人也不会让你好过,你听明白了没有?""听明白了,我今后再不会找你麻烦了,如不遵守诺言,雷打火烧,不得好死!"李春才发了毒誓后梯云说:"还不快滚!"李春才立即抱头鼠窜地逃了。

李春才回到村里,李美才即来打探消息。问:"李老爷,事情办

第二章

在斗争中成长

得怎么样？那小子被整服了没有？"李春才摇着头说："别说了，那小子武功高强，不但未整倒他，反而把我整了，差点要了我的命。"接着就把在窑厂发生的事一五一十地告诉了李美才。李美才忙说："明的不行，我们就来暗的。"随即附在李春才的耳朵边嘀咕了一阵，李春才忙说："这办法好。"

侯梯云与李春才在窑厂发生正面冲突后，知道李春才不会善罢甘休，必会报复，因此加强了防范。外出必有三人以上；梯云、廉材、侯勇不能同时外出；加强对周围的警戒，注意生人出入；置办了一批防身武器，如鸟铳、铁棍、短刀等；晚上派人在窑厂周围值班；食品采购必须从靠得住人家购买，不从来路不明人手中采购食品；加强与周围穷苦农民的沟通，求得他们的援助与支持；从周家村两猎户家里牵来了两只大猎狗，帮助看家护厂。

12月18日，周炳坤猎户来报告，说李春才叫人置办了许多炸药，近两天可能会来炸窑厂。这个消息很重要，梯云立即叫人在窑厂四周的树丛中挖了很多陷阱，上面用树枝加以伪装。因为李春才派人来炸窑厂，白天不敢来，晚上大道上有人站岗，他们必须从树林中偷偷摸来，炸完再从树林中偷偷逃走，所以加强对树林方向的防范是必要的。

12月19日夜,天气很冷,细雨连绵。半夜过后,四周静下来了,除了几家富翁的窗子还亮着灯火,多数人家已进入梦乡。雨下得更大了,打得树枝沙沙作响。突然两只猎狗狂吠起来,接着东边传来了"哎哟"的声音,有人掉进了陷阱。猎狗朝"哎哟"的方向冲了过去。来人见狗冲了过来,丢下掉进陷阱的同伙飞也似的往回逃。猎狗拼命地追。寒风阵阵,雨声滴滴,黑天瞎火,逃跑的人不分东西南北,只往树林中乱窜,两个抱着雷管炸药的人突然撞在一棵大树的断枝上,"轰隆"一声,雷管炸药爆炸了,四个凶手当即死亡。当梯云叫人点着火把来看时,有两个人的双手都炸飞了,另两个人也血流满身。梯云他们回到陷阱旁,掉下去的人一只脚断了,上不来。梯云把他拉上来,叫人把他抬到窑厂,然后替他接好了断脚,找来一些草药敷上,又用白布替他包扎好了伤口,然后问他:"你叫什么名字?"那人回答:"我叫李昆才,是李家村的,跟李春才是同村。靠租种李春才的田过日子。因去年收成不好,还欠他四担租谷,李春才就逼我来炸窑厂,如炸死了你,那四担租谷就不用还了。"说完,跪在梯云面前说:"侯老板,你千万别杀我,我是被逼的。我上有老下有小,千万别杀我,我下次再也不敢了,求求你开恩。"梯云把他扶了起来,说:"我不会杀你,我们穷苦人不杀穷苦人。现在我问你,你敢不敢带我们到李家村当着乡亲们的面揭露李春才的杀人阴谋?"那人大声说:"我敢,我现在什么也不怕了。你是好人,我再不做害人的事了。"万元又问他:"炸死的那四人叫什么名字? 是哪里人?"李昆才说:"一个叫朱铭,是茶陵人,在这里帮李春才做长工;一个叫颜勤勉,是安仁安平司人,也是在这里帮李春才做长工;一个叫李狗崽,是李春才本村的,是李春才的走狗,这个人偷鸡摸狗、杀人越货、嫖娼赌钱样样都干;还有一个叫李望成,也是李春才本村的,这人只有一个老父,三十多了还没钱娶亲,李春才答应事成后给他二十个光洋,让他娶个老婆成个家。我们五人除了李狗崽是自告奋勇来的,其他都是被李春才威胁利诱逼来的。侯老板,我说的句句是真话,如有谎言,天打雷劈!"梯云忙说:"我相信,李春才无恶不作,他要你们来,你们如不来,怕你们走漏风声,肯定会对你们下毒手,所以你们是被逼来的,我相信。"

第二天天一亮,侯梯云留下侯勇等人守窑厂,他带着侯廉材、李昆才来到了李家村。先找到李望成的爸爸,告诉他昨晚李春才逼他儿子等人来炸窑厂,结果窑厂未炸成,一失手把自己炸死了。劝导他节哀,让他找李春才算账。李望成的爸爸一听说儿子死了,就号啕大喊:"天杀的李春才,他不是人,昨晚他要望成去炸窑厂,我就不同意。他反骂我:'你不让他去,你有钱给他讨老婆吗?他不讨老婆你就要断子绝孙,我这是为你好。你们去炸,成不成功都不许对任何人讲,讲了,我要你们脑袋。'在他威逼下,望成只好去了。李春才天杀的,这下我真的断子绝孙了,我要找他算账去!"说完就要冲出去。梯云忙把他拉住,叫他忍住悲痛,不要冲动,说:"你一个人去是会吃亏的,要把死者家属都叫去。"于是一行人来到了李狗崽家。李狗崽的老婆听说丈夫死了,哭天喊地,也大骂李春才不是个人,心比毒蛇还毒。于是动员儿子、老父和左邻右舍都到李春才家去索命。李望成的爸,李狗崽的老婆、老父和儿子一边走一边哭,一边大骂李春才。全村的人听到哭声,都跑出来打听究竟,一听说李春才是为了炸窑厂害死了四个人,都骂他不仁,也跟着这一行人来李春才家看热闹。这一行人到了李春才家,李狗崽的老婆在他的屋子里,见东西就砸。李春才问她为什么到他家砸东西,她说:"你这个天杀的,你这个不得好死的,你叫狗崽去炸窑厂,现在他死了,你赔人! 我要烧了你这房子!"李春才忙说:"你不要诬赖好人,我才不会叫人去炸窑厂,这话你不能乱讲。"李狗崽的老婆见他矢口否认,更加气急了,一头撞去,把李春才撞个四脚朝天,他的家丁见状忙把他救走了。李狗崽的老婆见李春才

第二章

在斗争中成长

走了,用棍子尽力敲打他的家具,屏风打烂了,锅子打破了,桌子打烂了,凳子摔坏了不少。李望成的老父点着火把就要烧房子,李春才的家丁忙去夺火把。李狗崽的儿子李细苟操起一条长木凳照那家丁的头就是一凳,幸好那家丁眼明手快,赶快用手去挡,结果头未打破,右手被打断了。李狗崽的老父操起一条板凳冲进了李春才小老婆的卧室,吓得他的小老婆忙躲到床底下去了。李狗崽的老父把她睡的雕花牙床砸了个稀巴烂。这时李春才的家丁鸣了枪。听到枪声,人们不但不后退,反而越来越多地冲进房子里。李望成的老父冲到那家丁面前,大喊:"你开枪呀!"随即扯开衣服,喊:"朝我胸脯打呀!"那家丁不敢开枪了,连连后退。李望成的老父冲过去,顺势夺枪,那家丁死死不放,在双方奋力夺枪的时候,扳机被扳动了,正在这时,李春才的小老婆从床底下冲出来了,子弹不偏不倚正中她的胸膛,令她当场死亡。打死了李春才的小老婆,那家丁魂飞魄散,傻呆呆地站在那儿不动,群众你一拳我一脚把他打了一顿。

在一片混乱中,不知是谁跑到了李春才家的楼上放起了火,一会儿,火焰冲天,李春才的好几间房子都着火了。这时,群众才纷纷离去。

梯云见事闹大了,五死一伤非同小可,又烧了李春才的房子,尽管自己有理,当地反动政府也不会轻饶他,于是立即把窑厂交周雪莲处理,带侯廉材、侯勇随自己去找李景才。

五

捉李老爷游洞

侯梯云在永新城见到了李景才，寒暄几句后，对景才说："老李，我闯祸了。"景才问："闯了什么祸？"梯云说："我在里田办了个制陶厂，里田恶霸李春才无端向我索要两把茶壶，你知道，我一生最恨仗势欺人、无端勒索的家伙。于是我表面装作顺从，给他烧制了两把茶壶。但在茶壶上烧制了两幅画，借画把李春才痛骂了一顿，骂他一生鸡飞蛋打空忙碌，最后断子绝孙遁入空门。开始他并未识破这两幅画的含义，接到两把壶后，还眉飞色舞，高兴得不得了，连连夸我制陶技术好，画也画得好，意境深刻，是个制陶能手。后来他的同科秀才李美才识破了我的用意，向李春才解释了这两幅画的真正含义。李春才听后大为恼火，立即带人到窑厂找我算

91

账，又被我羞辱了一番，他见明的不行就来暗的。晚上派人来炸我的窑厂，想置我于死地。由于我事先有防范，没炸着我，凶手却四死一伤。随即我发动死者家属找李春才索赔，双方发生争执，李春才的一个家丁无意之中又开枪打死了李春才的小老婆，又不知谁放火烧了李春才的房子，我见事情闹大了，怕地方政府来抓我，只好跑来向你求救。"景才听完梯云的叙述，哈哈大笑，说："你这小子，我俩一起读书时就知道你有两下子。实话告诉你，组织上要我俩到里田组织农民打土豪，分地主浮财，我正想派人到里田去把你找来，你却不请自来了。好啊，我们明天就去里田，趁群众不满李春才的所作所为，我们再在群众中放一把火，把群众的革命激情燃起来，把群众组织起来，成立农会，开展反封建斗争。"景才说完，给梯云、廉材、侯勇等人各倒了一杯水，并请他们坐下，然后继续说："现在中国革命形势有了新的变化。七一五政变后，大革命宣告失败。但共产党人并没气馁，相继举行了八一南昌起义、秋收起义和广州起义。1927年，毛泽东率秋收起义部队来到文家市，做出了一个划时代的伟大决策，就是用农村包围城市最后夺取政权这么一个伟大决策。1927年10月，毛泽东率部来到井冈山，亲手创建了中国农村第一块红色根据地——井冈山根据地。现在，井冈山根据地已拥有安福、宁冈、莲花、永新、酃县等县的部分地方，在这些地方有了很大的影响。在井冈山的影响下，全国各地出现了许许多多的革命根据地，目前全国革命形势一片大好，星星之火大有燎原之势。我们要乘东风，鼓干劲，在里田开辟一个新天地。”梯云等三人听了景才对目前中国形势的分析，备受鼓舞，心情无比激动，问：“到里田去开辟一个新天地，怎么个开法？”景才说：“县委已知道你同李春才发生了正面冲突，也知道你发动了部分群众围攻了李春才家，放火烧了他的房子，因此县委命令我率十二个赤卫队员速奔赴里田，配合你同李春才的斗争。现在你们来了，我们研究一下去里田后的具体工作计划，做到不打无准备之仗，不打无把握之仗，使工作做得一步一个脚印，把里田农民运动搞得如火如荼。”梯云说：“好。县委这么关心我，我一定不辜负县委对我的期望，一定认真工作，把农民运动搞好，让里田成为稳固的红色区。”

第二天，即农历十二月二十二日，李景才带领十二个赤卫队员在梯云等人的带领下来到了里田。一进入里田，首先率队进驻了李春才家。李春才见梯云回来了，还带来了十二个赤卫队员，而且每个赤卫队员身上都扛了一杆枪，吓得胆战心惊，忙低头哈腰地说：“万元，你回来了，赤卫队的长官，你请坐。”万元、景才谁也不搭理他。

　　李家村的人见梯云领来了十多个持枪的赤卫队员,知道李春才有好果子吃了,于是都纷纷赶来看热闹。李景才见来了许多群众,忙站在一条长凳上,高声说道:"农友们,我们是永新县赤卫中队的战士,今天奉县委的命令率队进驻里田,配合农友们打土豪分浮财的行动。县委已知道前两天你们同李春才进行了斗争,对你们的行动给予了高度评价。现在年关将近,好多农友家衣无着、粮已尽。因此,今天我宣布:打开李春才家的仓库,开仓济贫。请农友们排好队,依次来领钱粮衣物。"农友们听说开仓济贫,顿时欢呼雀跃,拍手叫好。一个叫李惜才的农友振臂高呼:"共产党万岁!"在场的农友个个高呼:"共产党万岁!"李春才听说要开仓济贫,当即瘫倒在地,口吐白沫。梯云立即对其扎了一下银针,李春才慢慢地恢复了神智。梯云吩咐侯廉材、侯勇看住他,又叫李惜才带几个人守住李春才家的其他人,不准他们乱动,让他们统统龟缩在客厅里。李惜才还下了李春才保镖李云升的枪交给李景才。李景才接枪后对李惜才说:"这枪奖给你吧!"李惜才高兴地接了枪,梯云又教他如何用枪。

　　农友们依次排好队后,梯云对群众说:"请大家推举一个记数的,一个过秤的,四个维持秩序的。"人员推举完毕后,分粮开始。忙了一上午,才结束了分粮工作。农友们挑着分到的粮食,高高兴兴地回到了家里。他们打心眼里感谢共产党,知道只有共产党才是他们的大救星。

下午进行分物、分钱。赤卫队把李春才家多余的农具、家具、衣物和银圆统统分给了农友。农友们分到了钱、粮、物,革命热情空前高涨,纷纷要求加入赤卫队,经过挑选,李家村有十二个青年加入了赤卫队。

当晚,赤卫队把李春才及其管家李百灵、保镖李云升集中关押在乡公所。

二十四日,里田区农民协会正式成立。李惜才任农民协会会长。侯梯云任区赤卫队队长,李景才任党代表。区赤卫队有成员九十八人。下午,农会将李春才、李百灵、李云升等人戴高帽子游洞。李惜才交给李春才一面破铜锣,要他边走边敲铜锣边喊口号。口号写在纸上,叫他记熟,然后游洞开始了。农友听说李春才游洞,都赶来看热闹。游行队伍像一条长蛇,在田野中缓缓前行。李春才果然走几步敲一下锣,喊一声口号:"我是李春才,我欺压农民,罪该万死!""我剥削农民,天地不容!""我仇视革命,死有余辜!""打倒李春才!"群众见他自己喊打倒自己,都笑了起来。有一个青年高喊着:"李春才作恶多端,我们绞死他!"众人齐呼:"绞死李春才! 绞死李春才! 替冤死的苦难兄弟报仇!"有的人喊着喊着冲到前面来了,动手要打李春才。群众义愤填膺,怒不可遏。李春才见此场景,吓得脸色铁青,忙跪了下来,向众人哀求说:"各位乡邻,请饶我不死吧! 我一定改过自新,一定改过自新。"李景才见此情况,忙高声喊道:"众位乡亲,我们现在是押着李春才游洞。等他游完洞,我们在李家村还要开他的批斗会。批斗会上大家有冤申冤,有苦诉苦。现在请乡亲们按原来的队形继续前进。"经李景才这一喊话,众乡亲又归原位,队伍继续向前。游洞足足进行了三个多小时。

六

批斗李春才

　　下午,在李家村召开大会,公开批斗李春才。台子上面的横幅写着"里田批斗李春才大会"。台子两旁贴有对联。一边写着:"一切权力归农会,清算封建罪恶。"一边写着:"工农兵商学团结,打倒土豪劣绅。"当李春才押上批斗台时,群众高呼:"一切权力归农会!""农民万岁!""打倒土豪劣绅!""彻底批判李春才!""李春才不老实就叫他灭亡!""有冤申冤!有苦诉苦!"口号声响彻云霄,农民们兴高采烈,会场人山人海,挤得水泄不通。大会由侯梯云主持。下午两点,侯梯云大声宣布:"农友们,批斗李春才的大会即将开始,现在我们先请里田区农民协会会长李惜才讲话,大家鼓掌。"台下掌声如雷。掌声息下来后,李惜才清了清嗓子,然后说:"农友们,今天是我们扬眉吐气的日子。过去我们做牛做马,任人糟蹋,受尽了种种压迫和凌辱,有冤无处申,有苦无处诉。今天,农会给大家做主,带领大家打倒土豪劣绅,清算封建罪恶。现在批斗李春才的大会正式开始。农友们,有冤来申冤,有苦来诉苦。"他的话刚讲完。李锡成的父亲就走上了台,哭诉着说:"李春才,你好狠毒!去年年底,你家要吃脚鱼,要我儿子下河给你捉脚鱼,锡成说:'冬天的脚鱼不好捉,它不出来,在洞里冬眠,而且是跟蛇在一起的,我怕被蛇咬伤,冬天的蛇特别毒,咬伤人没法救,我不去。'你一听到这话,就威胁我儿说:'不去! 那租我的田也别租了,我看你到哪里去种田? 我看你吃什么?'我儿无法,只好去了。在河里冻了半天,给你捉了十多只脚鱼回来。你问他那洞里还有没有? 我儿很老实,如实回答:'还有,只是靠近蛇了,我不敢捉了。'你却说:'蛇有什么可怕,难道人还怕蛇吗? 快去!'我儿只好又下河去捉。这一次去捉,真的被蛇咬了,没过几小时就死了。快过年了,弄得我老年丧子,全家哭哭啼啼,我老伴气疯了,现在一天到晚在外疯疯癫癫地乱唱乱喊,时笑时哭,披头散发,人不像人鬼不像鬼,这都是你逼的! 今天我要你还我儿子来! 我要打死你这狗杂种!"他一边说一边用手杖狠狠地朝李春才身上、头上乱打。但由于悲伤过度,还没打几下,就晕倒在台子上。台子上维护秩序的人赶快把他抬下来进行急救。李惜才高呼:"血债要用血来还!打倒李春才!"接着一个老太婆走了上来,一边哭,一边骂:"李春才,你也有今天,你这个没肝没肺遭天雷打的,还我儿来!我儿拿着别人给的两个橘子从你家门口经过,你就诬蔑他偷了你园子里的橘子,开祠堂门把他当贼办了,将他驱逐出祠堂,永远不准回李家村,不准见父母。父母如胆敢认这个儿,立即将父母沉河。可怜我儿,当时还只有八岁,我跪在你面前,向你发誓:'我儿绝对没有偷你家园子里的橘子,是他在李春林家玩,春林他娘送他的,不信你问春林娘。我说的句句是实话,如有半句谎言,天打雷劈。你千万不要将我儿逐出家门,他还小。'你硬是不肯,还说:'如果李春林的娘说这两个橘子是她送的,立即将她沉河。这两个橘子上还有树叶,送的橘子上会有树叶吗?这明明是在我园子里偷的,你明明是在狡辩!'我回答说:'你园子里的橘子摘下来有树叶,别人园子里摘下的橘子就不会有树叶吗?'你恼羞成怒,命令家丁将我拖出祠堂狠狠地打,打得我头破血流。当天硬是将我儿赶出李家村。他这一去,就再也没有回来了。李春才,你还我儿来!我打死你!打死你!"一边哭,一边使劲地捶李春才的头,把李春才打晕了。众人忙把老太婆劝下台来。接着朱铭的父亲走上了台。一上台就用棍子朝李春才背上、肩上猛打，打得李春才倒在了地上。维护秩序的农会会员赶忙劝住他不要打了，下面还有人要申冤、要诉苦，等大家把苦诉完了，农会会根据他的罪行给予相应的制裁。朱大爷这才停了下来，哭着说："李春才，你还我儿！本来我儿和颜勤勉约好了，过完元宵节才来上工。可正月初九你就派人把他们叫来了，强迫他们去炸侯万元的窑厂。我儿和颜勤勉都不肯去，你就说：'那你们和侯万元肯定是一伙的，来人，把他们俩办了！'在你的威逼下，他们只好违心地去炸窑厂。结果侯万元未炸死，你李春才也未炸死，他们五人四死一伤。我要你偿命！我要打死你！"他一边说，一边举棍就打，打得李春才在台子上打滚。停了一下，朱大爷继续说："颜勤勉的妻子正怀着孕，儿子还未生下来，勤勉就先走了，多命苦呀！叫人心寒啊！李春才，你这婊子养的，你是什么心肠呀！你吃人不吐骨头，害人不拣日子，你为啥不死？老天爷啊！你太不公平了！你为啥让李春才这样的人活着！"接着老大爷大哭，泣不成声，很快就晕过去了。众人急忙将他抬下去急救。群众高呼："血债要用血来还！""打倒李春才！""李春才作恶多端罪该万死！"口号声停止后，一个叫曾启得的中年农民走上了台，愤怒地说："李春才！你吃人不吐骨头。我为了埋葬父亲,向你借了八块光洋,替你家做了三年长工,分文未取,你还说我还欠你八块光洋,我不服,找你说理,你叫狗腿子打了我一顿,还把我关在水牢里,三天不给我饭吃,直到我承认还欠你八块光洋才放我出来。我刚出你家大院,你就放狗咬我。"他卷起裤子,指着腿上的伤疤说:"农友们,这就是他当时放狗咬我留下的伤疤。今天你当着大伙的面把这笔账算给我听听,你说说,我到底还欠你多少?"李春才忙说:"不欠了。我多收了你的,退给你。狗咬伤了你,我赔药费。都是我的错,我认错,我向你赔不是。"曾启得说:"你今天也知道错了,晚了!老子在你家做牛做马做了四年了,受尽了各种欺凌,遭尽了各种罪,老子今天出气的日子到了,要打死你这个婊子养的!"说完,手中的棍子在李春才身上乱打。李春才很狡猾,棍子一打下,嘴里不停地大喊"饶命呀!饶命!"身子则不停地在台子上打滚,曾启得的棍子打左边,他滚右边;曾启得的棍子打右边,他滚左边。曾启得恼了,用一只脚踩在他的大腿上,用棍子狠狠地打他的腰部,打得他大喊:"哎唷!哎唷!"此时李景才忙把曾启得劝下。群众高呼:"清算李春才剥削农民的罪行!""李春才剥削农民的劳动成果,必须如数退还!""剥削有罪,消灭剥削制度!""农民要翻身,必须打倒土豪劣绅!""共产党万岁！"

　　曾启得刚走下台，周发根上了台。指着李春才的鼻子说："你认得我吗？"李春才抬起头看了周发根一眼，忙说："认得。"周发根问："我叫什么名字？"李春才说："叫周发根。"周发根又说："你知道我上台找你是为什么？"李春才说："不知道。"周发根火了，怒吼道："你是真的不知道还是假的不知道？"李春才说："我是真不知道。"周发根一听这话，冲上去扇了他两个耳光，然后问他："我女儿周发英是怎么死的？"李春才说："听说是投河死的。"周发根又问："她为什么投河死？"李春才摇了摇脑袋，说："不知道。"周发根一把抓住他的头发，重重地在他背上揍了两拳，骂道："你这婊子养的，明明是你害死的，你却说不知道。你有一次到我们周家村来，看见我儿发英有几分姿色，就想娶她做你的三姨太。遭到我们全家人的拒绝后，你恼羞成怒。一天，趁我女儿在山上砍柴未加防范时，你派几个家丁将她捆到你家，然后进行强奸，还说：'现在生米已煮成熟饭，看你肯不肯。回去告诉你爹妈，过几天我会派人送彩礼。'我女儿回到家里哭成泪人，总觉得无脸见人了。不管我们怎样开导她，她都茶饭不进，不停地哭。当晚，她趁我们不注意就投河自尽了。李春才，你不是人，你是畜生。今天我要打死你这个畜生，替我女儿报仇。"说完,周发根对李春才拳脚交加,打得李春才滚在台子上,不停地喊:"饶命呀! 饶命呀!"李景才一把拉住了周发根,劝他下去。告诉他:"还有农友要诉苦,要申冤,李春才犯了滔天罪行,一定会得到应有惩罚。"批判大会激起了许多人的仇和恨,诉苦的人越来越多,农民们的声声泪、句句恨、桩桩血泪仇都是对李春才的深刻批判,都是对他犯下的种种罪恶有力揭发,都是对封建势力的无情鞭笞,都是对公平、公正、民主、自由的呼唤,都是他们革命激情的自然迸发。他们渴望社会变革,渴望穷人翻身,渴望中国新生。

天已经黑下来了,虽然还有许多农友要上台诉苦,但为了安全,李惜才只好宣布:"今天的批斗大会就到此结束。李春才在里田横行几十年,恶贯满盈,其罪恶罄竹难书。农友们的苦和冤,三天三夜也诉不完,申不完,上面的事实已足够他死罪了。农友们还有什么苦什么冤什么仇可继续找农会反映。我们会把农友们的冤和仇综合整理上报上级,请求上级批准我们对他执行死刑。"农友们一听到李惜才这个表态,立即欢呼起来。群众高喊:"共产党万岁!""打倒李春才!""李春才欠下的血债必须用血来偿还!"在农民的欢呼声中,李惜才宣布:"散会。"

七

李春才逃跑

　　批斗大会结束后，赤卫队员把李春才押到乡公所进行关押，为防止他逃跑，四个赤卫队员荷枪实弹守住他关押的房间，另外还有两个赤卫队员在乡公所外围放流动哨。五个赤卫队员在李惜才的带领下埋伏在乡公所对面的山坡上，防止土匪来乡公所救人，因为李春才同土匪刘麻子关系极好。因有农友报告，李春才家有一个密室，可能藏有武器，李景才、侯梯云不得不带两个赤卫队员去李家村搜查武器，如果能搜到武器，对区赤卫队来说无疑将是一件大好事。当李景才、侯梯云与两个赤卫队员到达李家村时，李春才家着火了，火势极大，李景才等人赶快组织群众救火。当大火扑灭时，已是半夜时分。由于大火烧毁了李春才几间房屋，到处是瓦砾

第二章

在斗争中成长

余烟,房梁、楼柱散落满地,搜查密室和武器无法进行,李景才他们只好返回乡公所。当他们快到乡公所时,突然听到激烈的枪声,李景才知道大事不妙,四人跑步前进。到达乡公所,看守李春才的四个赤卫队员已被枪打死,外面放流动哨的两个赤卫队员已被刀捅死。李惜才听到枪声率队下山来救援也被子弹打伤,幸好伤势不重。十二个赤卫队员死了六个,李景才叹惜不已。李景才对侯梯云说:"这肯定是土匪刘麻子干的。我知道土匪刘麻子一定会来救李春才,但没想到他会来得这么快,计划得如此周详。李春才家的火肯定也是他们放的,他们想阻止我们从李春才家密室得到武器,我们就一定要搞到这批武器。我们可将计就计,打他个措手不及。"梯云说:"对,我们现在就回李家村,多带些人去,密室肯定就在烧毁的那几间房子下面。我们赶快清理火场,找到密室。同时在刘麻子下山的必经路上挖陷阱,置网袋,放铁钳,把刘麻子消灭在半路上。"李景才说:"好,你带人去对付刘麻子,把有枪的赤卫队员都带去,再多带些年轻人。我动员李家村的男男女女去清理火场,找密室,搞武器。李春才被救走后一定会跑到南昌请求省政府派兵'清剿'我们,据说由于毛泽东在井冈山建立了红色革命根据地,蒋介石大为震惊,已命令湘赣两省地方武装力量合力'清剿'。

现在李春才在省政府官员面前嚼舌头,他们一定会加快派兵的速度,因此搞枪、建立工农赤卫队是第一要务。"说完,两人各带一些人分头去准备。

李景才来到李家村时还是掌灯时分。村民听说李春才家有个密室,密室里有枪,都非常兴奋。一下子就聚集了三四十人,在李景才的带领下一窝蜂似的涌进了李家大院。李春才的管家李百灵见这么多人涌了进来,忙跑了出来,向李景才点头哈腰地说:"李党代表,你带这么多人有何贵干?我家老爷已被你们捉去了,二夫人死了,现在正给她办丧事。家里的财产该分的你们也分了,一栋偌大的房子也被烧得满目疮痍,现在你们又来这么多人还能弄到什么?李党代表,你行行好,让死者安心上路吧,让她静一静吧。"说完连忙磕头。这时,一个村民大声说:"你们家有个密室,密室里有枪,我们是来搞枪的!"李百灵听说是来搞枪,吓了一大跳,脸色煞白,忙说:"李老爷家没有密室,更没有枪,我敢对天发誓。"李景才严厉地对他说:"你管住李春才家的人不要乱跑,老老实实待在那边,你们办你们的丧事,其他的事就别过问,更不许到这边来。"李百灵忙说:"是,是。"李景才挥挥手:"你去吧,这里没你的事了。"李百灵忙走了。李百灵走后,李景才吩咐四个村民去看住他们,不能让他们跑出这个院子。其余的人都来到了李家大院的东厢房的废墟上,清理垃圾,搬走被烧断的楼柱、梁木和被烧残的家具。在搬李春才卧室里的一个被烧得只剩半截的衣柜时,突然发现了一道通往密室的门,大家赶快把这里的垃圾清理完毕,密室终于被找到。大伙儿一溜烟似的冲到密室,里面有好多木箱。打开木箱一看,有十个木箱装满了光洋,两个木箱装满了黄金锭,五个木箱装满了枪支,清一色的德国造,六杆长枪,四杆勃朗宁,四百发子弹。李景才立即把枪和子弹分给了十个青年。然后迅速离开李家大院,去与侯梯云部汇合。

两股人马刚会合,刘麻子的人就下山来了。刘麻子很狡猾,两人一组,前面两人平安无事,后面两人才跟上来。前面四人无事,第三组再跟上来。当他的第一组掉进陷阱,发出尖厉的号叫时,后面的土匪立即向四周猛烈开火,并迅速往回跑,因此刘麻子的土匪部队伤亡不大。这时已接近三更,李景才、侯梯云只好带领大家回乡公所休整。

八

李春才报复

　　李春才被救走后,在刘麻子的支持下,带着大量的金条和一些烟土来到了南昌,找到了他相识的一些省党、政、军要员,向他们一一送了厚礼,很快地江西省政府就任命他为永新县"剿共委员会"主任兼永新县挨户团团长。回来时省里又向他赠送了一批武器,这一下李春才就像刘姥姥进荣国府那样满载而归,高兴极了。

　　李春才还未到家,国民党的杨池生部已先期到达永新。李春才有国民党正规军撑腰,因此神气十足。回来的第二天,就设宴招待亲朋狗党。当天晚上,里田区政府为他举行庆祝宴会,庆祝他大难不死,也庆祝他荣任永新县"剿共委员会主任"和永新县挨户团团长。在庆祝宴会上他慷慨陈词:"各位同仁,各位乡亲,我李春才

108

第二章

在斗争中成长

今天又回来了。谢谢区政府对我的信任,谢谢在座的每一位乡亲和同仁对我李春才工作的一如既往的支持。我要让里田人民、永新人民、江西人民乃至全国人民知道:我——李春才——是一个大难不死必有后福的人,我誓与共产党和红军血战到底。"他的讲话博得了在座的土豪劣绅的热烈鼓掌。他接着说:"里田有我一份博大的家业,我是里田的主人,几十年来,我在里田吼一声,就有许多人家破人亡,我吐一口唾液就要淹死许多穷人。现在反了,马列兴起,共党闹事,穷人翻天,专与官宦士绅人家作对,是可忍孰不可忍! 因此我们各位同仁,各位官宦士绅人家的子弟应该亲密团结,同仇敌忾,共同对付共党,对付红军,还里田一片净土!"在座的土豪劣绅又是一阵热烈鼓掌。李春才继续说:"当前里田乃至永新的首要任务就是'清匪'缉共,反共救国。各位同仁,各位乡亲,对付共党、对付红军决不能心慈手软。'无毒不丈夫',谋大事者必狠毒于先,施仁慈于后。各位同仁,各位乡亲,在这危难时刻团结起来奋斗吧! 我的话讲完了。谢谢里田区政府为我举行一个这么盛大的宴会,谢谢诸位的光临和捧场。"台下又是一阵热烈的掌声。

李春才恨死了李景才、侯梯云、李惜才等人。回来的第三天就张贴布告,缉拿他们三人。告示说:捉住了李景才赏光洋五百个,捉住了侯万元赏光洋三百个,捉住了李惜才赏光洋一百个。李春才还带领挨户团和家丁向分了他家财产的人索赔。赔不起的就用火烧了他们的房子,牵走他们的耕牛,抬走他们的牲猪和农具。对批斗了他的人捉住了一律杀头。一时,里田人民逃的逃,躲的躲。挨户团吃三喝四,老百姓叫苦连天。阴风惨惨,天昏地暗,里田笼罩在一片血雨腥风之中。

李春才回乡四天,杀害农会会员十七人,烧毁房屋六十四间。夺走农友粮食四万余斤,抢走耕牛四十二头,牲猪八十六头。挨户团成员强奸妇女十二人次。李春才罪恶累累,罄竹难书。

九

设计擒匪首

　　面对李春才的暴行,里田的农会会员没有低头。他们白天躲进深山老林或亲戚家里,晚上分头行动。一个风雨交加的漆黑晚上,李景才率三个农会会员冲进乡公所,打死乡丁一人,夺走枪支一杆,子弹五发。侯梯云率三个赤卫队员火烧了李春才的一个装粮仓库。(捉李春才游洞分他家浮财时这个仓库的粮食全被农民分光了,但李春才回来后,抢了农民四万多斤粮食,于是又把这个仓库填满了。)李景才、侯万元这些举动,使挨户团夜不敢外出。李春才住的大宅院,由于失火,东边原先自己住的那一厢房全被烧成废墟了,现在想重修时间又来不及,因此只草草地筑了一道围墙。这样他觉得很不安全,于是雇请了几十名武功高手,安住在自己住屋前后左右,又从挨户团调来一个班分头把守东西南北四条大道,但结果还是被侯梯云等人摸了进来,烧了粮仓。李春才大骂手下是一群饭桶,同时更加强了防范,晚上不敢在一个房间睡一个通宵,不停地换房睡觉。

一天,李春才的老婆何玉玲和女儿李贞秀去安福探亲,在回来的路上连同家丁一同被农会会员捉住了。农会会员将他们五花大绑押进了深山老林,然后李景才通过李春才的一个亲戚给李春才送去了一封信。信上提出要李春才在三天内送三杆长枪、两百块大洋、两百斤大米于虎啸亭内。东西收到立即放人,否则就请李春才准备为他们收尸。有人建议李春才先在虎啸亭周围设下天罗地网,等李景才他们来取东西,立即将他们一网打尽,再救出夫人、女儿及家丁。李春才摇头说:"这不行,他们既然要我们把东西放在虎啸亭内,一定在虎啸亭周围布置了人手,我们斗不过他们,反而会伤及许多人的性命,这次就照他们的吩咐去做。留得青山在,不怕没柴烧。只要夫人、女儿平安回来,看我日后怎样收拾他们。"

夫人、女儿、家丁平安回来后,他派人到广东、福建一带购置枪支弹药,把自己雇佣的那些武林高手全部武装起来,组建私家军。他这么做,一来是为了保家,二来是为日后升官积下资本。经过一

第二章

在斗争中成长

番折腾,他搞到了二十四杆长枪,一挺轻机枪,四杆短枪,五百发子弹,两个望远镜,加上从县里带来的十几个挨户团成员,李春才总共就有三百四十二杆枪,建立了有相当实力的私家武装。他和土匪头子刘麻子是拜把兄弟。刘麻子是永新城里人,原来是个屠夫。袁世凯死后,军阀混战,土匪丛生。刘麻子见当土匪可以喝香的吃辣的,就邀了几个无业游民窜入山中,当起了山大王,以抢劫为生,杀人为乐。湖南、江西、广东、福建的客商只要路过此地,他必抢无疑,已干了不少杀人越货的勾当。当时他手下有一百来号人,是永新境内较大的一帮土匪之一。李春才见他势大,又知道当前时局不稳,刘麻子很有利用价值,于是主动拉拢他。先和他成八拜之交,又把自己的表妹王秀莲许配给他,成为姻亲。还在经济上接济他,让他招兵买马,壮大力量。刘麻子对李春才非常感激,为李春才敢两肋插刀,上次冒死下山闯乡公所救李春才就是一例。

刘麻子是一条大毒蛇,是李春才的忠实走狗,是杀人不眨眼的魔王,是农民赤卫队的死对头,因此,李景才决定除掉刘麻子,收编他的队伍,壮大农民赤卫队。一天,侯梯云与李惜才在白云寺山前抓住了李春才给刘麻子送信的两个狗腿子,搜出了李春才写给刘麻子的信。侯梯云与李惜才把这两人绑来见李景才。李景才一看信函,知道李春才又搞到了十多杆枪,准备送两挺机枪和四杆短枪给刘麻子,要刘麻子亲自带十来个人去领枪。李景才问送信的两人:"你们想死还是想活?""想活。我们上有老,下有小,我们不想死。求你们放我们一条生路。其实我们也不想替李春才卖命,是他逼我们干的。我们也是劳苦农民。"矮个子说完,高个子接着说:"三年前,我爸刘安民带着我到他家乞讨,他家不但不给钱,还放狗咬我们。我爸是被他家的两条狗活活咬死的。我爸死后,李春才就强迫我在他家当佣人,吃不饱,穿不暖,整天还要挨打受骂。现在他人手不够,怕你们报复他,强迫我们替他当保镖。你们不要杀我,我说的句句是真话。"李景才忙问:"你是刘玉德?""正是。"刘玉德回答说。李景才握住刘玉德的手,温和地说:"我们不杀你,穷人不杀穷人。"李景才指着他的同伙说:"他呢?"刘玉德回答说:"他叫李国旺,是茶陵来的补锅匠。李春才见他武功高强,就逼他在李家当家丁。"李景才说:"好,我们不杀你们,但要你们帮我们做件事。""什么事?"两人异口同声地问。李景才说:"你俩赶快把信送至白云寺,去迟了会引起刘麻子的怀疑。刘麻子从李春才家取了枪往回走时,你俩要及时派人向我们报告。我们要在半路截住他们,夺了他们的枪。只要我们穷人手里有了枪,就不怕豪强地主猖狂。"

第二章

在斗争中成长

两人齐说："这事我们保证办到。"说完,李景才要他们赶快去白云寺。

　　农历二月初六,天下着毛毛细雨,气温很低。上午李景才接到了刘玉德派人送来的信,知道刘麻子一行人已到了李春才家。白天刘麻子他们不敢公开扛着机枪从路上走,一是怕其他的土匪抢他们的枪,二是怕红军和赤卫队抢他们的枪,所以李春才要他们晚上回到山里。李景才得到这个消息,很是兴奋。叫人在刘麻子必经的路上设下挠钩,在树上挂上一张大网,周围埋伏十几个农友。李景才和侯梯云各身插一杆德国造的勃朗宁手枪,隐藏在一棵大树后面,眼睛紧紧盯住前方。初春,山里的夜晚特别寒冷,北风呼啸,细雨绵绵,赤卫队员都没穿多少衣服,但他们一想到马上就可以捉住刘麻子,缴获十几杆枪,壮大赤卫队的力量,就都无比兴奋、激动,早已把寒冷丢到九霄云外去了。他们静静地伏在大树后的草丛中,睁大眼睛盯着前方。突然传来了脚步声,接着传来了刘麻子的声音:"弟兄们,天气冷,加快脚步,到了目的地,喝上几口,然后好好地睡上一觉。现在我可是真正的山大王了。弟兄们,只要我们团结紧,出头的日子就到了。"说完,哈哈大笑起来。笑声还未停,挠钩、罗网一齐启动,十人有三人被挠钩拖翻,七人被罗网罩

115

住。一听到响声,十几个赤卫队员立即冲了上去。李景才他们举着枪站在土匪面前喝道:"不许动!谁动打死谁。"雪亮的电筒光照得刘麻子等十人睁不开眼,不到几分钟,赤卫队员就麻利地将他们一个个捆了,武器全归了赤卫队。接着,李景才问刘麻子:"你想死还是想活?""想活,你别处死我!只要你不处死我,你要我做什么都可以。"刘麻子颤抖地说。"那好,那你现在就带我们去李家村,想法子叫开李春才家的门。"李景才说完就令刘麻子带路。刘麻子走在前面,侯梯云手握勃朗宁紧随其后,其余的赤卫队员又紧随侯梯云之后。这时李景才叫侯廉材、侯勇出列,要他俩把那九个土匪押回宿营地。要他们一定看押好这九个人,别让他们跑了,怎样处置,等他回来后再说。说完,他也随大家去李家村去了。

不一会,刘麻子就带着赤卫队到了李家村。刘麻子先到李春才的大门口,大声喊道:"快开门,我刘麻子有急事要向李老爷禀报。"侯梯云则用力敲打李春才的大门。里面守门的人听是刘麻子的声音,急忙开了门。一个赤卫队员顺势一刀劈死了那个开门的人。李春才家另一个守门的人见赤卫队员砍死了开门的人,赶忙往里跑,一边大喊:"农会的人来了!"侯梯云一个箭步上去,拧住他的颈项,轻轻一扭,那人就倒地了,随即里面响起了枪声。刘麻子见里面乱了起来,趁机逃跑,李景才扣动扳机,"砰"的一声,枪响人倒,刘麻子死了。

由于里面一片漆黑,李春才又不让人点灯,因此他的部下只能胡乱开枪。侯梯云听到哪里有枪声,就带着赤卫队员往哪里冲。待到枪声一停,几个赤卫队员同时跳过去,用大刀乱砍,砍得敌人哇哇直叫。砍倒了这一堆,又带着赤卫队员冲到另一个响枪的地方,等枪声停了,几个人又跳过去,用大刀乱砍,又把这一堆人全部砍死。由于没有光,赤卫队又不开枪,敌人不知赤卫队有多少人,也不知赤卫队员在哪里,为了壮胆,不时地开一阵枪。枪一响,赤卫队员就知道他们的所在地,等枪声一停,冲过去用大刀乱砍,又把他们结果了。这一夜赤卫队同挨户团、李家军捉了近两个小时的迷藏,砍死挨户团、李家军九人,缴获枪支九杆,赤卫队员无一伤亡。看看天快亮了,李景才怕国民党的正规军来支援,叫大家迅速撤离李家大院。

到了宿营地,众人欢欣鼓舞,新缴获枪支三十三杆,其中还有两挺机关枪。现在里田区赤卫队有枪四十九杆,赤卫队员一百六十八人。有了枪,赤卫队就有了立身资本,敌人也就不可能那么猖狂了。

对押回来的九个土匪，经过审问，他们之间的相互揭发，发现他们中的多数都是被刘麻子采用威胁利诱的办法强迫为匪的，只有两个是惯匪，且罪恶累累，李景才宣布对这两人实行枪决。其余七人，经过教育，有五人要求加入赤卫队，李景才同意他们留下当赤卫队员，另两人李景才放他们回家了。

李景才他们对土匪采取"根据情况、区别对待、不同处理"的方针使刘麻子的土匪队伍受到极大震撼，几天之内，有十多人带着枪来投降，也有不少人私自溜回了家。少数顽固分子也溜出永新境内，到别处为非作歹去了。李春才得此消息，咬牙切齿，不停地吼道："李景才，你打死刘麻子，瓦解了他的队伍，袭击了我的住宅，我跟你没完。我一定要报仇，不杀死李景才、侯万元誓不为人！"

国民党江西省政府得知此消息，立即命令杨池生部加紧进攻里田，务必在三天之内把李景才、侯万元等人缉拿归案。一场更为惨烈的战斗即将摆在里田赤卫队面前。

十

勇救黄公略

　　1927年10月,毛泽东率部来到了井冈山,建立了中国农村第一个革命根据地。为做好长期斗争准备,毛泽东非常重视根据地的建设。他经常派少数人深入周边地带发动农民斗地主,组建农会,成立了乡、县苏维埃政府。还派红军骨干到地方成立赤卫队、游击队,打击挨户团、靖卫团,牵制国民党正规军。在红军力量强大的地方进行土地改革,发展生产,改善民生,保障红军供给。派富有地下工作经验的共产党员在周边县乡建立共产党的秘密交通站。到了1928年初,鉴于国民党江西省政府、湖南省政府都出动了大量兵力"围剿"红军,毛泽东命令周边各县的小股赤卫队应立即联合起来,成立县赤卫大队,在县苏维埃政府的领导下集中力量打击敌人。毛泽东派黄公略到永新,帮助李景才组建永新县赤卫大队。

一天,侯梯云带黄公略、李景才来到周雪莲家,三人商量如何把各区的赤卫队成立起来,再成立永新县赤卫大队,对县赤卫大队的人事也做了初步安排。工作刚刚研究完,周雪莲的妈妈已为他们煮好了三碗米粉,每碗米粉里面放了一个鸡腿和三个荷包蛋。正当他们端碗吃粉时,在外面站岗的两个警卫报告:李春才已带着二十几个敌人冲进了吴家村,并完全控制了周雪莲家的房子。一个警卫问:"敌人人多,我们只有六个人,怎么办?""不要慌。"侯梯云说。这时周雪莲的妈妈也为三个警卫员煮好了一人一碗米粉,侯梯云招呼那两个警卫:"你俩快吃粉,吃完把门边站岗的换进来。"黄公略也说:"你们俩快吃呀,还看什么?"两个警卫赶快吃了起来。侯梯云用手把鸡腿从大碗里勾了出来,塞进了自己的嘴里,一边吃,一边说:"我好久没吃到鸡腿了,真好吃。"黄公略、李景才也说:"周大妈的粉煮得真好,好香啊!"三个人一边吃一边说笑着。这时一个挨户团成员冲到离周家大门不到十米了。侯梯云眼疾手快,操起桌子上的枪,扣动扳机,"砰"的一声,那人倒地而死,接着又继续吃他的东西。五人刚刚把粉吃完,又有两个敌人朝前冲来。三个警卫端起枪,朝那两个敌人扫射,打死了一个,另一个回头就

第二章

在斗争中成长

跑。侯梯云扣动扳机,子弹呼啸而出,正打中那人的后脑勺,立即倒地而亡。侯梯云立即对一个未吃粉的警卫叫道:"你快进来吃粉,吃完粉我们冲出去。你保护黄公略、李景才从后面冲出去,我和门前两个警卫从前面冲出去。你快吃粉。"警卫遵令只好端起碗吃粉。外面的李春才大喊:"弟兄们,别往前冲,只守好这房子的前后门,看他们往哪里逃?只要他们出来,弟兄们就给我狠狠地打。打死一个赏银圆三百,今天你们立功发财的机会到了。"这时那个警卫已经吃完了粉,侯梯云对他说:"等一下我冲到屋顶上去,对着下面的敌人猛打,你一听到枪声,立即冲出后门,打死守后门的敌人,带领首长往山上跑。"又招呼前门两个警卫,"你们一听到我的枪声,立即朝李春才躲避处猛烈开枪,同时迅速冲出去,装作要活捉李春才的样子,让李春才害怕,让敌人都去保护李春才,让首长他们顺利逃出包围圈。"说完他奋力一跃,头已冲破了周雪莲家的茅屋顶棚,站立在屋顶上。先是双手朝后面的敌人开枪,枪响人倒,一连打死几个敌人。此时警卫已带领黄公略、李景才冲出了后门,朝山上跑去了。前面两个警卫听到枪声立即冲了出来,朝李春才藏身处开枪。敌人被这突如其来的枪声吓蒙了头,都龟缩在草丛中和大树后不敢抵抗。李春才眼看黄公略他们跑了,急忙从大

121

树后冲了出来,大喊:"匪首逃了,还不快给我追。"侯梯云瞄准李春才的脑袋就是一枪,这个恶贯满盈的大地主大恶霸终于倒地身亡,结束了他罪恶的一生。侯梯云看李春才死了,忙招呼两个赤卫队员:"赶快跳啊!"他自己也从屋顶上跳了下来,三人"扑通"一声,跃入河中,很快游到了对岸,不一会儿就消失在密密的丛林中。这一仗,李春才的势力彻底跨了,而侯梯云的"武功盖世""神枪手""飞人"等英名就传遍了永新城。有的农民甚至说:"共产党人,都是天兵神将,个个是能人,天下终究是他们的。"

十一

永新城劫狱

在击毙李春才的第二天，经永新县委批准，永新县赤卫大队在里田正式成立。李景才任大队长，侯梯云任副大队长兼第一中队长，李惜才任第二中队长，周志刚任第三中队长。赤卫大队有三百六十四人，枪两百零八杆。为了进一步打击反动派的气焰，激励工农群众的革命斗志，展示赤卫大队的勇敢顽强精神，李景才决定偷袭永新城。

永新城有个离职回家的北伐军营长李纳才。此人是黄埔军校第四期毕业生，北伐时作战非常勇敢。打南昌时，他率领自己的连队首先冲进南昌城，与敌人展开肉搏战。他亲手砍死六个敌人，之后他自己背上也挨了一刀，鲜血直流。一个敌连长冲过来，举着大刀就往他头上砍来,李纳才一个扫堂腿把那个连长打倒在地,顺势一刀结果了他的性命。这时,一个敌人朝他开了一枪,打中了他的大腿,他把手中的大刀朝那人掷了过去,那人立即倒地死了,他也被战士抬下了战场。这一战,他消灭了八个敌人,全连两百一十人牺牲了八十六人。由于蒋介石在三一八事件后大肆清洗军中的共产党员,共产党员退出了第一军,所以打南昌时,虽有李纳才这样勇敢的连队,但为数不多,致使第一次攻南昌失败。最后还是在西路军的配合下,蒋介石的第一军才攻下南昌。南昌攻下后,蒋介石屠杀有功的江西工农群众,排斥异己,引起富有正义感的李纳才的强烈不满。这时,他虽升到营长,还是愤然脱下戎装辞职回家。回到永新后,国民党永新县党部部长李栋才为了对付李景才的赤卫队,决定组织县自卫队,想聘李纳才为自卫大队长,遭李纳才婉拒。李栋才找到县财政局局长朱良才,要朱良才说服李纳才到职,因为朱良才是李纳才的妻兄。朱良才找到妹妹,说:"妹夫是北伐军营长,其父是永新县有名的绅士,中过举,当过七品县令,他家也是永新县有名的大户人家。共产党共产共妻,如让共产党得了天下,恐李、朱两家都要被灭门。现县党部李部长成立县自卫大队,让妹夫当自卫大队长,这是送上门来的好事,上可救国下可保家,你应该

第二章

在斗争中成长

劝妹夫去任职。自家有了枪杆子,何愁没人听话。"妹妹听哥哥这么一说,答应劝李纳才去任职。这事传到李景才耳里,李景才喜出望外,决定趁永新县的自卫大队成立之时,攻打永新城。因为李景才在广州农民运动讲习所学习时就认识了李纳才,两人既是老乡,又志趣相投,经常相聚,共论天下大事。李景才得知李栋才要聘李纳才为自卫大队长,立即跑去找李纳才,叫他答应这事。还要李纳才对李栋才说为了保境安民,愿捐一千元大洋,五十担稻谷,并让六个族侄去参加自卫队。"你答应任职,又捐钱又捐粮还出人,李栋才一定很高兴。自卫大队成立那天,让我们赤卫队员扮成你的族侄,押着粮食去县城,我们把枪藏在粮食的麻包里,到了县党部出其不意先制服李栋才,夺了他新购买的枪,再攻打县城大户,抄他们的家,把他们多余的浮财分给穷苦老百姓,坚定老百姓跟着共产党干革命的决心,打击反动派的嚣张气焰"。李纳才同意李景才的意见,并且对李景才说:"打下永新后,我也加入赤卫队。"李景才说:"好呀,我们赤卫队就缺少像你这样有军事才能的人。"当天晚上,当妻子动员他去当自卫大队长时,李纳才说:"老婆说得对,我接受这个任聘,自家有枪就不怕穷人造反。请你告诉哥哥,我不但去当自卫大队长,还要为自卫大队捐献一千元大洋,五十担稻谷。"

妻子见李纳才态度有了转变,非常高兴。第二天,就把李纳才的决定如实向哥哥朱良才做了汇报。朱良才听后又立即向李栋才做了汇报,李栋才听后也非常高兴。

1月16日,是永新县城关赶集的日子,也是自卫大队筹备处最后一次研究筹备工作会议召开的日子。第二天县自卫大队就正式挂牌了,筹备处也就自然消失了。在这次会议上要研究明天成立大会的程序,研究自卫大队的正副领导的任命和分工,敲定自卫大队的成员名单,研究自卫大队成立后的工作和任务,因此这次会议参加的人数特别多。

为了顺利进入会场,果断快速地制服与会的所有成员,赤卫队领导进行了多次研究,最后决定选好六十名精悍强壮的赤卫队员扮成李纳才的族侄和运粮农民;再挑选四十位赤卫队员扮成各种职业人员先行混入城内,打探、监视县党部及政府官员的一切活动,如有异常应及时报告;二十人待在城边,战斗打响后接应从城里撤出来的赤卫队员;侯梯云扮成李纳才的族侄随李纳才进入会场,他的任务一是保护李纳才,二是控制会场,擒拿所有参会成员;李景才负责接应工作;侯廉材、侯勇因永新话说得不标准,负责看守好宿营地。

第二章

在斗争中成长

1月15日,四十位赤卫队员扮成各种职业人员顺利混进了城。1月16日,侯梯云等六十位赤卫队员推着三十部小土车子随李纳才顺利进了城。当运粮车到达县党部门口时,有两个警察从里面跑了出来,要运粮农民把粮车推到县政府去,此地是会议重地,任何闲杂人员不得入内。入选的六位自卫队成员也不得在此逗留,一个警察示意这六人随他去警察局休息。侯梯云看看县党部门口,站岗警察就有四人,里面还有许多警察在游走。侯梯云知道李栋才这个老奸巨猾的东西,为防万一加强了戒备。现在只能出其不意,先发制人,打他个措手不及。他用左手向其他赤卫队员伸出了两个指头,意为按第二套方案行事。于是李纳才带侯梯云迅速跨过门槛,一警察伸手要拦住他们,另一警察认得是李纳才,忙哈腰点头说:"李大队长请。"那位拦他的警察忙把手缩了回来。李纳才与侯梯云两人大步流星进入会场迅速掏出手枪,左右手各握一把,大喊一声:"不许动,谁动就打死谁!"门外的赤卫队员早已从麻袋里摸出了枪,对准站岗的警察"砰!砰!砰!砰!"开了火,迅速结果了他们。赤卫队员一拥而入,又迅速解决了里面的两个警察。会场里面的人听到枪声顿时大乱,李栋才与警察局长慌忙破窗而逃,其他的人也纷纷夺路而走。侯梯云与李纳才二人左右开弓,当场击毙了八人，活捉六人，但还有六人走脱。侯梯云指挥队伍迅速撤离会场。县党部大院只留下几十部土车，土车上的麻袋装的全部是谷糠和沙子。

侯梯云的队伍与打探敌情的队伍迅速汇合，冲入了民政局局长胡济中家。胡济中不在家，他家临街，有铺面二十间。胡济中既当官又开商号、粮行和布行。赤卫队把他家的粮食一袋一袋地送给了一些穷苦市民和一些无业游民。从他家钱库拿走两千个大洋，然后迅速冲出城门，飞也似的回到宿营地。李景才征得上级同意后，任命李纳才为赤卫队副大队长。李栋才逃出后，知道李纳才参加了赤卫队，火冒三丈，亲自带人抄了他的家，把李纳才的老父也投入了监狱。

为了救李纳才的老父李兴隆，侯梯云再一次来到了永新城，找到了李纳才的妻子朱淑珍，将李纳才的亲笔信交给了她。朱淑珍拆信一看，知是要她火速带一些银圆去监狱以探望父亲为名秘密会见该监狱的一个副典狱长周洪柏和一个看守王新文。周洪柏原是李纳才的部属，王新文是李纳才的一个远房表哥。这两人都非常佩服李纳才的为人，与李纳才非常要好。李纳才的老父在监狱多蒙这两人照顾，因此并未吃太多苦。当然李栋才也不想置李兴

128

隆于死地,他只是逼李兴隆给儿子李纳才写信,劝李纳才投案自首,回头是岸。李栋才告诉李兴隆,只要李纳才投案自首,一切都既往不咎。李兴隆回答李栋才:"儿子大了,为父管不了。他要做什么,走什么路,那是他自己的事,我哪能替他做主。"就这样,李栋才关着李兴隆不放。因为李栋才清楚知道李纳才是个孝子,他一定会来救父亲,只要他来救父亲就把他逮住,就地正法,以儆效尤。

朱淑珍到监狱后,先探望了老父,给了他一些吃的,然后拜访了副典狱长周洪柏和看守王新文。告诉他俩:李纳才准备劫狱,请他俩做好内应。要副典狱长把监狱布防图绘制好交她带回。第二天,侯梯云又化妆成给监狱送柴火的农夫,在监狱实地勘察了一番。回去后他在李景才、李纳才的面前谈了一下自己的想法。他说:"为确保劫狱成功,应实施两套计划。第一套:实行劫狱。那个副典狱长是管内务的,劫狱那天,一部分劫狱人员扮成给监狱送柴火、送大米、送蔬菜之类的农夫混入监狱内。另一部分人于劫狱的前一天潜入县城,在监狱附近老百姓家隐藏起来。劫狱那天,头天潜入县城的人统统隐蔽在监狱后门附近,当送柴火、送大米、送蔬菜之类劫狱人员进入监狱后,王新文偷偷地打开监狱后门,让隐蔽在后门附近的劫狱人员迅速进入。两班人马会合后立即扣押典狱长、副典狱长。副典狱长必须扣押,否则会暴露他的身份。逼典狱长交出牢房钥匙,然后打开牢门,迅速将李兴隆救走。此时,我率人守住监狱大门,李景才率人守住监狱后门,不准监狱里面的警察往外冲。为确保李兴隆安全救出,在实施第一套计划的同时,我们还实施第二套方案:劫持李栋才的独生儿子,逼李栋才以人质换人质。李栋才只有一个儿子,叫李琳,今年十六岁,在读初中三年级。李栋才把儿子看得比自己的命还重要。李琳每天下午放学后都要到监狱附近的一个叫黄丽的女孩子家去玩。黄丽长得很俊,与李琳是同班同学。黄丽的父亲是个军官,常年在外,家里只有她和妈妈。李琳很喜欢黄丽,一时见不到她,心里就慌得很,因此他俩天天下午在一起。劫狱那天,派两个人冲到黄丽家,把李琳抓了。只要抓到李琳就不怕李栋才不放李老爷子。这样即使第一套方案没有成功,也可以救出李老爷子。"李景才和李纳才听后都赞同侯梯云的意见,决定照此执行。

1月21日是永新县城赶集的日子,接应劫狱的人趁赶集之机混入了县城,找到熟人纷纷隐藏起来。第二天下午,装扮成给监狱送柴火、蔬菜、粮食的劫狱人员也顺利地进了城,来到了监狱。王新文偷偷地打开了监狱的后门,让那些隐蔽在外的人纷纷冲了进来。

第二章

在斗争中成长

劫狱人员进入监狱后把典狱长、副典狱长通通赶到办公室,命令他们交出牢房钥匙,顺利地将李兴隆救出,同时把一大批犯人通通放走。监狱顿时人声嘈杂,乱哄哄地一片。赤卫队员把办公室的门锁好,迅速撤离。在劫狱同时,侯廉材与侯勇冲到了黄丽家,掏出手枪命令他们三人不许喊话,谁喊就打死谁。于是三人都不敢作声。侯勇迅速将李琳绑了,用布将这小子的嘴也堵了,装入一个特制的旧麻袋里。这时天已黑了,劫狱人员在李景才、侯梯云的带领下已撤出县城。当侯廉材、侯勇赶到城门口时,大批警察和民团赶到,密集的子弹不时从他们耳边呼啸而过。他们俩一边跑一边开枪还击,眼看快到松树林时,突然一颗子弹打中了麻包,鲜血顿时从麻包里流到了侯勇的身上,渐渐地麻包没有动静了。敌人越追越近,侯勇火速丢下麻包,两人很快消失在密密的丛林中。

赤卫队二打永新城,成功劫狱,反响很大,敌人如惊弓之鸟,惶惶不可终日。老百姓拍手称快,觉得善有善报,恶有恶报,不是不报,时间到了,一切都报。李栋才作恶多端,独生儿子被自己的人开枪打死,他捶胸顿足,哭得死去活来,叫嚣:"一定要捉住李景才、侯万元!老子一定要将他们千刀万剐,以解心头之恨!"

131

第三章

在安仁开展农运

回安仁界化垅遇险

李景才、侯梯云的赤卫队,枪毙了刘麻子,收编了他的队伍;打死了李春才,摧毁了他的势力;二次攻入永新城,从监狱里成功营救出李兴隆,把个永新闹得天翻地覆,使南京的蒋介石大为恼火,电令江西省政府增派部队,一部用来"围剿"井冈山的毛泽东,一部用来"围剿"各县的赤卫队。国民党江西省政府接到命令后,立即把杨如轩的另两个团也调到永新。国民党湖南省政府也向江西调兵遣将,使他们在江西的正规军有18个团。敌人来势汹汹,李栋才的自卫大队四处张贴告示:知道赤卫队下落并及时举报者赏银圆一百,能活捉李景才或侯万元来见者赏银圆五百,能提李景才或侯万元的人头来见者赏银圆四百,能活捉一个赤卫队员来见者赏银

135

圆一百,赤卫队员自动弃暗来投者赏银圆一百。李栋才请人画好李景才、侯梯云的画像四处张贴,在各处隘口设立哨卡,对一切过往行人盘查搜身,不准任何人带食品和药品上山,谁带了就以通匪罪处斩。杨如轩部四处搜山,在这种情况下,永新县委决定赤卫队化整为零。因侯梯云是安仁人,对永新情况不熟,敌人又四处通缉他,继续留在永新很危险,县委要他潜回安仁,去安仁开展农运工作。

接到命令后,侯梯云乔装成绸缎商人,侯廉材、侯勇化装成他的随从,于1928年2月底踏上了回归家乡的道路。

回家了,离开安仁十九年了,安仁现在怎么样?乡亲们的日子过得怎么样?侯清满还是那么嚣张吗?侯梯云带着一连串的问号,怀着复杂的心情回家了。在路上,他写了一首诗,题目是《回家》。

寒风细雨离家走,重重心事何时了?世道不公人烦恼,仰望苍天何处好?浪迹天涯十九年,处处都遭恶狗咬。我本天性不信邪,除恶务尽谁似我?安福反封斗地主,永新操枪群魔扫。今日有幸回家了,回家去把冤债讨!唤起农友千千万,红旗漫卷春来早。直捣黄龙擒国贼,还我世界一片好。

第三章

在安仁开展农运

当时,路边柳树已吐丝,鸟儿声声,风和日丽,这么好的天气路上行人却很少,这引起了侯梯云的警觉。他告诫廉材、侯勇,注意提高警惕,前方路口必有哨卡,遇有情况,看手势行事。

果然,到了界化垅,看到国民党在这里设了一个检查哨卡。界化垅是永新与茶陵的交汇处,过往行人特别多。国民党匪兵在此对过往行人进行严格搜身和盘查,并趁机敲诈勒索行人。行人稍有不顺,即以'通匪罪'扣押,移送茶陵警察局。因此人们一般都不从此经过。

侯梯云三人一到哨卡,两个拿枪的匪兵就举起枪把他们拦住,喝问:"你们是什么人?"侯梯云回答:"老兄,我是绸缎商人,他们二人是我的助手。"随即掏出两枚银圆。当两个哨兵准备伸手去接银圆时,一个军官从路边一间小屋子里走了出来。见侯梯云三人用小土车推着许多绸缎,知是一个富商,认为发财的机会到了,要趁机敲他们一下,于是说:"我看你们就不是正经商人,一定是共党乔装成商人,绸缎里一定藏有枪支。你俩赶快把他们的绸缎打开,给我搜。"两个匪兵正要动手打开绸缎时,侯梯云向侯勇示意。侯勇假装滑倒,挂在腰间那个小布袋里的银圆洒满一地。两个匪兵赶忙去地上捡银圆。侯梯云趁那军官不备,飞出一镖正中其喉咙,结果了他的狗命。侯廉材与侯勇也迅速掏出匕首,刺死了抢银圆的两个匪兵,然后将他们三人的枪藏入绸缎中,飞也似的跑了。

过了茶陵界首就到了安平司。安平司离他家——古塘村只有十多里路,魂牵梦绕的故乡就在眼前了。他们三人走进一家小酒店,向老板打听了一下安仁的时局。店老板告诉他,安仁目前很乱,唐时雍(后改名为唐天际)在华王搞农民运动,搞得如火如荼,还成立了农军,分大地主的浮财,在肖湾枪毙了几个罪大恶极的劣绅,打了龙海盐卡,现准备打安仁县城。城里的一些大富豪逃的逃,躲的躲,县长也惶惶不可终日。你们要在安仁城开绸缎店恐怕不好开,还是先观观风声,等时局稳定下来再开,否则不但赚不到钱,恐怕连性命都难保。侯梯云他们听到这个情况,心里非常高兴,因为他们可以在安仁大显身手了。他们拱手向店老板道谢,连说数声:"非常感谢你的介绍,这样我们心中就有底了。"然后朝灵官庙方向走去。到了月塘,侯廉材要回竹山看看家人,侯梯云带着侯勇朝古塘村走去。一边走一边喊:"我回来了,我回来了!"

下午,他回到了家,见到了父母。他一推开门,就大喊:"爸爸、妈妈,我回来了。"父母对他的回来喜出望外。父亲见侯勇推着一土车绸缎,忙招呼说:"侯勇快进来,绸缎是从哪儿来的?"侯勇答道:"是从江西推来的,梯云准备在安仁城开绸缎行。"母亲听了梯云要在安仁开绸缎行,非常高兴地说:"这下我们母子可以经常在一起了。兵荒马乱的,你们姐弟几个都在外面,为娘的就是放心不下。你看你哥哥兆元、你弟弟文元都在部队打仗,我真的怕他们有个三长两短,每天都提心吊胆过日子。你二姐本来在长沙一师读书,好好的却去参加什么共产党,现在连个音讯都捞不着。你大姐出嫁了,也不经常回来。家里只剩下我和你爹,你看这日子我怎么过?这下好了,你回来了。娘有了一份安慰。梯云,你回来就好了。老老实实在家里做生意,哪里也别去,有空的时候多陪陪娘说说话。"为了安慰母亲,侯梯云只好说:"妈,这次回来我就不走了,等时局一稳定,我就到县城开个绸缎行,多赚点钱孝敬你们二老。"他妈听了这句话,很是高兴,忙说:"还是梯云懂妈的心思,听了你这句话,比吃什么都甜。"侯梯云的母亲一边跟侯梯云聊天,一边给侯勇和侯梯云各舀了一碗酒,端上一碗酒渍辣椒,叫他俩喝酒。侯勇喝完酒,忙说:"大婶、大叔、梯云,我也好久没回家了,也去看看自己的亲人,我走了。"侯梯云的爸妈忙把侯勇送到门外,说一声:"走好,有空来玩。"侯梯云端着酒碗来到门口,说了声:"我不送你了,晚上我到你家看看伯父、伯母、嫂子和你儿子去。"

二

夺枪

吃完晚饭,侯梯云来到侯勇家,先向侯勇的父母问安、作揖,然后向他们介绍了自己这十九年在外面的生活情况,还给他们一包糖果和一包点心。给侯勇的儿子买了一个书包和一双鞋,鞋子买大了,侯勇的儿子亮亮暂时还不能穿,侯勇的妻子李月桂只好把鞋子收了起来。书包很漂亮,亮亮很喜欢,把它挎在肩上,双手还紧紧握着。亮亮已经七岁了。农村小孩读书时,都是父母用旧布给缝个袋子,算作书包,能装书就行了,还从来没见过哪家小孩挎过这样漂亮时髦的书包。亮亮紧紧握住这个书包,是怕又被妈妈收起来不给他用。当妈妈对亮亮说:"亮亮,把你叔叔送你的书包给妈妈看看。"亮亮大声说:"不给,就是不给!给你你又藏了起来。"亮亮的话逗得大家都笑了起来。亮亮的妈妈忙说:"妈不会把你的书包藏起来。你读书时一定给你用。鞋子是太大了,你暂时还不能穿,所以妈妈暂时收起来。等你的脚长长一点就给你穿。"这时侯梯云又从口袋里掏出一包糖果,递给亮亮说:"亮亮过来,叔抱你一下。"亮亮怕生,不敢过去。侯勇见状忙说:"没胆的家伙,将来能干什么大事? 不怕!过去叫声叔叔好。"亮亮真的过去叫了声:"叔叔好。""好,乖崽,叔叔抱抱你。"侯梯云说完把亮亮抱到了怀里,在他额头上亲了一下,然后问:"你读了什么书?""我读了《三字经》。"亮亮回答说。侯梯云又说:"背诵一段给叔叔听好吗?"亮亮就真的背了一段:"人之初,性本善。性相近,习相远。苟不教,性乃迁。"侯梯云又说:"你能不能把这一段的意思讲给叔叔听?"亮亮说:"能。老师说,人刚出生时,本性都是好的,只是由于成长中后天的环境不一样,性情也就有了好与坏的差别。如果对儿童不从小就进行教育,其先天的善性就因外界的不良影响而改变。"侯梯云见亮亮能把老师讲的东西一五一十地背出来,忙夸奖他说:"亮亮学习认真,又有好记性,将来一定有出息。"停了一下侯梯云又说:"不过教育是多方面的,有学校教育、家庭教育、社会教育。社会教育是很重要的,所以,'昔孟母,择邻处'。如今我们的社会风气很不好,亮亮一定要做到诚实、俭朴、刻苦、耐劳。小孩子不能说假话、做假事，好就好，坏就坏，不能把好说成坏。生活要朴素，不能天天吃好的、穿好的。父母安排你吃什么就吃什么，安排你穿什么就穿什么，不能挑三拣四。要热爱劳动，在劳动中不怕苦，不怕累，不怕脏。要孝敬长辈，说话要有礼貌，不能欺小凌弱。这一些亮亮你能做到吗？"亮亮回答说："这一些我做得到。我经常帮妈妈洗碗、洗菜。我在上学路上捡到东西就交给老师。上个学期我只同一个同学打过架，以后我就不乱打人了。"亮亮的话逗得大家又笑了起来。梯云又说："亮亮知错能改是个乖孩子，来，叔叔再亲你一下。"梯云又在亮亮的脸上亲了一下，然后把他从怀里放了下来，对亮亮说："亮亮，你去玩吧！叔叔要同你爸爸商量个事。"于是亮亮被他妈带到爷爷奶奶那边去了。

等亮亮母子走后，侯梯云对侯勇说："侯勇，我们去搞枪吧。我们农民只要手中有了枪，就不怕反动派了。""有了枪当然好，可是我们到哪去搞枪呢？"侯勇问侯梯云。侯梯云说："功夫不负有心人，把与我们相好的人都找来，大家分头去打听，总会找到线索的。"侯勇说："这办法好，我马上通知那些相好的，要他们立即分头去打听，但是有了枪以后我们又怎么办？"梯云说："有了枪，我们就像永新那样成立赤卫队，搞暴动，打县政府，成立县农会，成立苏维埃政权。现在是搞枪搞暴动的最好时期。唐时雍正在华王搞暴动,成立了华王农军,准备攻打县政府;朱德的部队已到了耒阳,安仁的反动派闻之怯胆,逃的逃,躲的躲,力量大大削弱;耒阳、永兴的农民运动也搞得如火如荼,这对安仁农民运动是极大的支持,只要我们认真发动,勇敢带头,安仁的农民运动马上可以成为烈焰之势。万一我们失败了,也不要紧,我们上井冈山,跟着毛泽东闹革命。"侯勇听了侯梯云的分析,忙说:"好,真的太好了,就这么干,我们去找人。"说完两人都出去了。

经过打探,他们得知挨户团有三杆枪藏在李万福家,土匪黄在即家也藏有两杆枪。第二天,侯梯云跑到耒阳敖山庙向朱德报告,说他准备在南坪搞暴动,成立赤卫队,但缺少武器。现在南坪李万福、黄在即两家都藏有枪支,想请求朱师长派两名工农革命军战士装作挨户团去把枪取回来。朱德立即命令两个战士化装成挨户团随侯梯云去安仁南坪。侯梯云的好友侯福州又得知了到李万福家取枪的暗号。侯梯云非常高兴,就带着两个工农革命军战士直奔李万福家。到了李万福家门口,侯梯云躲在一旁,由两个工农革命军战士去敲李万福家的门。李万福开门出来见是两个挨户团,忙问:"老总,有什么事?"一个挨户团对他说:"老板,对面树上有只鹰,无枪打不着,想借支猎枪用用。"李万福说:"当兵不带枪,不如去当和尚。"那个挨户团又说:"和尚嘴上有三根毛,办事实在嘴巴牢。"李万福见对上了暗号,忙说:"二位请随我来。"把他们二人带到自己的猪栏里,爬到猪栏的楼上,从稻草窝里摸出了三支枪,交给了他们二人。然后锁好猪栏门,说了声:"你们走好。"就回去了。侯梯云与两个工农革命军战士高高兴兴地回到了家里。

第二天,侯梯云、侯勇、侯福州、刘庆云和从耒阳来的两个工农革命军战士等一行六人来到了黄在即家。黄在即是土匪,一看侯梯云一伙人朝他家走来,知道是来向他索枪,忙从后门跑了。侯梯云等人冲到他家,只有他小老婆在家。侯梯云问:"你家男人把枪藏哪了?"小老婆回答说:"不知道。"侯勇说:"你骗谁,人人都说黄在即把什么东西都交给你保管,这枪藏在哪儿你会不知道?! 侯福州、刘庆云,你们把这人捆了。她不老实,我今天就一刀把她宰了。"侯福州、刘庆云立即找来一根绳索将其捆了,侯勇抽出一把匕首就要朝她胸膛上扎去,小老婆忙喊:"不要杀我,我说,枪沉在我们家前面那口鱼塘里。"侯勇喝道:"你既知道,就赶快带路!"一行人来到鱼塘边,在小老婆的指挥下,侯福州、刘庆云跳到鱼塘里,很快就摸到了用牛油布包扎好的两杆枪。侯福州、刘庆云上岸后侯

在安仁开展农运

梯云叫侯勇把黄在即的小老婆放了。

这时,竹山的侯廉材来报告说:安平司土匪"百担米"家有长、短枪各一杆,承坪河西恶霸地主李威家有枪十杆。侯梯云听到这个消息。高兴地对侯廉材说:"走,今天晚上到你家吃晚饭,吃完晚饭到李威家抢枪。"

吃完晚饭,在侯廉材的带领下,一行七人来到李威家。李威是承坪有名的财主,也是当地头号恶霸。其兄李日基是黄埔军校一期学生,现在是国民党部队的一个团长。他仗着哥哥的势力,在地方无恶不作。他本人又是承坪乡的乡长,家里随时有两个家丁护卫。为速战速决,侯梯云决定由他和侯勇、侯福州及两个工农革命军战士翻墙而入,用匕首或毒镖杀死两个家丁,然后摸入东侧的藏枪的房间,迅速把枪背出来。侯廉材、刘庆云在墙外接枪。枪到手后,立即撤离,让李威找不到线索。

分好工后,是夜侯梯云等五人翻墙而入,轻轻地走到李家大门前,又迅速将大门里面的门闩撬开,五人推门而入,旋即用飞镖杀死了守护在东屋门前的两个家丁,然后迅速将东屋的门撬开,果然有十杆长枪挂在墙上。五人立即将枪取下,每人拿两杆枪来到了围墙边,再把枪递给侯廉材、刘庆云,然后五人翻墙而出,跑到竹山时,鸡才叫头遍。

一行人躲在侯廉材的楼上睡了一觉。第二天吃过早饭,把从耒阳来的两个工农革命军战士送至灵官,让他们回耒阳,然后侯梯云率众人来到安平司"百担米"家。一进屋侯梯云就开门见山地对"百担米"说:"我叫侯梯云,是共产党员。奉党的指示来安仁搞农民运动。我知道你是被官府逼成土匪的,你当土匪也没做过什么坏事。前年你率众兄弟抢了关王一大户人家的一百担米,把它分给了穷苦人家,从此,人们再也不叫你谭细珠了,而亲切地叫你'百担米'。你成了茶、安、攸三县赫赫有名的人物,土豪劣绅闻之而魂飞魄散。但你想过没有,你这样行侠仗义,劫富济贫,能彻底改变这个世道吗?你的成功得益于共产党领导的工农大众打土豪、闹暴动,分散了反动派的力量,要不然你们几个人早就被反动派消灭了。你们小打小敲是成不了气候的。我劝你和我们一起干,在共产党领导下,团结天下所有劳苦大众,和反动派斗争到底,我们是一定可以获得胜利的。古人云:'一人拾柴火不旺,众人拾柴火焰高。'你看怎么样?""百担米"说:"我也想跟共产党干,只是苦无门路。今天你们亲自来邀我们,岂有不应允之理。"侯梯云见"百担米"爽快,就握着他的手说:"从今天起我们就是一家人了。"

三

一打龙海盐卡

　　有了枪,有了人就好办了。侯梯云决定以南坪为中心,成立一个赤卫队,下设南坪中队、安平中队、龙海中队。现在南坪有赤卫队员五十六人,枪十多杆,但龙海还没派人去联系。三月初七是龙海塘逢墟的日子,侯梯云带着刘庆云、侯福州以赶集为名,趁机发动群众,组建龙海赤卫中队。三人刚进龙海塘街口突然听到有人喊:"侯梯云。"侯梯云回头一看,见一个肩上搭了一块白布的瘦个子男子在后面向他招手,三人忙走了过去。这时候福州认出那人来了,忙喊了一声:"侯岳生!"侯岳生忙把手指竖在嘴边,"嘘"了一声,并且细声说:"此处不是说话的地方,我们找个偏僻处说话。我现在的公开身份是这家茶楼的跑堂,来,到这家茶馆的楼上去说

147

话。"大家跟着他上了茶馆二楼。随即他送来了三杯茶水,一小盘瓜子,并高声叫道:"客官,想吃点什么?"侯梯云说:"来三碗切粉,多放点辣椒。"侯岳生说了声:"好嘞。"就下楼去了。不一会,三碗粉端来了。侯岳生轻声对侯梯云说:"龙海准备成立赤卫队,侯持恒任队长,我任党代表,有六百十六人,但是没有枪,我们想打龙海盐卡,夺盐卡的枪来武装自己,请你们支援一下。"侯梯云高兴地说:"好,我亲自带队伍来。你们什么时候打?"侯岳生附在侯梯云的耳边说:"定在下个赶集日打,即三月十二。明天我带侯持恒去你家具体研究一下作战方案。"侯梯云站起身来,说:"好,我在家等你们。"说完,付了茶钱和粉钱,三人下楼走了。侯岳生又喊了一声:"客官走好,欢迎下次再来。"

三月初八晚,侯岳生带着侯持恒来到了侯梯云家。侯梯云叫侯福州在门口放哨,自己带侯岳生、侯持恒上楼去研究如何攻打龙海盐卡。三人上楼来,侯勇早已在楼上等候,见三人来,忙给每人斟了一杯酒,桌上放有一盘花生和一盘豆子。侯梯云请大家坐下,并宣布会议开始,会议由侯勇做记录。先由侯持恒介绍龙海盐卡的情况,侯持恒说:"龙海盐卡是 1895 年由清政府的湖南巡抚设立的。当时甲午战争失败,为支付《马关条约》的巨额赔偿,清政府决

第三章

在安仁开展农运

定开辟新的税源,特许各省在一些重要地方设立盐卡,增加政府收入,于是龙海盐卡应运而生。龙海盐卡级别不高,是个连级单位。第一任盐卡主任是唐生智的父亲,当时不称盐卡主任,称百户长。盐卡虽是个连级单位,却直属省政府,盐卡主任权力很大。最初,盐卡的任务是不准北盐私自南下,也不准南盐私自北上。即广东海盐不准私自进入湖南,个体商贩私自到广东运盐至龙海必须课以重税。也不许北方的井盐私自进入湖南,个体商贩私自收四川井盐和湖北湖盐运至龙海必须课以重税。说白了,就是食盐不准自由买卖,一律由政府专营。这样造成了盐价上涨。当时盐价已涨到了一斗谷才能换一斤盐,农民叫苦不迭。盐卡不但卡盐,还卡米。大米也不准自由进出龙海盐卡。安仁历来是鱼米之乡,粮食是安仁的主要物产。粮食不准出境,安仁粮价很低,农民生活异常困难,对盐卡的这种做法非常愤慨。盐卡近来还兼有防盗缉匪保境安民的任务。在缉匪的幌子下,盐卡对过往客商大肆敲诈,稍微富裕的客商经过龙海,都要被索要钱财。客商如拒不给钱或给钱不多,即以'通匪罪'或'携带危禁物品罪'扣押,然后移送当地警察局,致使诸多客商客死他乡,冤死在监狱。盐卡的恶劣行径已激起了无数人的愤恨。早几天,华王农军在唐时雍的带领下打了一次盐卡,但对盐卡创伤不重,盐卡没过几天又死灰复燃,依然我行我素。现在的盐卡主任侯八是龙海万田人。他仗着堂兄侯澍椒是衡、耒、安、茶、酃五县联防总指挥兼安仁县挨户团团长,更是无恶不作,龙海人早就想诛灭这两个恶魔。现在龙海区赤卫队即将成立,大家一致认为要打下龙海盐卡,缴获盐卡的枪支作为向区赤卫队成立大会的献礼。"侯梯云说:"这个想法很好,打下龙海盐卡,切除这个毒瘤,可使我们赢得民心。缴获盐卡武器武装赤卫队,有利于赤卫队开展工作,有利于赤卫队的发展和壮大。龙海位于安、永、耒三县的交汇处,赤卫队在龙海重拳出击,选安仁最顽固、最反动的势力开刀,影响很大,可激发永兴、耒阳人民的革命热情,可分散敌人在井冈山一带的兵力,有利于井冈山根据地的巩固和发展。盐卡我们是打定了,问题是盐卡上敌人有多少兵力,武器装备情况如何。"侯梯云的话音刚落,侯岳生站起来说:"盐卡上有六十人,机枪一挺。平时盐卡的人都住在碉堡里,用硬攻是无法打下盐卡的,必须智取。我认为赶墟那一天,我们三个赤卫队的七百多人可分成三部分,侯持恒率万田赤卫队员火烧侯八的府第,侯八闻赤卫队烧他的房子必派兵去救火捉人。我带平山的赤卫队冒充攸县的马帮贩盐队,从茨冲方向向平山方向冲去。守卡的两个士兵挡不住我们,必鸣枪请碉堡里面的同伙出来拦截。梯云你率南坪和安平赤卫队员事先在碉堡附近的大树林里埋伏。一听到枪声,安平赤卫队立即出击,包围从碉堡里跑出来的敌人,决不让他们再跑回碉堡。南坪赤卫队听到枪声立即冲入碉堡,抢夺机枪,控制碉堡。战斗时,动作要快,争取三十分钟内结束战斗,时间一久,怕侯澍椒从县城率兵支援。"侯岳生的话讲完后,侯梯云、侯持恒都非常赞同这一作战方案。侯梯云告诫大家:"此计划先不要向任何人透露,注意保密。十二日天未亮,各路人马要准时到达指定地点。到达指定地点后做好战前动员,讲解好作战计划,上午九点,龙海塘墟场已是热闹非凡之时,侯持恒率人烧屋。等碉堡救援部队派出后,侯岳生率队冲卡。枪声一响,南坪、安平赤卫队立即投入战斗,在战斗中要快、要狠、要准、速战速决。"

三月十二日,天气晴和,四更时分,各路人马已到达指定地点并秘密地藏起来了。上午九时左右,侯八的家人来报告。说侯持恒率人在烧他家的房子,抢他家的东西。侯八闻讯,立即带二十个匪兵去镇压。侯八率部刚走,侯岳生率六十多人的赤卫队员朝盐卡冲来,跑在前面的是十二匹高头大马,每匹马背上驮着好几袋盐包。守卡士兵拦不住,鸣枪请求前面碉堡里面的人出来拦击。碉堡里面立即冲出二十余个带枪的匪兵,他们横在路中央,不断向天空鸣枪,示意马帮立即停下来。说时迟,那时快,"百担米"率队冲到匪兵前面,用枪打,用刀砍,侯岳生也指挥马帮朝敌人砍去。碉堡底下正打得热火朝天时,侯梯云已率队冲进了碉堡,缴获了机枪,活捉了十几个匪兵,不到三十分钟,战斗顺利结束。此次战役打死敌人十七名,俘虏敌人二十三名,缴获枪支四十杆,子弹两千多发,银圆一千多枚,被服六十套。对俘虏的二十三名匪兵侯梯云发给他们路费,命令他们立即回家。

俘虏处理完毕后,侯梯云让部属放火烧了盐卡营房,只留下一座空荡荡的碉堡摆在那里,然后率队伍去万田支援侯持恒,围剿侯八。

四

万田成立赤卫队

侯八率部来到万田时,侯持恒已率部躲到了新湾村后的唐古山里去了。侯八教人赶快救火,抢救屋里的财产。火刚刚扑灭,他的部属报告,侯梯云已率部来万田了。他一听吓得脸色泛白,忙教部属集合向芙蓉村方向逃去。他一边逃一边恶狠狠地骂道:"侯梯云、侯持恒,老子跟你们没完!"

下午,侯岳生在万田村新湾召开了群众大会,宣布龙海区苏维埃政权正式成立。侯岳生担任苏维埃政府主席,侯持恒任区苏维埃政府秘书。侯岳生同时还宣布安仁县上十里赤卫大队正式成立,侯梯云任大队长,侯岳生任党代表,下设三个中队。南坪赤卫队为第一中队,侯勇任中队长。安平赤卫队为第二中队,"百担米"

任中队长。龙海赤卫队为第三中队,侯持恒任中队长。群众听到这个消息欣欣鼓舞,高呼:"苏维埃万岁!中国共产党万岁!打倒土豪劣绅!打倒蒋介石!"

会后,侯持恒、侯岳生带领群众抄了侯八、侯澍椒、侯海鹏的家,把他们的绝大部分家产分给贫苦农民。但有的贫苦农民不敢要,原因是这三人都是龙海的大地主、大恶霸,而且这三个人都手中有枪,怕他们日后报复。侯岳生鼓励大家不要怕,越怕,反动派的气焰越嚣张,只有团结起来跟他们斗到底,他们的气焰才会有所收敛,但还是有个别人不敢分他们的东西。第二天侯岳生、侯持恒他们把这三家的一些粮食、衣物和牲畜送到茨冲、山塘、平山几个村的一些贫苦农户家里。侯岳生、侯持恒的这一举措打击了反动派的气焰,激发了贫苦农民的斗志,使龙海成了安仁县反封建的前哨阵地,龙海农民成了反封建的先锋。

这时有人报告,侯澍椒的弟弟侯澍延从长沙回来了,这家伙是国民党的一个工兵团长,请示侯梯云是否把他抓来杀了。侯梯云说:"既是国民党的团长,必是反共高手,屠杀工农的刽子手,捉来把他杀了。"不一会,赤卫队就把他捉来了。侯梯云走到他面前,厉声说:"你认识我吗?"侯澍延答道:"不认识。"侯梯云说:"你知道我是干什么的吗?"侯澍延答道:"不知道。"侯梯云愤怒地说:"告诉你吧! 我是专门给屠杀工农群众的刽子手送葬的! 今天我要亲手杀了你! 你们兄弟俩没一个好东西。"说完,举刀就要朝侯澍延头上劈去,这时恰逢侯持恒从外面走了进来,见状忙托住侯梯云的手,说:"此人不能杀。"侯梯云问:"为什么?"侯持恒说:"他与他哥哥不同,他没有欠下人民的血债,在北伐战争时,他还是一个功臣。他对修路搭桥是个内行,留着他,也许日后还有点用处。"侯梯云见侯持恒求情,说:"那好,今天就不杀你,以后你要好好做人,如要反共,我非杀你不可! 去吧。"

侯澍延吓出了一身冷汗,走了。

这时又有人报告,说新州有个大地主谭善本来了,被赤卫队抓了,问他来干什么,他说是来为侯八的家人看病的。侯梯云一听是个大地主,又是来为侯八的家人看病的,顿时怒从胆边生,恶从心头起,忙说:"这家伙肯定不是什么好东西,把他杀了算了。"万田群众见侯梯云要杀谭善本,忙跪了下来,哀求说:"侯大队长,此人杀不得,他的医术高超,尤擅长外科。把他杀了,老百姓有什么病痛找谁去医? 此人虽医术高明,名声很大,但从不摆架子,无论什么人,有求必应,望侯大队长看在我们老百姓的面子上对谭医生网开一面吧!"侯梯云听群众这么一说,忙说:"我向来爱憎分明,不是没有人性的人,没有人性的是国民党反动派。你们群众说他是个好人,有一技之长,且能为百姓服务,我当然不会杀他。我侯梯云是个知错能改的人,去,你们带我去认识一下这个谭医生,我要亲自为他松绑,向他道歉。"在群众的带领下,侯梯云来到了村外,见赤卫队员把谭医生捆在一棵大树上,忙快步走上前,一边替他松绑,一边说:"谭医生,群众说你是个好医生,适才部属多有得罪,万望海涵。"随即从自己身上掏出一枚银圆,交给谭医生,说:"这枚银圆是我请你喝酒的钱,算是我对你的道歉,你若不收就是不打算原谅我。"谭医生见侯梯云把话说到如此分上,只好笑着说:"那我就收下了。"侯梯云也笑着说:"你当然要收下,本来我是应该亲自陪你喝酒,自罚三碗以责自己之鲁莽。但公务在身,实在无暇陪你喝酒、向你讨教,再次请你原谅。"谭医生忙谦逊地说:"我谭善本何德何能,敢蒙侯大队长如此厚爱。刚才虽遭惊吓,但能目睹你的英姿,聆听你的声音,已是三生有幸。共产党爱憎分明、知错能改、礼贤下士、胸怀豁达,我今天是亲自见证了。共产党是个大有希望的党,希望能后会有期。"侯梯云说:"我们一定会后会有期。医生以救死扶伤为己任,同时每个人都有求医治病之权利,你去吧! 去帮侯八的家人看病,不要有所顾虑,更何况他的家人与侯八是有区别的。"谭善本向侯梯云作揖道:"难得侯大队长如此开明,我告辞了。"说完直朝侯八家走去。

五

农军巨头决策龙华庵

　　唐时雍早在1928年2月就成立了华王农军,有四百多人,八十多杆枪,在华王肖湾一带打土豪、斗地主、分大户人家的浮财,把个华王闹得个底翻天。昔日的土豪劣绅躲的躲,逃的逃,威风一扫而光。3月,上十里赤卫大队在万田成立。农民组织起来了,手里又有了武器,革命热情特别高涨。唐时雍提出攻打县城,赶走县城贪官污吏,为朱德的工农革命军上井冈山扫除障碍。侯梯云非常赞同唐时雍的想法,找到侯岳生说:"唐时雍想带领华王农军攻打县城,我想率上十里赤卫队配合华王农军攻打县城。这样一来可以联络农军之间的感情;二来可以增加攻城力量,使获胜的把握更大些;三来可以锻炼我们的赤卫队员,使赤卫队获得实战经验,培养赤卫队的顽强、勇敢、不怕牺牲的精神。你看我的想法如何啊?"侯岳生说:"你的想法很好,天下农民是一家,我们应该和华王农军一道去攻打县城,只是还有个现实问题,必须认真考虑,那就是县城的反革命力量相当强大。侯澍椒的挨户团部队有一千多人,伪警察局有四十多人,许时雨的反动民团有一百多人。三股反动势力联合起来有一千两百多人,而且武器精良。攸县还驻有国民党的一个正规团,他们随时都可以赴安仁支援。革命不是请客吃饭,子弹是无情的,我们好不容易组建的农民武装,不能轻易地葬送在冒险之中,我们一定要打有把握之战。为了增加胜利的系数,必须联合耒阳、永兴农民武装一道去打安仁城。你看我的想法对不对?"侯梯云听后高兴地说:"还是老兄深谋远虑,这主意好。但是谁去联络这两县农军呢?"侯岳生说:"永兴农军我去联络。耒阳农军请唐时雍派人去联络。联系好了,我们三县农军就在龙海塘一起开个会,研究一下攻打县城的决策,这样我们胜算就高了。"侯梯云说:"你去做好联络工作,我准备会场和筹办好三县农军的伙食。"

3月20日,三县农军两千多人集聚龙海塘。会场设在龙海塘龙华庵(故址在今龙海中学)。龙华庵侧面是万人坪。万人坪内农军队伍整齐,梭镖林立,红旗招展,嘹亮的《国际歌》声直冲云霄。农军个个精神抖擞,十二门松树大炮一字儿摆在农军队伍前面,好不威风。

出席会议的有唐时雍(华王农军领导)、侯梯云(上十里赤卫大队长)、侯岳生(上十里赤卫大队党代表,龙海区苏维埃政府主席)、侯持恒(龙海区赤卫中队长,龙海区苏维埃政府秘书)、文鉴周(耒阳农军领导)、曹钧(永兴农军领导),唐德寅负责会场保卫。

会议由侯岳生主持,首先由侯岳生代表龙海区苏维埃政府致欢迎辞。他说:"同志们,农友们,今天是个伟大的日子,在这个伟大的日子里,我们将做出一个伟大的决策,那就是三县农军联合起来攻打安仁县城。这一举动无论成功与否,都将与3月20日一同镌刻在历史丰碑中。这一举动标志我们安仁世世代代受剥削受压迫的农民在中国共产党的领导下已经觉醒,渴求翻身,渴求解放,渴求自由,选择用热血和勇气去推翻土豪劣绅、封建军阀的反动统治,去创立一个属于自己的政权。这是一个划时代的行动!这个行动我们及时地得到了耒阳、永兴农友的大力支持,他们以极大的热情,用自己的青春和热血,与我们一道谱写一曲彪炳千秋的赞歌。在此,我真诚地欢迎耒阳、永兴农友,热情地讴歌你们的无私

第三章

在安仁开展农运

奉献精神,衷心祝愿我们合作愉快,期待着我们共同分享胜利的喜悦。坚冰已经打破,航路已经开通,我们的目的一定能达到!同志们,农友们,为我们的行动鼓掌吧!"

会场响起了热烈的掌声。

侯岳生致完欢迎辞后,接着说:"下面请唐时雍提出攻打安仁县城的计划。"

唐时雍将构思已久的作战计划做了简短说明:"鉴于敌人武器精良,又有永乐江作为天堑,攻打县城并非易事,因此只能智取,不能强攻。要反客为主,心战为上。为此,我们兵分四路:第一路由唐德寅负责,散会后立即带三百华王农军由安平过牌楼,经宝塔坳,然后在宜溪书院附近潜伏下来。明晚一听到攻击号令立即率队攻打国民党安仁县警察局,务必拿下警察局,迫敌从东门分兵去支援。第二路由文鉴周负责,循唐德寅部进军路线于今夜在凤凰山上潜伏下来。明晚一听到攻击炮声立即向宏发日杂公司的敌人指挥部发起攻击,打乱敌人指挥。第三路由我负责,我率华王农军一部和龙海的平山铺农军架浮桥向宏发日杂公司发起进攻,与文鉴周部对宏发公司形成东西夹攻之势。第四路由侯梯云负责,率龙海塘、万田、永兴农民军从承坪经平背袭击安平司。这样即使安

161

仁城未攻下来,攻下了安平司,也就打通了朱德部队上井冈山的道路。各路农军务必于今夜丑时左右到达指定地点。行动要隐蔽,不能惊动老百姓。攻打安仁城由我任总指挥。攻打安平司由侯梯云任总指挥,侯岳生任党代表。耒阳文鉴周部带来的十二尊松树炮统归我部。"唐时雍的话讲完后,让大家对他的作战计划提出补充,于是文鉴周说:"请问唐总指挥,攻击时间定于明晚什么时候?"唐时雍说:"定于亥时,以炮声为号。"文鉴周又说:"是否在戌时派少数人在城里四处放烟放火,搞乱敌人阵线,趁敌人扑烟救火之时,我军突然发起攻击,打他个措手不及。"唐时雍说:"这办法好,唐德寅,你在戌时派十多个人在城里各衙门处放火烧屋,迫使敌人四处救火,当敌人救火时,你可叫部下相继消灭他们。"文鉴周又说:"我部不会讲安仁话,对当地环境也不十分熟悉,是否可给我们几个向导?"唐时雍立即命令唐德寅选六个向导给文鉴周部。

会议只开了个把小时就结束了。晚饭后,各路农军朝预定目标出发了。

六

农军攻打安仁城

这天晚上,安仁县城靠河边东门码头的宏发日杂公司灯火通明,由侯澍椒主持的军事会议在这里召开。出席会议的有国民党安仁县县长周一峰、县党部部长许时雨、警察局局长江仪法、民政局局长唐如轸、安仁县挨户团副团长侯海鹏、湖南省政府特派员兼湖南省警察厅治安处处长谭介愚等。

会上,首先由谭介愚向参会人员介绍了全省的治安形势。他说:"湖南本是个礼仪之省,书香之地。自古享有'惟楚有才,于斯为盛'的美名。可是自从毛泽东在湖南大搞痞子运动,礼仪败坏殆尽。尤其是毛泽东的秋收暴动,更助长了痞子的气焰,致使匪盗丛生,治安形势一日不如一日。今日耒阳、永兴、安仁三县的一些痞子无赖竟组成了联军,妄图袭击我县城,因此,侯总指挥特叫诸位共商对策。我等都是安仁大户人家,同心协力,共赴国难,消灭匪患是我们义不容辞的职责。痞子们之所以能成气候,就在于他们紧密团结、互相支援、置生死于不顾。我们要消灭匪患,也必须精诚团结、置生死于不顾。此次三县痞子集聚我县,是消灭他们的最好时机,也是我们为党分忧,为国效力,立功受赏,加官晋爵的极好时机,所以大家一定要各负其责,各尽其力、恪尽职守,鞠躬尽瘁,死而后已。敢不尽职责、贻误战机者,杀无赦! 能擒匪首者,作战勇敢者,为你们请功。"

接着,侯澍椒下达了作战命令。他首先叫了声:"侯海鹏!"侯海鹏立即从座位上站了起来,应了声:"到。""命令你散会后率挨户团第一营立即奔赴安平司一带驻防。一连驻守安平司,二连驻守龙源,三连驻守苍山,你坐镇安平司,不准农军渡过永乐江,堵死朱德部从安仁上井冈山的通道。""是! 坚决完成任务。"侯海鹏向侯澍椒行了个军礼,然后坐了下来。接着侯澍椒叫了声:"许崇德!"许崇德赶忙站了起来,应了声"到!""命令你散会后立即率部驻守军山,确保安仁通往攸县的道路畅通。""是! 坚决完成任务。"许崇德行军礼后坐下。""侯廉发!"侯廉发立即从座位上站起来,应了声

第三章

在安仁开展农运

"到！""命你散会后率挨户团第二营进驻凤凰山，构建工事，挖好战壕，进入临战状态。不准农军一兵一卒从凤凰山进入安仁城。""是！坚决完成任务。"侯廉发行军礼后坐下。"徐洞！"徐洞立即站起来，应了声"到！""命令你率挨户团第三营守住东门渡口，不准农军船只靠近城边的码头。""是！坚决完成任务。"徐洞行军礼后坐下。"江仪法！"江仪法迅即站起，应了声"到！""命令你率警察中队二十四小时在城里巡逻，防止农军潜入城内，放火烧屋，扰乱民心，确保城内秩序稳定。""是！坚决完成任务。"

侯澍椒的命令下达完毕后，县长周一峰站了起来，喝口水润了润喉咙，然后说："侯总指挥已下达了命令，谭处长已明确了纪律，我在这里只讲两句话，那就是精诚团结、勇敢战斗、消灭赤匪、夺取胜利。胜利之时，我为你们庆功，我为你们请功。"

3月21日，天气特别寒冷，下着毛毛细雨，安仁县城四周一片寂静。唐时雍率领八百多农军在桥头静静地呆着，清溪农军在龙文从的带领下趁着天黑下雨，外面无人，火速地将小船拼在一起，再用铁链将小船逐一连接，很快在永乐江上搭起了一座浮桥。这时，唐德寅部已在县衙多处放火烧屋，城里顿时人声鼎沸。亥时已到，唐时雍命令松树炮手点火放炮，随着"轰"的一声巨响，农军进攻安

165

仁城的战斗正式打响。唐德寅迅即冲进警察局,江仪法听到警察局有枪声,知道大事不好,立即率领巡逻队火速回局,半路又遭遇唐德寅的敢死队的袭击,死了好几个兄弟。江仪法无心恋战,催促部队急速向万福庵前进。到达万福庵时,警察局已被唐德寅部占领。唐部居高临下,向江仪法部投掷砖块、石头,不时用鸟铳朝江仪法部射击。万福庵里面三百农军大声呐喊:"活捉江仪法!""绞死江仪法!"喊声惊天动地。江仪法不知庵内有多少农军,不敢贸然向前,只好率领二十几个巡逻队员朝宏发日杂公司奔去。此时安仁农军、耒阳农军从东西两个方向朝宏发日杂公司、祥和米店、东门码头发起猛烈进攻,十二尊松树炮不停地朝宏发日杂公司轰击。侯澍椒命令部队严守阵地,不要出击。探照灯横扫前沿,冲锋的农军都被挨户团的机枪扫了回来。交战一个多时辰,农军死伤十多个人,却无法进入城内。唐时雍见敌人火力强大,只好下令撤退。

在农军攻打安仁城时,龙海农军、永兴农军在安平司、苍山两地也同敌人展开了激战。侯岳生带领八百多农军从龙海经竹山到达安平司时,未遇上一个敌人。当时天黑又下着雨,侯岳生就认为敌人雨天怕冷,又不习夜战,因此不敢出来,于是命令农军迅速过

第三章

在安仁开展农运

桥。当农军走到桥中心时,对面的探照灯突然亮了,两挺机枪朝农军猛射,当场就有几十个农军被打死掉进了河里。侯岳生只好命令农军撤回,刚撤到安平司墟上,又遭到敌人伏击,农军只好边打边走。天亮时回到了龙海。

侯梯云率领的农军从龙海经山塘到达平背苍山时,遇上了侯鹏飞的第三连。侯梯云找到永兴负责人尹子韶、曹钧说:"我们兵分两路。我和曹钧率两百农军从正面进攻。尹子韶和侯持恒率一百八十多名农军绕到敌人后面,从后面进攻。动作要快,迅速冲进敌人阵地,和敌人短兵相接。敌人武器好,难以和他们打阵地战,只有同敌人搞肉搏战。我们人多,凭大刀和梭镖去消灭敌人。"说完后,侯持恒、尹子韶立马率队绕到敌后。半小时后,敌人阵地发出了农军的喊杀声。侯梯云、曹钧一跃而起,率队迅速冲入敌阵。晚上漆黑一团,农军手舞大刀、梭镖一边喊一边杀,杀得敌人鬼哭狼嚎,敌人很快就撤退了。

侯梯云率领三百多农军来到了安平司桥边,见四周鸦雀无声,忙找来侯廉材,叫他叩开老百姓的门,问一下刚才这里有激烈的枪声,为何现在却这样安静? 这里是否还有敌军? 侯廉材正要离去去敲附近老百姓家的门,问一下情况时,从安平司墟上冲出了一股敌军,密集的子弹像雨点般朝农军射来,对河的探照灯又亮了,把农军照得一清二楚,侯梯云当即命令:"快点散开,朝河边跑,然后上山!"

"来不及了,侯梯云,我等候你多时,我的教导队和霍远鹏的弟兄已经把你们包围了,你们休想冲出去!"

"你是谁?"侯梯云大声喊。

"我是谭介愚,省政府的特派员,省警察厅的治安处长。"

"你卑鄙无耻,竟勾结霍远鹏的土匪队伍来对付我们。"

"消灭你们是我来安仁之目的,至于用什么手段,那是微不足道的。你不服,到阴间去告我吧! 弟兄们,打!"

枪声比之前更激烈了。

侯梯云掏出手枪,迅即朝机枪手射去,随着机枪手"哎"的一声,机枪哑了。农军迅即朝龙海方向跑去。侯梯云刚跑出十来米,突然"嗖"的一声,一颗子弹打中了他的左胸肋,他中弹了,鲜血直流。侯持恒、侯勇、侯廉材、侯福大、刘庆云等人赶忙轮流背他走。好不容易到了一户人家,侯勇敲开了这户人家的门,侯持恒懂点医道,赶忙对侯梯云的伤口进行包扎,然后向这户人家要了一顶竹轿,让侯勇、侯廉材、侯福大、刘庆云等人抬着,迅即向新洲方向跑去。

七

谭善本妙手救梯云

　　天快亮时，侯勇等人抬着侯梯云来到了谭善本家门前，侯持恒正要去敲门，门却"吱呀"一声开了。谭善本手持长剑走了出来。几十年来，谭善本养成了一个习惯，黎明即起，起来的第一件事就是到对面山上舞剑。今天他又是去练剑，却突然看见一顶竹轿停在门前，还有很多人站在轿旁，就知道出事了。他认识侯持恒，侯持恒二儿媳妇就是新洲人，于是他问侯持恒："有事吗？"侯持恒说："进去说吧。"谭善本忙招呼大家："快进来吧。"到了屋里谭善本把门关上，问侯持恒："到底出什么事了？"侯持恒说："有人中了枪，需要开刀，所以特来打扰老兄。""谁？"谭善本问。侯持恒掀开轿帘说："中枪者是此人。"谭善本一看，忙喊了一声："侯大队长。"侯梯云道:"谭医生,给你添麻烦了。"谭善本忙说:"哪里话,看病治病是我的职责,有什么麻烦不麻烦的。来,给我看一下伤口。"谭善本看完伤口,忙说:"立即开刀,否则有生命危险。来,持恒,你来给我做助手。"谭善本叫人把轿子抬到杂屋里去。又叫侯勇等人将侯梯云抬到手术室。不到一个小时,手术做完了,侯梯云的伤口已经被包扎好,谭善本给他注射了盘尼西林,又给他吃了消炎药,然后叫人把他抬到地下室。从地下室出来,他找到侯持恒说:"谭介愚就是我这个村子里的,这个人心狠手辣,你们不能在此久留。只留一个人在地下室照顾侯大队长,其余人员都离去。竹轿我立即焚烧,手术室也将彻底整理,不能让谭介愚发现丁点破绽。"众人商议让侯廉材留下照顾侯梯云。

众人走后约三个小时,谭介愚回到了老家,问候父母后即跑来问谭善本:"善本,我昨天晚上在安平司打死打伤了不少赤匪,今天是否有受伤人来你这里求医?"善本正色道:"介愚你多疑了,谁不知道我是新州有名的财主,还当过关王乡的乡长,是赤匪们说的大户人家、土豪劣绅。他们恨不得扒我的皮,杀我的头,分我的家产。他们与我势不两立,还敢来我这求医治伤,那不是自投罗网、自寻死路吗?"谭介愚尴尬地笑了笑说:"说的也是。不过要提高警惕,怕有赤匪把枪伤伪装成其他伤势来找你开药。遇有可疑分子,立即报告我。检举揭发赤匪,我是有奖的。"说完匆匆地离去了。

4月5日,朱德率部从安仁经茶陵、酃县向井冈山转移。4月8日,唐时雍率安仁县苏维埃党政机关干部和三百多名农军离开安仁上了井冈山。挨户团、清乡委员会、县政府的官老爷、土豪劣绅纷纷打道回府。他们大肆反攻倒算,到处张贴告示,悬赏缉拿苏维埃党政机关干部和农军领袖。挨户团、清乡委员会派人挨家挨户搜查可疑分子,谁家藏有红旗、红布、红绳通通以"赤匪"论处。安仁阴霾笼罩,血雨腥风,许多农民无辜被杀。朱德部队上井冈山后不到半个月,周一峰、侯澍椒、谭介愚、霍远鹏等人杀害了无辜群众两百八十多人。侯澍椒、谭介愚等人还到处设卡,稽查农军骨干和县苏维埃党政干部。当谭善本把这些情况告知侯梯云时,侯梯云咬牙切齿,恨不得飞出去宰了侯澍椒和谭介愚等人,为死难者报仇。他从床上站了起来,活动了一下身子,对谭善本说:"谭医生,你看我完全好了。我要走了,我要找侯澍椒他们算账。"谭善本说:"好了也不能出去,现在外面风声很紧,谭介愚的秘密侦探在打听你的下落。要走,待我有了良策之后我送你走。"侯梯云说:"你真是我的救命恩人。"谭善本说:"救命恩人说不上,我佩服你是一条汉子,佩服你们共产党人是三民主义的真正维护者和实践者,是一群不谋私利的人。"侯梯云握着谭善本的手说:"我们虽然不同阶级,但你这个朋友我交定了。我们共产党恩怨分明,你在我们困难时期同情支持我们,我们永远不会忘记你。我们共产党是主张消灭剥削阶级,但我们对剥削阶级中的开明分子,尤其是对你这个以医生为职业,悬壶济世,自食其力的人,我们是要团结的。革命不是哪一个人的事,革命是要千千万万的人去参加。剥削阶级出身的人,只要他与剥削阶级彻底决裂,一样可以参加革命。我们共产党是最讲团结的,今后你不管遇到什么困难,都可来找我,我会尽力帮你。"谭善本激动地说:"谢谢你,谢谢你对我的信任。我早就对人说过,共产党员是最具人性、最富有感情的人。我能认识你,太高兴了。"两人谈了很久。谭善本怕有人来找他看病,不得不离开地下室。

回到坐诊台,谭介愚来了。谭善本见谭介愚来了,忙起身迎了上去。喊了声:"介愚,你来了,快请坐。"待介愚坐下后,问:"喝酒还是喝茶?"介愚问:"有什么好酒?"善本回答说:"有自制的枸杞蛇酒,吃了解毒养颜延年。"介愚说:"那就喝一杯吧!"善本立即给他斟了一杯。谭介愚一边把酒杯端在嘴边,一边问:"你这段时间采

在安仁开展农运

了不少鱼腥草之类的消炎药?"善本不假思索地说:"是呀！我是医生,现在是兵荒马乱时期,到处缺医少药,我不采点草药到时遇到急事,拿什么药给病人治病。怎么,我这么做有什么不妥吗?"谭介愚忙说:"没有,没有什么不妥。我只是随便问问。"停了一下,介愚又说:"现在兵荒马乱,到处缺医少药,我这次带了三十几个弟兄下来,也没带医生,我能否暂时征用一下你的诊所为我的兄弟服务?"善本果断地说:"不行,这不是医院,我是民间诊所,只能为老百姓服务。你的部队现在并未作战,有什么病痛可以来看病,借用是不可能的。"谭善本给了谭介愚一杯闭门羹,使谭介愚心里很不是滋味,于是忙把酒饮完,起身告辞走了。从此之后谭介愚的部属天天有人来诊所看病,这实际上是以看病为由,对诊所实行严密监视,善本心里也明白。

承坪李威要为其亡父做法事,超度亡灵,到金紫仙庵请和尚在他家做了四十九天道场。瑞智和尚与谭善本交往很深,回转时路过善本家,特来拜访善本。瑞智和尚的到来使善本喜出望外,忙把瑞智拉到一旁,要他偷梁换柱,移花接木。瑞智一共带来了九个和尚,善本要他换下两个。把这两个和尚的衣服交给侯梯云与侯廉材,并且赶快替侯梯云和侯廉材剃度。可瑞智说:"剃度不是儿戏,必须是潜心皈依佛门，弄虚作假是要下地狱的。"善本说："你们佛教不是常说，救人一命胜造七级浮屠。这不是弄虚作假，这是救人用的智谋。释迦牟尼不但不会怪罪你，反而会给你记功，将来让你成佛。快不要拘泥于常规，给他们剃度吧。"在善本的催促下，瑞智咬着牙说了声："我不入地狱谁入地狱，为了救人，即使下地狱也行。佛祖，我给他们假剃度了，原谅我，阿弥陀佛！"侯梯云与侯廉材搞完剃度，瑞智帮他们穿上法衣，就朝金紫仙庵出发了。换下的两个和尚穿上侯梯云与侯廉材的服装，各戴一顶帽子，随即也从善本家走出。通过谭善本的策划，侯梯云与侯廉材终于顺利地闯过了关王哨卡。谭介愚做梦也未想到他布下天罗地网一心要捉拿的"赤匪"要犯，竟在他的眼皮底下顺利地溜走了。

八

界化垅侯廉材遇难

侯梯云与侯廉材过了关王哨卡，在金紫仙庵小憩了一会。瑞智和尚帮侯梯云雇了一乘轿子，让其乔装成大商人，侯廉材扮成其跟随，两人大摇大摆朝酃县走去。这一招很灵，好多关卡都只是随便问几句就让他们过关了。

转眼又到了界化垅。界化垅哨卡上次虽经他们打击，但并未撤销，很快得到了恢复，而且还加强了力量。哨卡由原来的三人增加到了六人，还添了一挺机枪，造了一个碉堡，真是几日不见，鸟铳换大炮，比以前威风得多了。这时轿夫已经回去了，侯梯云只带着侯廉材。两人刚到界化垅，就被四个哨兵围住，喝问："什么人？从哪里来？"侯梯云答道："安仁关王人，到茶陵去贩锅子。"一个士兵

175

说："你俩能挑得几口锅子？分明是从安仁来的赤匪，快把他们捆起来。"说完，四人一拥而上，两人捆梯云，两人捆廉材。四个匪兵正要动手捆人时，侯梯云飞起一脚踢倒一个匪兵，随即从地上捡起一块石头砸在另一个匪兵的太阳穴上，那匪兵立即倒地而亡。还有两个匪兵见状，立即跪着求饶，求侯梯云不要杀他俩。侯梯云问他俩："共产党有什么不好？红军有什么不好？我看你俩也像是穷苦人家出身，是被逼出来当兵的，红军不杀穷人，你们不要仇视革命，仇视共产党，革命对你们来说有百利而无一害。以后不要残杀工农群众，残杀红军，你们做得到吗？"俩人忙说："做得到。"正在侯梯云向两个匪兵做思想工作，劝说他们改邪归正、弃暗投明时，碉堡里的机枪响了，侯廉材当即中枪牺牲，两个伪兵也被打死。侯梯云就地滚下，操起一杆长枪。对准碉堡里的机枪眼放了一枪，机枪立即哑了。侯梯云捡起侯廉材丢下的包袱，痛苦地向侯廉材敬了个军礼，含着悲痛的眼泪迅即离开了界化垅。

侯廉材的死，对侯梯云的打击太大。他与侯廉材、侯勇真如亲兄弟一般，出生入死，患难与共。安福农运失败后，他只身来到永新里田，当时他举目无亲，人生地不熟，多亏侯廉材、侯勇及时来到他身边，使他喜出望外，勇气倍增，把里田窑厂办得有声有色。同

第三章

在安仁开展农运

李春才斗争,也多亏他俩帮忙。回到安仁,没有他俩,不可能一下子就搞得到那么多的枪,上十里农军也不可能一下子建起来,尤其是在安平受伤,没有他俩,他能及时到新洲吗?由于到得及时,兼之谭善本医术高超,他躲过这一劫。这一桩桩往事,使他一想到侯廉材就泪如雨下,嘴里轻轻地念道:"廉材兄弟,你我是出生入死的患难知己,是无话不说的兄弟,你死得好惨,你是为我而死的,我一定替你报仇。"

到了茶陵,他写了一首诗,悼念侯廉材。诗曰:

> 同出侯门一根宗,共上井冈欲建勋。
>
> 壮志未酬身先死,笔墨滚动哀长兄。
>
> 永新农运垂青史,新洲服侍更忆君。
>
> 但愿忠魂化春雨,敢教神州大地春。

2010年,侯廉材之孙侯茂藻去井冈山参观,途径界化垅,想到祖父牺牲于此,立即悲从胸起,当即含泪赋诗三首。题目是《缅怀祖父侯廉材革命烈士》。

一

少年立志闯天涯,怒发冲冠斗恶邪。

奋战沙场拯厄难,挥戈湘赣卫中华。

胸怀坦荡忘生死,心向工农抛己家。

伟绩丰功辉史册,千秋万代世人夸。

二

投身革命出家门,血染沙场泪水纷。

梓里无缘埋铁骨,界化有幸葬忠魂。

浩然正气千秋颂,不朽精神万古存。

今日神州歌盛世,岂忘家祭告先君。

三

欣逢盛世祭离魂,远卧他乡实可怜。

痛忆当年蹈战火,怒抛热血扭乾坤。

界化疆土留遗农,湘赣边区觅归坟。

八二春秋弹指过,一杯浊酒敬亲人。

第四章

战斗在湘赣边区

安仁军人大闹茶陵

侯梯云到茶陵后，很快找到了茶陵县党组织负责人谭思聪。谭思聪对侯梯云的到来非常高兴，知道侯梯云在搞武装斗争方面极有经验。当时茶陵县城被湘东清乡司令罗定的部队占领，罗定在茶陵滥捕滥杀，大批共产党员和工农运动骨干遭杀害。中共茶陵特支组织委员聂履泰也被豪绅武装杀害于腰陂，整个茶陵血雨腥风。为了打击罗定的反动气焰，激发群众的革命斗志，谭趋新、陈韶、谭思聪、贺礼保等一批革命青年，决定在茶陵进行暴动，成立茶陵县游击大队。侯梯云到茶陵后，大家公推他为游击大队长，谭趋新为党代表。经过一个月的发动，动员了两千多贫苦农民参加游击队，获得枪支三百杆，鸟铳八十杆。1928年5月1日下午，侯梯云把游击队秘密地埋伏在靠城边的山上。晚上把游击队分成两半，一半堵住城里敌人逃往安仁的道路，一半去攻城。攻城部队用小船做浮桥，门板做搭桥板，半夜时分，开始攻城。侯梯云从城墙外爬竹竿进入城内，杀死卫兵，打开城门，一千多名游击队员全部冲入。这时，喊杀声震天动地。谭趋新又叫人把鞭炮放在铁桶里燃放，猛烈的鞭炮声犹如机关枪在"哒哒哒"地响个不停。茶陵城只有一营国民党军，罗定从床上爬起来，刚走出营房，见大批人马朝他冲来，赶忙带着卫兵掉头就跑。这一仗，俘敌几十，缴枪百多杆，游击队无一伤亡。

罗定在逃往安仁的路上又遭遇游击队的伏击，死伤百多人，最后只带百多个人向攸县方向退却。天亮时，战斗结束，谭思聪率领游击队进城，两支队伍汇合，互相祝贺。为了庆祝胜利，陈韶率人抄了茶陵城两个大户人家，杀猪宰羊，游击队员们欢天喜地。

第二天，茶陵县苏维埃政府成立。陈韶为苏维埃政府主席，谭思聪为县委书记，谭趋新为军事部长兼游击大队党代表，侯梯云为游击大队长。

茶陵暴动成功，使国民党湖南省政府大为震惊，即令王东原师抽一个团去茶陵"进剿"。该团团长侯朋飞即率一、三两营向茶陵进发。一营营长侯世民,副营长徐洞。三营营长侯纬仁,副营长侯文元。侯朋飞、侯世民、侯纬仁都是安仁龙海万田人,侯梯云、侯文元是安仁县南雷乡古塘村人,是亲兄弟。侯世民、徐洞、侯文元都是黄埔生,侯纬仁是保定军校生,因此这一仗当时茶陵人戏称为"侯氏同门相互残杀,安仁军人大闹茶陵。军校生不敌游击队,侯文元率队降农军"。

敌人来势汹汹,侯梯云沉着冷静,仔细分析敌我形势,敌人有人枪八百多,武器精良,但远道而来地形不熟,求胜心切;我方只有五百多杆枪,武器简陋,但有两千多人,地形熟,士气高昂,又是以逸待劳,城防工事坚固。根据此状况,侯梯云与谭趋新商量,把两千多游击队员分成两部。一部由谭趋新带领,率队出城绕到敌后。侯梯云率一千多人守城,待敌人靠近时,先用四门松树炮向敌阵地发起猛烈攻击,让敌人受到惊吓,不敢贸然攻城,从而徘徊在城边。到了晚上九点左右,侯梯云率队出城,同敌人展开肉搏战。敌人不习夜战,我方人数又数倍于敌,肉搏战我方是绝对优势,这样即使不能把敌人全部消灭,至少可消灭大半,敌人的进攻也就失败了。谭趋新非常赞同侯梯云这一战术,于是两人立即把这一作战方案报告了茶陵县委,县委当即批准了他们的作战方案。

作战方案获批准后,谭趋新率一千两百多名游击队员,带着三百杆枪,从茶陵往安仁的方向出城,拐了一个大弯,于傍晚时分到达敌后,这一天是农历八月初一。谭趋新率队出城不久,侯朋飞下达了攻城命令,敌人从攸县方面向茶陵城发起猛烈攻击。敌人攻击一开始,游击队的四门松树炮连连开火,土炮弹在敌群中不断开花,当场就有十来个敌人受伤倒地。敌人被这猛烈的炮声吓破了胆,赶忙退了回去。中午,敌人又一次发起进攻,又被松树炮挡回。敌人无法前进,更无法过河,只好躲在一片松树林中静静地待着。侯朋飞急得团团转,问侯世民:"怎样才能蹚过河靠近城边?"侯世民说:"游击队人多势众,又居高临下,还有松树炮助威,白天我们过不了河,只有等到晚上,我们从东西两面攻城,游击队会顾此失彼,我们就可趁虚而入。"侯世民的话还未说完,侯纬仁就插话了:"夜战可不是我们的强项,况且我们对城里地形不熟,敌情不明,我们只有八百多人,游击队可有几千人,贸然进了城,万一被游击队包围了,晚上双方展开肉搏战,我们可就成了砧板上的肉,任其摆布了。我们的强项是武器精良,打阵地战是我们的优势。现在我们舍弃自己的强项,用自己的弱项去战敌人的强项,那是兵家之大忌,此战术切不可用。"侯朋飞听侯纬仁这么一说,心里也胆寒起来,觉得此计不能用,于是说:"那怎么办?"徐洞说:"还是给师座发报吧。请求师座拨给我们几门迫击炮,只要迫击炮一轰,让他们的松树炮发不出声,我们就可立即攻城。"徐洞的意见得到了大家的赞同。侯朋飞说:"我们现在怎么办?"侯纬仁说:"我们现在的任务是把茶陵城紧紧围住,严密监视城内敌人的动静,不准一个人进入城内,也不准城内任何人走出城。有出城者,立即机枪扫射。这样,不到半个月,城内粮食吃光了,他们自然要出城,那时我们就反客为主了,就可以发挥我们阵地战的优势了。"侯朋飞听了侯纬仁这番话,眉飞色舞,忙说:"好,就这么办。真是三个臭皮匠胜过诸葛亮,我们几个人一讨论,办法就来了。到打下茶陵时,我给大家记功。"停了一下他又说:"各营派好岗哨,其余的人就在松树林宿营。要提高警惕,一律和衣而睡,枕戈而卧,遇有情况,召之即来,来之能战。"然后他就找发报员发报了。

这一夜,没有风声,也没有月亮,大地一片漆黑,四周静极了。侯朋飞、侯纬仁、侯世民三人并肩睡着,士兵都已进入梦乡,可他们三人谁也睡不着。他们三人是同村人,年龄不相上下,可却从来没有这么亲近过,没有这么一起睡过觉。今天在异地他乡,在烽火绵延的战场上却有幸同卧在一块草地上,真是感慨万千。侯纬仁对侯朋飞、侯世民说:"你俩从小就是公子哥儿、纨绔少年,衣来伸手、饭来张口,怎么也不在家享福却去从军入伍,跑到这里来担惊受怕、风餐露宿,多冤呀。我是没办法,我十岁就死了娘,父亲常年在外行医,却没有一文钱寄回家,一年到头难见他一两次面。我五姊妹,全靠一个十三岁的姐姐带着我们,娘死时,最小的妹妹才三岁。幸好我和九岁的弟弟从小就学会了织篾货,一天的生活费就靠我和弟弟两人编织的篾货来供给。夏天靠姐姐捡点禾穗、野菜来补充,真是度日如年。实在熬不下去了,十一岁那年我带着弟弟去投军。跑到部队,当官的说:'部队要行军打仗,不是幼儿园、孤儿院,你们两人还没枪高,当什么兵,分明是来混饭吃,滚,快滚!'热心的伙夫班长给了我们一顿饭,临走时还给了我一枚银圆。这枚银圆我一直不敢用,始终珍藏在身,我永远记得这个伙夫班长。十三岁那年,我又去投军,当官的问我:'你这么小为什么要来投军,你知不知道当兵很苦?'我没有直接回答他,随口念了一首诗:'无国无家实在难,满目疮痍山河残。有心报国寻明主,满腔热血卫中华。'那当官的又问我:'你会写字吗?'我向他借了支笔,用正楷写了刚才念的那首诗给他。他看了字和那首诗后,拍了一下我的肩膀,说了声:'好,我收下你了。'并被安排在他身边当勤务兵。一年后又

第四章

战斗在湘赣边区

送我去报考保定军官学校,一考即中。我认为,这下总可以摆脱苦难了。想不到,国家依然动荡不安,我们年年四处征讨,仍然生活在艰难之中。"侯世民说:"我青少年时期确实没吃什么苦,但我家有一份偌大的产业,爸爸说在这国家动荡不安、弱肉强食的年代里,家里没有一个人当官很难保住这份产业,于是黄埔招生时父亲硬逼我去报考。想不到,你家穷,为寻出路从军打仗饱尝千辛万苦;我家富,为保家产也从军打仗饱尝千辛万苦,我们是殊途同归,这都是国家衰弱的结果。不知何日我们才苦尽甘来?"侯朋飞说:"根据这阵式,我们同共产党的斗争还长得很,鹿死谁手还很难说。我们现在是过河卒只能进不能退,但愿将来能有个全尸。"三人越说越悲观。侯朋飞怕继续说下去会动摇军心,忙说:"不说了,明天还有任务。"于是三人和衣枕戈而睡。侯纬仁怎么也睡不着,干脆爬起来,打开电筒,从挎包里找出笔和日记本,开始写日记。写日记是侯纬仁从军后养成的一种习惯,无论什么环境下他都要把当天的情况记下来。侯纬仁开始写日记,先写上:"民国十七年(1928)五月二十八日,天气阴。"接而写:"奉命随侯朋飞团长进剿茶陵的共产党游击队,夜晚宿营在城郊松树林。现在进攻还未开始,与团长及同乡侯世民营长聊了一会天,感慨万千,在这乱世年

187

代,穷人、富人、军人、百姓皆提心吊胆过日子,多么希望国家安宁,没有战争,没有冲突,人们相处融洽,那该多好啊!可是,我很难盼到这一天。现在是战前的暂时沉寂,马上就要残酷厮杀,与我一年当兵的没有几人活着了,我能活到今天实属万幸。明天能否存活,只有老天爷知道。一切都是天意,只有认命吧!"写到这里侯纬仁流泪了,他仰望天空,天空阴沉漆黑,沉思片刻,突然在日记本上写下:

湘月·夜宿松林有感

年年出征,终日里,枪林弹雨心惊。丛林夜里难入梦,懊悔舍家投军。林海深深,云腾雾蒸。松涛凄凄,似冤鬼声声。啼鹃哀鸣,教人撕肺裂心。

花影装神弄鬼,四周沉沉,添愁绪缠身。屈指韶华容易过,不觉泪水纷纷。春去秋来,同来当兵,几人活到今!可怜父母,还在盼子生孙!

侯纬仁刚写完日记,收拾好东西,正想眯一会,突然城里的松树炮又连连地响起来,侯朋飞忙叫士兵起床列队。士兵刚列好队,

第四章

战斗在湘赣边区

谭趋新就率游击队朝他们打来了,城内的游击队也冲了出来。两千多游击队员冲进松树林,又无光亮,因此双方只能凭声音砍杀。三千多人的喊杀声把松树林搅得天旋地转。游击队人数众多,国民党军队节节败退,朝安仁方向逃跑。侯梯云大喊一声:"游击队员们,敌人逃了,快追! 活捉侯朋飞,消灭反动派!"侯文元一听是哥哥侯梯云的喊声,忙跑了过来,喊了一声:"二哥,我是文元,我们兄弟之间怎么打起来了?"侯梯云用电筒一照,站在面前的果然是文元,忙问:"你怎么在这里?"文元说:"我是侯朋飞团三营副营长。"侯梯云一听火了,大声喝道:"我们游击队是农民队伍,我们共产党是为穷人谋利益。你是穷苦人家孩子,怎么能帮国民党反动派打穷人呢? 你真糊涂!"侯文元忙说:"我错了,现在该怎么办?"侯梯云命令说:"立即去率你的部队反水,共产党是会宽大处理你的。"侯文元说了声:"是。"调头跑回自己的队伍,命令一连随他往回走。侯纬仁喝住侯文元:"侯营副,你想干什么?""我带一连去断后。"侯文元回答说。"断后团长已命令一营三连担任,你莫非想反水吗?"侯纬仁驳斥侯文元说。此时侯梯云已率队冲到了侯纬仁面前,大声地对侯纬仁说:"你出身穷苦人家,你父亲侯持恒是龙海区赤卫队队长,亲自带人放火烧了侯八的家,抄了侯朋飞的家,分了他家的浮财,侯朋飞与你父势不两立。你长期在外,家里情况一概不知。现在侯澍椒正在四处缉拿你父,你还认贼作父,为虎作伥,赶快醒悟吧,与侯文元一同率队起义,共产党会欢迎你们。"侯纬仁不信,反而说:"你这是胡编乱造故事,妄图瓦解我军心,我不会上你的当。如果我父亲真的参加了赤卫队,侯朋飞怎么只字未提呢?"侯梯云继续解释说:"他是怕你知道实情会离他而去,所以故意不提此事。暂时稳住你,一旦狡兔尽就会烹走狗,到时候你后悔都来不及。我说的句句是真话,4月份我和你父在安平司同侯朋飞交过火,我被谭介愚的督导队打伤了,多亏你父帮助,我才得以生还。你要相信我,再不能替国民党反动派卖命了。"正在侯梯云和侯纬仁谈话时,侯文元已把三营一连带到了游击队。侯纬仁恼羞成怒,拔枪就要打侯文元。侯梯云眼明手快,"砰"地一枪击中了侯纬仁的左腿前门骨,侯纬仁"扑通"倒地,其部下赶快抬起他就走。游击队正要去追,侯朋飞冲了出来,大喊一声:"站住!侯梯云,有本事我们决一死战,何必以多压少呢?"侯梯云见侯朋飞敢出如此狂言,立刻应道:"好,答应你,我们就来个一比一。战士们,亮电筒,看我同他一决高下。"说完一个腾空就冲到了侯朋飞面前,举刀朝侯朋飞脑门砍来,侯朋飞就势来个驴打滚,躲过这一刀。侯朋飞迅即跃起,挥刀朝侯梯云背心刺来。侯梯云侧身一转,顺势腾空一脚,正中侯朋飞脑门,侯朋飞"扑通"倒地。侯梯云挥刀砍来,侯朋飞右脚一扫,把侯梯云的大刀踢出了一丈多远。侯梯云顺势扑上去,双手去卡侯朋飞的咽喉。侯朋飞使出鹰爪朝侯梯云的眼珠子插去,侯梯云一边把头一偏,一边忙用右手朝侯朋飞的脑门打去。侯朋飞忙收回双手,护住脑门。双方在地上你一来我一往,足足搏斗了一个多小时。侯朋飞见侯梯云越战越勇,自己有点胆怯了,又怕天亮部队会遭游击队的围歼,忙一个腾空,跳出了决斗圈。率队飞也似的逃了。游击队朝他们猛烈开火。徐洞命令三连用机枪顶住游击队的追击,侯梯云恼了,顺手朝枪声响处打了一枪,正中徐洞右臂。徐洞鲜血直流,忙率队逃了。因为天黑,游击队也不便追赶。第二天游击队清理战场,发现砍死了48个敌人,拾得枪支50多杆。茶陵保卫战获得了重大胜利。后人填了一首词描写这场战役的惨烈,题目是《声声慢·茶陵城外红军与国民党军对决》

　　无声无风无雨无月,乍寒乍暖乍热乍湿,旷野一片漆黑。最怕时刻,忽然炮声隆隆。霎时间,枪声激烈。正疑惑,城门决,却是千军涌来,松林短兵相接。刀砍铁,声声撕肺裂。国军胆怯,开始逃生后撤。路滑更兼天黑,爬又跌,一路鲜血。功与罪,自有后人来评说!

二

智激侯纬仁脱戎装

侯纬仁受伤后住进了15师设在攸县的陆军医院。医院不大,但住着三四百伤病员。护士和保洁员都非常短缺,医院每天都闹哄哄的。有重伤员的嚎叫声,有轻伤员的呻吟声,有伤病员同医护人员的争吵声,还有汽车驶出驶进的马达声和喇叭声,把人吵得头昏脑涨。侯纬仁同徐洞被安排在同一病房,医院里等级森严,只有军官才有小病房住,排级军官六人住一间病房,连级军官四人住一间病房,营级军官两人住一间病房,团以上军官才能住单人病房。士兵一律住大房间,睡通铺。后来的伤病员还只能住在临时搭建的厂棚里,好多伤员得不到及时治疗,每天都有死人的现象发生。医生为了减少麻烦,增加出院率,对一些手脚伤残病员,若无上级和战友打招呼或在场监护,一律实行截肢治疗。侯纬仁和徐洞看到这些现象,都无比愤慨。两人私下议论说:"医院太不像话了!我们在前方打仗,拼死拼命,流血牺牲,好不容易捡到一条命,送到医院,不是让你白死,就是让你身残,这仗打得还有什么意思!"最后两人商定发动全院伤病员向医院抗议,要求他们实行人道主义,救死扶伤,尽职尽责。敢于怠慢伤病员,工作敷衍塞责的,医院得到举报后又不严肃处理者,全院病人集体罢治罢餐,立即砸毁院长办公室。随即两人分别走访各病室,联络各室病友明早当医生查房时,能够行走的病友都到走廊上抗议医生的不人道主义行为,要求院长立即整顿本院医疗作风,确保病友的合法权益。不能行走的在病房喊口号,高呼:"反对医院的官僚作风,医生必须以救死扶伤为己任! 关心病友的伤痛胜于关心自己的生命!歧视病友,伤害病友就是对党国的背叛!"一切商议好之后,第二天全体病友都依计而行。第二天早上,当医生来查病房时,能行走的病友齐聚走廊上,拦住医生,指责医生的非人道行为。有的拖住医生,当面指责他们的一些错误做法;受了伤害的病友,操起凳子和手中拐杖就要打医生;卧床不起的病友在病房高呼口号,声讨医生的一些不法行为。整个医院乱糟糟的,有的医护人员赶

第四章

战斗在湘赣边区

忙躲起来。院长赶忙出来进行调停,向病友赔不是,并保证今后看病治病尽职尽责,一些重大治疗方案事先同病友商量,征求病友意见。从即时起,医院成立病友监察委员会,监督医护人员的工作作风和治疗程序。病友得到这些保证后,停止了闹事。一场风波总算平息了。

医院风波很快传到了十五师师长王东原的耳朵里。王东原得知医院闹事肺都气炸了,当即驱车前往攸县。陆军医院院长陆东贤听说师座来了,赶忙出门迎接。王东原一下车看见了陆东贤,立即冲了过去,怒斥道:"好你个陆东贤,你这个院长是怎么当的!将士们在疆场拼杀,流血牺牲,负伤后送到你医院,你竟敷衍塞责,草率了事,把伤员胡乱整治一番,弄得伤员怨声载道,演出了一场大风波,闹到南京,我还有脸面去见蒋委员长吗?现在我责令你写出书面检查,一周内把医院的整治方案写出来。医院再有闹事风波发生,我将送你上军事法庭!"说完怒气冲冲地去找侯纬仁和徐洞两人去了。一进入302病室,侯纬仁和徐洞立即从床上站了起来,向师长行了个军礼。敬礼毕,王东原发话了:"你们两个干的好事,竟敢抬我的杠,逼我下台!"侯纬仁和徐洞忙解释说:"师座,我们绝无此意,只是医院太不像话了。对能救活的伤员不救活,能不致残者他们为着减少麻烦却使这些伤病员致残。我们在前方浴血奋战,他们却不把我们当人看待,重伤员送到这里他们不重点守护,轻伤员送到这里他们迟迟不予看病。医院脏乱差,我们向他们提意见,他们以人手不够来搪塞我们。我们在前方打仗遇到敌众我寡时,我们还不是照样战斗,最后只能以死来报效党国。办法是人想出来的,他们为什么不开动脑筋,想想办法。"王东原火了,不愿再听下去,挥挥手,大声说:"算啦! 不要说了。你们总有千条理由万条理由,不请示上级就暗自发动群众在医院起哄闹事,你们想造反啦! 按照军队条令我可以枪毙你们! 军人以服从命令为天职,没有上级命令不准私自行动,起哄闹事是违法行为,要是南京政府知道非要治我治军不力、管教无方之罪,我轻则要被革职,重则要上军事法庭。你们眼中还有我这个师长吗?"侯纬仁、徐洞赶忙立正,大声说:"师座,我们错了,请您治我们的罪吧!"王东原脸上青筋暴涨,不停地在病房中来回走着。侯纬仁、徐洞紧张得要命,大气都不敢出一声。王东原走了约十来分钟,终于停了下来,余怒未息地说:"要不是当前急需用人,我真的要把你俩毙了。太不像话了! 像无业流氓,想干什么就干什么! 警告你们,下不为例,如若再犯,决不姑息。伤愈后立即返回前线,给我好好打仗!"侯纬仁、

第四章

战斗在湘赣边区

徐洞赶忙立正,大声应道:"是!"王东原迅即打开房门,冲了出去。陆东贤见师长出来了,忙喊了声:"师长,请到办公室用茶。"王东原理也不理,喊了声:"参谋长,回茶陵!"说完,一头钻进了小车,小车一溜烟开出了医院。

且不说王东原回茶陵。现说侯持恒在塘下与侯梯云分别后,只身来到了府阳自己妹妹家里。这时安仁县政府到处张贴告示,悬赏缉拿农民运动时的农军骨干、苏维埃政府干部及所有共产党员,侯持恒也在通缉之中。妹妹知道哥哥是农军骨干,在政府悬赏捉拿的逃犯中排名二十三,因此为不使外人知道侯持恒藏匿在她家,特将侯持恒安排在楼上住宿。为应付紧急情况,又在她自己床底下挖了一个地窖。她睡的床是一个柜子。柜长二米,宽一米五,高九十厘米。平时柜子把地窖口全罩住了,紧急时将床板和床上用品搬开就可进入地窖。她的家在一个偏僻的山脚下,村子也不大,只四户人家,平时很少有人来,侯持恒住在这里真是安全得很。侯持恒在她家住了半年多,突然传来了儿子受伤的消息,他心急如焚,立即化装成医生朝攸县走去。可是还没走出府阳即被谭介愚的侦缉队逮住,立即移送县挨户团。挨户团团长侯澍椒见到侯持恒,皮笑肉不笑地说:"持恒兄,你好难找呀,今天总算把你找着了。

你不要怕,我们是自家兄弟,有话好说,我不会为难你。你先洗个澡,换身衣服,等下我摆酒为你接风。酒足饭饱后我们兄弟俩再好好聊聊。没事的,年关将近了,聊完你就可以回家过年了。今年你手头肯定紧,走时,我送你一百大洋。"说完哈哈大笑。接着拍了拍侯持恒的肩膀,说道:"还愣着干什么,快去洗澡吧。我们兄弟俩好久没同桌吃饭了。"说完,对着门喊道:"勤务兵!"勤务兵立即跑了进来,问道:"团长,有什么吩咐?""快带客人去洗澡,到事务长那儿去替他领一套军装。"侯澍椒大声命令说。勤务兵应了声:"是!"接着就拉侯持恒去洗澡。侯持恒却说:"澍椒弟,你葫芦里卖的什么药我不知道吗? 别转弯抹角了,有话直说吧!"侯澍椒听侯持恒这么说,忙笑着说:"还是老兄爽快。"随即喝领勤务兵:"你还不快出去!"勤务兵立即跑出了房间。勤务兵去后,侯澍椒请侯持恒坐下,然后对侯持恒说:"老兄,你也饱读圣贤之书,论学问,你在我们龙海不会落在十名之后,可谓大名鼎鼎。诗词歌赋对联你哪样不精?可为什么你不与官府相通,却与泥腿子为伍,加入赤匪?你亲自带人烧了侯八的府第,抄了我的家,配合侯梯云打了龙海盐卡,你知道你这是做了什么? 你的圣贤书读到哪里去了呀! 你这是自掘坟墓埋自己! 我今天看在兄弟分上拉你一把,希望你再不要执迷不悟,好好与我配合。"侯持恒反驳道:"与泥腿子为伍有什么不好?朱元璋不也是泥腿子出身,赵匡胤也出身卑微,刘邦也只是个亭长起事。出身低微并不等于人品不好,出身高贵并不说明他人格高尚。为人者,一要有良知,二要识时务。古人云:'识时务者为俊杰。'今国家分裂,内乱不已,得民心者得天下。共产党人主张国家统一,人人平等,反对剥削和压迫,提倡民主和自由,这有什么不好,这样的政党能算匪吗?当今政府能与它相提并论吗?当今政府能有共产党那么得人心吗?奉劝老弟一句,别那么张牙舞爪,把泥腿子逼急了,当心你死得惨啊!"侯持恒这一席话把侯澍椒气得暴跳如雷,立马呼叫:"来人,给侯持恒上刑!"侯持恒毫不害怕,继续说道:"狐狸终于露出了尾巴,你的假慈悲哪里去了?你的戏继续演呀!真是小人气短,两三句话就把你的狼心狗肺给逼出来了。"说完,侯持恒"哈哈哈哈"笑个不停。然后又说:"老弟,亏你还是个团长,也太没城府了。难怪人家说你智不如人,今天我总算见证了你的才能,真是庸才,饭桶!"说完又"哈哈哈哈"大笑起来。把侯澍椒奚落得无地自容,又急又气,一句话也说不出来。脸涨得红红的,嘴巴欲说又张不开,只好咬牙切齿,握紧拳头对侯持恒怒目而视。停了很久,才歇斯底里地狂叫:"用皮鞭给我狠狠地抽他嘴巴！用力抽,狠狠地抽!"打手给侯持恒足足用了一个多小时刑,把侯持恒打得皮开肉绽,晕死过去才停手。侯澍椒向打手挥挥手,打手出去了。侯澍椒又看了一眼侯持恒,然后也出去了,并顺手关好了门,对两个守卫说:"看好他,醒来时才叫我。"半个小时后,一个看守来报告:"侯持恒醒了。"侯澍椒忙对一个参谋说:"快去叫医生,让医生帮他擦洗一下伤口,完了,替他换身衣服。"

晚上,侯澍椒又来见侯持恒,见侯持恒躺在一张临时铺就的床上,半眯着眼,见他来了也毫无反应,于是用挖苦的语气问侯持恒:"皮鞭的味道好受吧? 这一下你的嘴总该有所收敛了? 老兄,人在屋檐下,不得不低头,还是老实点做人。"侯持恒一语不发,只睡他的觉。侯澍椒见侯持恒还是那副傲慢样子,火了。吼道:"我就知道你是一副贱骨头,不打不老实。我不信,老子的皮鞭还征服不了你?"立即大喊:"来人,继续对侯持恒用刑!"这时一个参谋跑来报告:"团长,周一峰县长来了,他说有要事要马上见你。"于是侯澍椒对打手说:"暂缓用刑,待我见了县长再说。"说完随参谋去见周县长去了。

侯澍椒步入客厅,见周县长正坐在椅子上喝茶,忙说了声:"鄙人正在审讯侯持恒,不知周县长夜晚来访,未出门迎候,万望海涵。"周县长忙站起来,回答说:"卑职正是为侯持恒一案而来。今天下午龙海平山绅士刘家考率千多农民来县城示威,要求我们释放侯持恒。刘家考可是在安仁有名的人物,兄弟子侄众多,为官者也不少,我不知怎样回复他,这不特来找你商量。"侯澍椒一听这消息不觉一怔,心中暗自说道:"他怎么来了? 这世道真的让人看不懂,官宦人家,书香子弟,可以说与共产党有不共戴天之仇,为什么要为侯持恒说话?"停了很久,他才问周县长:"县长,你对他说了什么没有?"我对他说:"侯持恒犯了反政府罪、抢劫罪、危害他人生命安全罪及扰乱社会罪,罪恶可大,放他我可做不了主。现在人还关在挨户团,要放人也得经侯团长同意。这不,我就来找你了。"侯澍椒沉思片刻,对县长说:"算侯持恒命大,要不然老子要把他给活活打死在挨户团,想不到,半路杀出个刘家考。放人是不可能的,明天我把他移交县法院,让法院定他的罪。县长,你同意我的做法吗?"周县长点点头,说了声:"就这么办。我马上去回复刘家考。"说完,告辞走了。

由于侯澍椒、周一峰等人作梗,法院不听群众呼声,也不作调查,强行将侯持恒判处三年零三个月徒刑。

侯纬仁医院闹事,侯持恒遭捕被判刑这些事都传到了侯梯云耳朵里。侯梯云觉得这是劝说侯纬仁放弃反共立场的最好时机，于是修书一封托侯纬仁的弟弟侯纬义送到攸县陆军医院。侯纬仁见到弟弟侯纬义很是吃惊，忙问："你怎么来了？"弟弟听哥哥这么一问，顿时放声大哭起来。"哥，爸爸被捕判刑了，在监狱里，被侯澍椒打得皮开肉绽，遍体鳞伤，惨啊！我来，是特意来告诉你这件事的。另外，侯梯云要我交封信给你。"随即，从口袋里摸出一封信。侯纬仁赶快把弟弟拉到一边轻声说："不要提侯梯云，我这个病房还有一个徐洞副营长，幸好他现在不在病房。走，我们找个地方说话去。"于是把弟弟带到了一家偏僻的茶楼，又给弟弟要了一碗粉、一笼饺子，说："弟弟，你肯定饿了，吃吧。"他自己迅速将信拆开。

成仁弟①：

　　茶陵一别已有数月，不知伤是否痊愈？打你一枪也是迫不得已。成仁弟，你也是苦人家出身，出来当兵也是迫不得已。穿上军装以来，你参加过不少军阀战争，目睹过山河破碎、生灵涂炭、人民

---

① 成仁是侯纬仁的乳名。

第四章

战斗在湘赣边区

流离失所这些惨不忍睹的景象，你的心灵也可能颤抖过。你参与围剿红军，红军有什么不好？你没看见老百姓多么欢迎红军。红军有老百姓作依靠，所以尽管国军人多、装备精良、有先进的武器，能敌过我们吗？俗话说："得民心者得天下。"这个浅显的道理你是懂的。夫人者，上忠于国家，下孝于父母是第一要事。知天理，识时务，才能为俊杰。你父遭冤、遭辱、被判刑，你却助纣为虐，你还是人吗？国家分裂、人民挨饿、山河破碎，你不去为拯救国家、拯救人民出力，反而变本加厉把国家推向灭亡的边缘，把人民推向死亡的边缘，你还是人吗？你读过孔孟之书，也算是士。夫士者，知仁义，守孝悌。所以你父为你取名纬仁，为你弟取名纬义，意在要你们知仁义。仁者，爱人；义者，维护国家尊严、维护人民尊严、维护家庭尊严。你做到了吗？孝者，有小孝、大孝。孔融让梨是为小孝。汉高祖听到项羽要把他父亲煮着吃，则对项羽说："请分一杯羹给我吃。"誓死不投降项羽，最后消灭了项羽，统一了国家，创立了汉朝，是为大孝。今你小孝大孝全无，你能算士吗？孝悌者，要懂得尊敬哥哥，要分得出好与坏。愚兄屡屡对你示好，苦口婆心劝你弃暗投明，你如再不悬崖勒马，你还知悌吗？不忠、不孝、不仁、不义、不分好坏、不知礼仪，活着还有意义吗？项羽在垓下被打败，

203

尚知无脸见江东父老，抽剑在乌江自杀。成仁弟，你可还有廉耻心？愚兄从未与你谈过心，今天我是掏心与你说话。望你认真想想愚兄说的话。

即颂

台安

愚兄

梯云即日

纬仁看信后，手发抖，心胆战，想想梯云的话，想想自己的所为，再看陆军医院是如何对待伤病员，王东原是如何对待自己，侯澍椒是如何对待自己的父亲，顿时泪如雨下。这时，一个大爷牵着一个孙女进来卖唱，走到他面前，向他鞠了一躬，说道："长官，听支曲吧。"侯纬仁正心烦得很，为了调剂一下情绪，也同情爷孙俩的处境，就说："唱一曲吧。"

爷爷把二胡调了一下，小孙女就唱起了《思郎歌》：

正月里来是新春，郎被抓去当新兵，

从此一去杳无音，天天思郎忆夫君。

第四章

战斗在湘赣边区

二月里来万物新，盼郎回来赶阳春。

若不及时播上种，秋收哪里有温馨？

三月里来草当餐，家无谷米难过滩。

为着度日当银簪，思郎思得眼泪干。

四月里来倒春寒，郎在外面衣别单。

妹在家里养春蚕，缝件新衣等郎还。

五月端午粽飘香，突见门外闹嚷嚷，

探头一看匪抓兵，多少家庭又遭殃。

六月荷花满池开，满池莲藕无人摘。

留得残荷听雨声，人不成双花自哀。

七月中元是鬼节，家家户户敬祖忙，

盼郎回来烧钱纸，聊表孝心与爹娘。

八月中秋桂花香，鸿雁不至妹悲伤。

若遇红军莫冲锋，朱毛是咱大救星。

九月登高是重阳，忆及朱萸思情郎。

春楼莫上花莫寻，叶落归根是故乡。

十月里来冬日融，思郎想郎夜难眠。

军阀混战国不宁，你我何日共枕眠？

十一月里雪花飘，又饥又寒夜难熬。

我为郎君做棉袄，盼郎回来穿我袍。

十二月里做年糕，雨打窗叶乱糟糟。

思郎想得人憔悴，无心抚琴夜吹箫。

国破山河在，夫妻两分离。

翘首长相盼，何日是归期？

第四章

战斗在湘赣边区

仰天长叹息，静心听惊雷。

但愿人长久，归期自有期。

听完曲后，侯纬仁愤怒了，对弟弟说："你回去吧，我这兵不当了。"从口袋里掏出三十枚银圆交到弟弟手里，说："家里就辛苦你了，这三十元让你带回添置点年货吧。"又掏出四枚银圆塞到小孙女手里，说："你唱得真好。"爷孙俩见有四枚银圆，非常高兴，千恩万谢后走了。

当晚侯纬仁在日记中写道：

接梯云信，听弟弟言，才知侯朋飞、侯澍椒不是人，陆东贤、王东原也不是人，国民党里没有几个是人。为这样的党，为这样的政府卖命不值得。我这是助纣为虐呀！天哪，我一心想报国，报来报去自己却是在作孽，我真蠢呀！

纬仁伤愈后，借口脚不能行军打仗，请求上级让他回家。王东原无法，只好准请。回到家后，一面种田做篾货，一面读书，日子虽然过得紧凑点，但心情还是较为舒畅。

1937年，七七事变发生，中国进入全面抗战时期，激于爱国热情，年过三十的侯纬仁再次穿上军装，编入国民党的新38师，赴缅甸作战，立下了许多战功，又当上了营长。腾冲战役虽身负重伤，坚持不下火线，继续指挥作战，得到孙立人的高度赞扬。抗战结束后升为团长。1948年被授予少将军衔，调国防部侦缉处工作。因不满蒋介石的倒行逆施，又一次脱下戎装，在重庆安了家，以编织篾货为生，1958年病死。

三

不为友情丧立场

　　中共茶陵县委的恢复,茶陵县苏维埃政府的成立,茶陵游击大队的组建,引起了敌人的极大恐慌。南京军事委员会命令王东原整个师移驻茶陵,加强对茶陵共产党和游击队的"清剿"。1928年5月下旬,宛希先担任茶陵县委书记,在敌强我弱的情况下,宛希先提出了一些不切实际的过左口号,致使游击队在敌人进攻面前连连失败。中共茶陵县委撤出县城,此时茶陵游击大队已更名为湘东游击支队,支队长仍然是侯梯云。在敌强我弱的情况下,侯梯云提出游击队分散活动,缩小目标,让敌人找不到我们,时机成熟再集中活动。主力游击队随同县委奔赴安仁潭湾打游击,另一部分由侯梯云率领赴江西安福打游击。侯梯云率六十多名游击队员从茶陵来到了安福洲湖乡,先把队伍安置在谷源山中。后听当地群众说,这里经常有红军在活动,因此,这一带国民党军队不敢大批在此驻扎。群众还向他反映:你原来的住户周纯正在洲湖办钱庄,放高利贷,吃了我们不少钱,能否帮我们向他讨个公道。侯梯云听到这些情况后立即率队下山来到洲湖。到了洲湖后,先到自己原先烧窑的地方瑶溪看了一下,听当地百姓说,他从安福逃走后,国民党的靖卫团想把这个窑摧毁,幸得周金城出钱买通了靖卫团长,说这个窑厂他准备开,因此没有被破坏。2010年我们寻访组来到这里时,这个窑依然保存完好,这是后话。

侯梯云看了窑厂后,即向老百姓打听周纯正的近来所为。得知周纯正不但开钱庄,放高利贷,还囤积食盐,卖高价,赚了不少黑心钱。听了这些情况后,侯梯云思绪万端。论个人感情,侯梯云不想再伤害周金城。他们全家在安福烧窑是住在周金城家,周金城十多年未收侯家一分钱房租。当然,他父亲侯恕铭有两年烧出的瓦是全部卖给周家的。侯梯云来安福时想辍学搞工商,被周金城劝止,并出钱资助他读完了高小。后来他打伤了人,是周金城出钱了结了此事。在安福搞农运失败后,是周金城救了他。如果现在他要亲自抓周纯正来批斗,周金城会骂他是个无情无义的小人;如

战斗在湘赣边区

果不批斗周纯正,会挫伤群众的革命积极性,会说自己立场不坚定,包庇资本家。侯梯云沉思良久,最后做出决定:立即批斗周纯正。周纯正是民族资产阶级的中间派,对中间派应该是以斗争求团结,一味迁就只能助长其剥削气焰,恶化他们与工农阶级的关系,最后使他们倒向反动派。对周纯正这样富有名气的民族资产阶级斗争策略得当,将来还可利用他来为革命服务。蒋介石对苏区在军事上是实行"围剿",在经济上实行封锁。要打破敌人的经济封锁,只有利用民族资产阶级的左派和一部分中间派,利用他们的影响和势力从白区运进一批苏区急需的物资,以帮助共产党打破敌人的经济封锁,但同时又不许他们囤积居奇,哄抬物价,扰乱苏区民心,因此就只能采取"团结—斗争—团结"的方式。他率人冲到了周金城家。周金城见侯梯云来了非常高兴,忙说:"侯大队长回来了,欢迎。请坐,好久没同你喝酒了,坐下来,我们干上两盅。"侯梯云忙摇头说:"不,今天没时间,有公务在身,改天我请你喝酒。"周金城说:"哪有这么重要的公务,连喝酒的时间都没有?"侯梯云斩钉截铁地说:"确实没有。我要立即抓你儿子周纯正去批斗。他放高利贷,又囤积食盐,哄抬物价,影响极坏。来人,带他走!"周金城一听要带他儿子走,脸顿时煞白,晕倒了。周纯正忙跪下来大喊："侯大队长，你不能杀我！"侯梯云忙说："我们不会杀你，但你要配合我们。"周纯正忙说："只要你不杀我，你要我做什么我都配合。"侯梯云说："那好。先戴高帽子游洞。"

　　群众听说侯梯云抓了周家二公子游洞都来看热闹，有的说："侯梯云真是无情无义，周家待他这么好，一点面子都不给，真是小人。"有的人说："侯梯云是真正的革命者，大公无私，秉公执法。周家待他好，可对我们老百姓不好，放高利贷，卖高价盐，赚黑钱，要没人出来整治整治周家一下，我们老百姓的日子怎么过？老百姓还会拥护共产党吗？"那人忙说："你说的也是。我错怪侯梯云了。"

　　不说老百姓是如何议论侯梯云，现在说周纯正游洞。周纯正没有被捆绑，只是头上戴了一个纸做的高帽子。纸帽子上写了"批判资产阶级的剥削行为"。周纯正在前面低着头走，群众跟在后面高呼："坚决批判资产阶级的剥削行为！""不准放高利贷！""不准囤积居奇！""不准哄抬物价！""保护公平贸易！""团结起来，打倒国民党反动派！"周纯正游了两个多小时的洞，最后被押在周武学校。侯梯云对他说："你没有人命案，也还没有与白匪勾结，我们不会杀你。但你赚了不少黑心钱，必须吐出一部分。我们对你的处置，第一要你写一份认罪书，贴在洲湖圩上。声明你放高利贷、囤积食盐、哄抬物价是有罪的,必须向人民认罪。并保证今后遵纪守法,做合法商人。第二,你要捐出三百银圆给我们做军费。第三,现在是青黄不接的最关键时刻,你要捐出五十担稻谷给最贫困的人家,使他们顺利度过这困难时刻。第四,你的钱庄、商行不准关门,要继续经营,要积极从白区运进苏区急需的物资,如食盐、布匹、棉花、药品等物资,但不许囤积居奇,投机取巧,哄抬物价,在政策允许下你可以赚一点钱,共产党也允许你赚点钱。如果你能做到这些,把三百块银圆和五十担稻谷送来,我们立即放你回去。"周纯正都答应了。周纯正兑现条件后,侯梯云把他放了。为这事周金城以后见到侯梯云再也不打招呼了。

四

镇压李长智

　　驻在安福城的挨户团三百人和一个国民党正规营三百多人听说侯梯云率茶陵游击大队的少部分人来到了洲湖,认为这是他们立功受奖歼灭侯梯云部的最好时机,于是挨户团全部出动。国民党正规营出动两个连朝洲湖开来,只留一个连守城。侯梯云得知这个消息,决定将计就计。敌人来攻洲湖,城里空虚,我为何不去攻县城呢?

　　侯梯云在洲湖住了几天,在洲湖成立了苏维埃政府,洲湖到处都竖起红旗,红旗上绣了一把犁。侯梯云在洲湖抓周纯正游洞,成立苏维埃政府等消息不胫而走。原来在王新亚手下当过农军的、和侯梯云在谷源一起打过游击的战友听到这个消息后都纷纷来找

214

第四章

战斗在湘赣边区

侯梯云,要求加入游击队,不到几天,游击队扩展到九十多人。侯梯云带着这九十多人抄近路急奔六十多里,于入夜时分到达了安福城外。在山上砍了几根竹,迅速做好了一杆竹梯。半夜时分,他把梯子搬到城边,第一个爬上了竹梯,到了城墙上他奋力一跳,就到了地上。守城门的卫兵正要举枪射击,侯梯云已到了他眼前,用左手握住他咽喉用力一扭,卫兵立刻死了。侯梯云迅即打开城门,游击队一拥而入,朝城关小学跑去。当时学校被国民党军队占领,学校被迫放假。学校不大,只有二十间教室,有十二个教学班,六个年级,每个年级两个班。有住宿生四十人分住三间教室。男生两间,女生一间。教师办公室二间,行政办公室一间,仓库一间。国民党军除三间办公室和一个仓库外全部占用。游击队跑到城关小学时,校门紧闭,只有厕所里的灯光在亮着,四周一片寂静。学校四周筑有围墙,围墙不高。侯梯云第一个爬进围墙,未等两个守门卫兵过来,侯梯云已抽出身上的大刀将两个卫兵砍死。一个卫兵在死之前大叫一声,睡在教室里的匪兵顿时惊醒,来不及穿衣服,就端着枪射了起来。游击队员们立即卧倒。侯梯云快速匍匐前进,临近敌住的教室窗子时,朝里面连甩了四个土制狸炮子炸弹。敌人哇哇直叫,有三十多个游击队员敏捷地冲进了这个教室,把里面的一排匪兵全解决了。然后换上他们的衣服，端着他们的枪朝另一个教室冲去。敌人见是穿着自己服装的人，就毫无戒备，游击队员端着枪逢人便扫。其他两间教室的敌人见游击队已打进了教室，敌窦连长忙率队从学校后门逃走。这一仗打死敌人五十多个，缴枪六十多杆。城里战斗结束后，侯梯云他们又马不停蹄地往洲湖赶。洲湖的国民党军听说侯梯云率队去攻城了，忙往回赶，只留下挨户团三百人在洲湖。侯梯云率游击队回到洲湖后，先藏在谷源山休息。晚上突然包围了挨户团的洲湖乡公所，经过半个小时的激战，打死挨户团十多人，挨户团团长李长智慌忙率队逃走。逃到周武小学旁边的木桥边时，遭游击队伏击，又打死十多人，李长智忙率队往葱塘方向的山里逃。在半路，李长智被侯梯云打伤，最后被俘。

李长智被关进了乡公所，这时有群众向侯梯云报告：前天侯梯云率队去攻安福城，李长智的挨户团来到了洲湖，葱塘有三个地主立即向李长智报告，说侯梯云去瑶溪看他原来的窑厂时瑶溪的周金柏、周金汉、周金生三人请他喝了酒，还向他反映周纯正放高利贷、囤积食盐、哄抬物价等问题，弄得周纯正被游洞、被罚款。这三人是希望我们有钱人家被侯梯云他们斩尽杀绝，然后好让他们这

战斗在湘赣边区

些穷人霸占我们的家财。李长智一听火冒三丈,立即带队冲到瑶溪,把周金柏、周金汉、周金生三人杀了,还放火烧了这三人的房子,弄得这三家人无家可归。侯梯云一听这消息,怒火冲天,率队来到葱塘,捉拿那三个地主分子,但他们跑了。侯梯云当即决定将这三户地主家的房子及财产赔给那三个死者的家属。第二天,侯梯云在洲湖墟举行了"攻打安福、保卫洲湖胜利大会"。在祝捷大会上侯梯云讲了话。他说:"农友们,乡亲们,现在是工农阶级与地主、大资本家、封建买办等反动阶级的生死决斗时期,是红军与白军武装拼搏时期。我们工农阶级,我们穷苦的劳动大众,首先要树立必胜的信念。坚信革命一定会胜利,坚信红旗一定会插遍全国,这是我们战胜敌人的重要思想基础。有了这个思想基础,我们就什么困难都不怕,就不怕饥饿,不怕'围剿',不怕牺牲,就会无往而不胜。其次,我们工农阶级要紧密团结。团结就是力量,团结就是胜利,团结就有一切。再次,我们要提高警惕,严密注视反动阶级的一切,我们要警告一切反动分子,他们敢充当国民党反动派的内应,破坏我们的革命,阻挡我们的行动,我们对他们决不留情。今天我们就要当众处决挨户团长李长智。李长智坚持反动立场,屠杀工农群众,'围剿'我们游击队,霸占劳动人民的财产,罪大恶极,不杀不足以平民愤。大会后我们要对他执行枪决。最后，我们一定要执行党的政策，讲究斗争策略，在敌我白热化的斗争中反动阶级也不是铁板一块，也会分化瓦解。我们的策略是打击、镇压反动阶级中的死硬派、极右分子，团结地主阶级、资产阶级、国民党军中的极少数开明分子、左派分子，争取中间分子。这一次有人建议我们把周金城、周纯正父子抓来和李长智一同枪决，我没同意。周金城父子目前同我们不是敌我矛盾，不是生死之斗。李长智同我们是敌我矛盾，是有我无他的矛盾。前天，李长智找到周金城，要周金城捐赠两千大洋给他做军费，周金城没同意，还说自己现在是衣食无着，无力相助。李长智要他说出游击队的下落，他只说了句'无可奉告'，然后借口心情不好，身体不适就把李长智赶出了门。这说明周金城父子不通匪、不助匪、不靠匪，因此周金城父子与李长智是不能相提并论的。对周金城父子我们既要批斗他们的剥削行为，同时要给他们改过自新的机会，要给他们出路，争取他们和我们一道去反对国民党反动派。乡亲们，农友们，我们的政策是明确的，态度是明朗的，是非是分明的，目标是既定的，胸襟是宽阔的，我们一定要严格执行政策，团结一切可以团结的力量，胜利一定是属于我们的。"侯梯云的讲话赢得了热烈掌声。群众高呼"共

第四章

战斗在湘赣边区

产党万岁!""苏维埃万岁!""红军万岁!""打倒土豪劣绅!""消灭国民党反动派!"口号声停止后,侯梯云宣布:"把李长智押赴刑场,执行枪决!"侯梯云一宣布枪决李长智,李长智就瘫在地上了。行刑队立即像拖死猪一样把李长智从台子上拖了下去,随着一声枪响,李长智罪恶的一生就此画上了一个句号。

五

贺敏学梅花岗救梯云

　　侯梯云捉周纯正游洞,攻打安福县城,枪杀李长智,打死打伤国民党军队一百多人,使得安福的反动派无比惊慌。南京国民政府军事委员会不得不令驻扎在永新的杨池生将全师移驻安福,尽全力"围剿"侯梯云。此时的侯梯云比较深刻地领会了毛泽东的十六字诀,即"敌进我退,敌驻我扰,敌疲我打,敌退我追",而且还掺杂了自己的一些实践经验。那就是敌进我退,在退的时候和敌人捉迷藏,敌人冲我前面来,我绕到敌人后面去,出其不意突然袭击;敌驻我扰,教会战士打夜战,或者来个声东击西,或者来个调虎离山,引其一部出击,留下少部守窝,最后趁敌不备,端其老窝,上次打安福用的就是此计。这次敌人从永新气势汹汹而来,侯梯云决定同杨池生互换场地。杨池生来安福,他就率队去永新,反正赣西南山高路陡,树大林密,百把几十人不管钻进哪个山林,敌人都无法找着。主意已定,当杨池生的部队朝安福开来时,他率队即向永新进发。刚走到梅花岗时,突然听到了激烈的枪声,派人打探,原来毛泽东得知杨池生部要去安福,即指示贺敏学率军下山,先期赶到安福,来个螳螂捕蝉黄雀在后。先让杨池生紧追侯梯云,侯梯云部人数少,又属地方部队,杨池生绝不会重视,更不会怀疑红军主力已在安福张网以待。果然,当他的部队大摇大摆来到梅花岗准备直扑洲湖时,却遭到贺敏学部的突然袭击。侯梯云得知此情况,异常高兴,一面派人去向贺敏学报告,一面率队绕到杨池生的后面,与贺敏学部夹攻杨池生。骄横的杨池生在梅花岗遭到两支红军的夹击,大惊失色,忙命部属赶快往回撤。此次战役打死打伤杨池生部一百多人,杨部十八营营长李崇义被当场打死。红军夺枪一百多杆。杨池生狼狈地回到永新。

战斗结束后,侯梯云见到了贺敏学。贺敏学是贺子珍的哥哥,他身材高大,两眼炯炯有神,说话却十分和气,待人很和善。他一见侯梯云,忙十分关切地说了声:"梯云同志,你们辛苦了。"侯梯云向贺敏学行了个军礼,然后说:"你们辛苦了,感谢你们的救援。"贺敏学忙说："说感谢就见外了，我们都是共产党领导的军队，互相支援，相互配合，这是党的宗旨，全军一盘棋，全国一盘棋，这是所有共产党员要牢记的道理。共产党不搞小山头，不搞小宗派，不搞小团体，所以我们尽管人数少，却比国民党有战斗力。"侯梯云听了贺敏学这番话，觉得该同志境界很高，学问很深，油然而生敬意，打心眼里佩服，于是说："听君一席话，胜读十年书，今后我要多多向你学习，请你不吝赐教。"贺敏学忙说："我哪有这么高的理论，我是跟毛泽东学了一点点皮毛，还差得远，要战胜敌人，我们全党同志都要向毛泽东学习，他才是真正的马列主义理论家。"侯梯云来了个立正，然后响亮地回答："是，首长。"贺敏学忙说："现在是同志之间谈心，不是上下级谈话，何必那么严肃。"侯梯云又来了个立正，然后响亮地回答："是！"贺敏学笑了，拍了拍他的肩膀，赞许地说："难怪你会打仗，你时刻不忘军人作风。"后来，两人边走边谈，不知不觉走出了梅花岗。

这一天贺敏学、侯梯云的心情都非常好，两人谈了很多，第一次见面，双方都铭刻在心。

六

永新收编土匪

侯梯云随贺敏学来到了永新里田。到了里田，他带贺敏学来到了周雪莲家。一进门就碰到了周雪莲的母亲，侯梯云忙高兴地叫一声："伯母，我回来了，雪莲在家吗？"周雪莲的母亲忙说："在家。"接着朝里屋喊了声："雪莲，你看谁来了！"雪莲忙跑了出来，一看是贺敏学和侯梯云，心里非常高兴，先喊了声："贺领导，你来了。"贺敏学说了声："我来了，来看你们。"接着周雪莲喊了声："梯云，回来啦。"侯梯云高兴地说："回来啦。"周雪莲忙说："你们请进。"侯梯云让贺敏学先进屋。

进屋后，待两人坐定，周雪莲奉上了茶、花生、瓜子。贺敏学喝了一口茶，然后边嗑瓜子边问周雪莲："你怎么认识侯梯云同志的?"雪莲答道:"他在我们这里烧过窑,又和李景才同志一起在这里搞过农运和武装斗争,是我家的常客。"贺敏学"哦"了一声,然后问:"进门时你好像对梯云同志说了声:'梯云,回来啦。'这'回来啦'是什么意思?是不是有点那个意思?"贺敏学这一问弄得周雪莲满脸通红,侯梯云赶忙出来替雪莲解围,说:"贺领导,在搞农运期间,我对周雪莲同志有了较深的了解,觉得她人品不错,是个好同志,所以我们就相爱了。今天,就算我们把这事向组织汇报了,请组织定夺。"贺敏学忙说:"你们两个都是党内同志,是组织上信得过的同志,你们结成伴侣,组织上同意。"周雪莲见贺敏学这么说,偷偷地笑了。

贺敏学临走时,把侯梯云介绍给了永新县委,永新县委当时设在里田街。永新县委安排侯梯云任永新赤卫大队副大队长兼第一中队长,还令他立即去收编一股土匪。离里田十多里路的麻田乡,有一股土匪,人有四十多个,枪有十多杆,其头目是刘宗安。刘宗安原是刘麻子的部属,去年李景才、侯梯云组织农军打死了刘麻子,瓦解了他的队伍。刘麻子的人一部分参加了农军,一部分回了家。刘宗安回家后本想好好种田过日子,无奈在那军阀混战的年代,你想安心过日子,可军阀地主不让你安心过日子。刘宗安回家后，当地一个保长吴显俊看中了他的妹妹，于是借口他当了土匪，把他抓到乡公所，硬说他通共，刘麻子的死是他向农军报的信。于是乡公所准备把刘宗安押解到永新县城，由县里定他个死刑。刘宗安交乡公所看押后，吴显俊又问他："你是想死还是想活？想死，乡公所马上解你到县城，明天就可砍了你的头；想活，我倒有个办法，不知你依不依？"刘宗安问："什么办法？"吴显俊说："把你妹妹嫁给我，虽然我现在已把你交给了乡公所，但乡公所所长是我妹夫，只要你同意把妹妹嫁给我，我叫我妹夫把你通共的事瞒下来，把你立即放了，这样你就没事了，怎么样？"停了一下，吴显俊又说："这么做，你可以活命，你妹妹又嫁了一个好人家，真是一举两得。"吴显俊说完用狡黠的眼光看了刘宗安一眼。刘宗安想了一下，最后还是同意了吴显俊的要求，不过他提出了一个条件，就是要吴显俊明天亲自带两个保丁去他家送礼。吴显俊听到刘宗安这么一说，非常高兴，满口答应了刘宗安的要求，接着就放了刘宗安。

第二天，刘宗安约好了同村的五个兄弟来他家张罗招待吴显俊等人的酒席。刘宗安向同村的好友借了一坛酒，宰了一只鸡，买了一尾草鱼，砍了两斤肉，自己从家里拿出了二十个鸡蛋，又做了一桌豆腐，在自家菜园子里弄点小菜，邻居又送了一斤薯粉丝给他,因此搞了个九菜一汤来招待吴显俊。其妹妹听哥哥说要把她嫁给吴显俊,便与哥哥大吵大闹起来,死活不依。刘宗安便说:"女孩子家懂得什么,你只管把菜炒好,待在厨房里不要出来,其余的事你不要管,要是把客人吵走了,我跟你没完,听见了没有!"妹妹一把眼泪一把鼻涕冲进了厨房,把砧板剁得乒乓响。

中午,客人来了,刘宗安忙接下保丁挑来的礼品,然后请他们入座。酒过三巡,刘宗安装作喝醉的样子,把酒杯往地上一摔,村中五个兄弟立即将吴显俊三人的头压在桌子上,然后将他们的枪缴了,用绳子捆了他们。吴显俊惊恐地问:"刘宗安,你想干什么?"刘宗安说:"不干什么,只送你们下地狱。"说时迟,那时快,三把犀利的匕首插进了三人的咽喉。结果他们三人后,六人立即用草席将他们裹起来,背到野外埋了。然后他们六人钻进了山林,当起了土匪。

当时,毛泽东的部队在井冈山建立了中国农村第一块革命根据地,在井冈山建立了各级苏维埃政权,领导贫苦农民打土豪分田地,这引起了以蒋介石为首的国民党反动派的极大恐慌,于是不断调兵遣将来"围剿"井冈山。根据敌强我弱的形势,毛泽东制定了"十六字诀"的作战方针,牵着敌人的鼻子在井冈山根据地周围四处转,搞得敌人狼狈不堪。敌军师长杨池生向南京惊叫:"毛泽东

第四章

战斗在湘赣边区

的游击战把我军由胖子变成瘦子,瘦了变成病鬼子,病鬼子变成冤死鬼,不用战,就把我军拖垮了。"好多敌兵受不了这个折磨,有的归降红军,有的则开小差回家。刘宗安又趁敌兵溃散开小差回家之时专门捕捉游勇散兵补充自己,因此很快就有了四十几号人,十几杆枪。现在组织上把收编这股土匪的任务交给了自己,侯梯云决定夜闯土匪窝,只身去会刘宗安。有人反对侯梯云这么做,认为只身去会刘宗安太危险了,还是派兵包围他,然后再喊话,叫刘宗安过来谈判。谈判时向他宣传党的政策,宣传红军宗旨,动员他率队归顺红军;不行,则武力解决之。侯梯云不同意这么做,他说:"刘宗安是被迫为匪的,为匪后并未侵害百姓利益,只是专打土豪劣绅和国民党的游勇散兵,其本质是好的。现在我们要收编他们,必须拿出我们的诚意。我只身去会刘宗安,他不会为难我,道理讲清后,他会接受我们的收编。江西境内土匪较多,只要我们用和平的方式成功收编刘宗安,其反响是很大的,以后我们收编其他土匪武装就容易多了。"众人因此不再反对侯梯云这一做法了。

傍晚,侯梯云只身来到了刘宗安的大本营——麻利冲。这里山高路陡,崇山峻岭连绵起伏,古树参天,林荫遮道,确是打家劫舍的好地方。当侯梯云来到刘宗安的哨卡时,哨兵问:"你是干什么

227

的?"侯梯云用永新话回答:"大风大雨即来临,是福是祸来问菩萨。"哨兵说:"菩萨住在蓬莱岛,不识路途如何找?"侯梯云接道:"脚穿行云鞋,手持通天书,四海任我游,休愁蓬莱找不着。"哨兵说:"蓬莱在海上,为何上山冈?"侯梯云答道:"山中百鸟朝凤凰,凤凰住在咱井冈。井冈使者上山冈,来劝你家主子上井冈。"哨兵见对方对答如流,又自称是井冈使者,回话不卑不亢,知是有来历的人。忙喊了一声:"我山耸入云,有客远方来。来——客人——啦。"随着这一声喊,从山上走下三个人来,用布将侯梯云的眼睛蒙了,然后引他到了忠义堂。到了忠义堂,刘宗安示意解下侯梯云的蒙眼布,侯梯云睁开眼睛看了看这里的一切。这是一间用树木、稻草搭成的大棚,里面有几十条用树木拼成的长条凳。正上方有一张办公桌,桌旁坐着两个人,一个大概是刘宗安,另一个肯定是他的副手。大棚后面是个庵子,那大概是土匪睡觉藏粮放武器的地方。这时,刘宗安问:"你是哪个山? 山上有个什么庙? 庙里住着哪些和尚?"侯梯云答道:"我家住在咱井冈,井冈有个毛委员,毛委员领导我们闹革命,红红火火闯四方。"刘宗安一听是井冈的人,非常诧异,不用黑话了,直截了当地问:"你是井冈人,不在井冈,来此有何贵干?"侯梯云也直截了当地回答:"来收编你们。""来收编我们?"刘宗安有点迷惑不解。"是的,刘头领,你想过没有? 你们几十号人十杆条枪能改变你们的命运吗? 你们敢与国民党的正规军作战吗? 你们不能! 我们劳苦大众要翻身要解放只能靠共产党,只有在共产党的领导下,团结全国的工农大众,才能消灭反动派,才能彻底改变劳苦大众的命运,分散是没有力量的。"刘宗安又问:"你在共产党是干什么的?"侯梯云说:"普通一兵。"刘宗安接着问:"你叫什么名字?"侯梯云答道:"我叫侯梯云,又叫侯万元。""你是侯梯云? 是当年搞农会、打土豪、斗李春才的侯梯云?"刘宗安追问一句。"是的。"侯梯云肯定地说。刘宗安高兴地向弟兄们说:"这就是我天天向你们提起的智勇双全的英雄——侯梯云,大家快来见。"话音未落,几十个兄弟都跑进了大棚,个个喊着:"侯英雄,我们终于见到你了,你要收编我们,我们一千个同意,一万个同意。"刘宗安紧握侯梯云的手说:"有共产党给我们撑腰,我们就有了出头之日。"接着他高呼起来:"共产党万岁!"众兄弟跟着高呼:"共产党万岁!"

收编后的刘宗安部被编入永新县赤卫大队第二中队,赤卫大队长是鄢辉,党代表是刘作述,副大队长贺敏学,侯梯云任副大队长兼第一中队长。

七

攻打吉安

1929年冬，红四、五、六军相继汇集赣西南，在赣西南段和中段各县分兵发动群众，出现了革命武装力量几乎超越反革命武装力量的少见的有利局面。这时候，江西境内国民党内部矛盾重重，派系之间的斗争日益尖锐。而蒋、冯、阎军阀正在酝酿大战。江西的形势对革命非常有利。赣西特委做出了攻打吉安的计划。在赣西特委代理书记刘士奇的主持下，召开了赣西特委全会，成立了以蔡申熙为总指挥的攻吉指挥部。当时吉安城只有敌成光耀部的一千多人。指挥部计划于11月23日强攻吉安。

此时鲁涤平援吉部队陆续到达，吉安城新增了朱耀华旅的一〇七团和江西保安第三团。吉安城的敌人陡然增加，给进攻吉安

第四章

战斗在湘赣边区

增加了阻力。据此情况,毛泽东电告刘士奇,要赣西特委动员吉安周围二十五公里内的群众参与包围吉安,在声势上压倒敌人,让敌人失去斗志。

12月下旬,红五军到达莲花、安福,与赣西特委取得联系后,即派第四纵队去攻打吉安,永新、宁冈、莲花三县赤卫大队五百人由刘作述带领参加作战。侯梯云的第一中队一百多人也在其中。

12月22日攻吉部队在吉安城西见到了毛泽东和朱德。23日傍晚,蔡申熙下达了作战命令。

蔡申熙命令晚八点刘作述部队对吉安西门发起攻击,要快、要猛,为加强战斗力,给刘作述配备三门迫击炮,要求务必把江西省保安第三团打得落花流水,哭爹喊娘,使北门的成光耀部不得不派兵来支援,待成光耀分兵支援西门时,第四纵队迅即向北部发起攻击。与此同时,十万吉安群众武装在吉水东岸也发起攻击,牵制住朱耀华部。目的就是要重创成光耀部,打击鲁涤平的气焰。

晚八点,攻吉战斗打响。三门迫击炮和十二门松树炮同时向保安第三团发起轰炸。吉水东岸的十万群众武装划着木船、竹筏向东门逼近,机枪声、炸弹声、群众的口号声惊天动地。炮火照亮了天空,激烈的枪声和剧烈的爆炸声使吉安市陷于火海之中。

西门战斗一打响,侯梯云率第一中队就爬上了城墙,随即用机枪、手榴弹向保安团猛烈开火,接着一百多人跳下了城墙,逢人就扫。城墙边的敌人全部被打死,其余的敌人被这突如其来的猛烈枪火吓得龟缩在房子里不敢出来。等到刘作述的全部人马下了城墙向他们的驻地打来时才操起枪进行抵抗。不到半个小时,保安团死了一百多人。团长见对方来势凶猛,忙跑到发报室向成光耀大声呼喊:"我们遇到了红军的强大攻势,快顶不住了,求旅长快派兵来救我们呀!"成光耀忙派李振声率第三营去支援。李振声刚走,红五军的纵队像吉水的洪峰,一泻而下,两千人的红军队伍一下子就突破了敌人的防线,迅即向旅部打来。成光耀吓坏了,惊吓之中,他想到自己是指挥员,是军中主心骨,决不能胆怯,忙手握冲锋枪率全员朝前冲击。一边冲,一边打,一边喊:"弟兄们,给我顶住,狠狠地打,我与你们同生共死。一定要顶住!"同时要报务员赶快向鲁涤平求援。鲁涤平急令就近的独立十五旅唐云山部火速支援。唐云山部在行军途中又遭到吉安十万群众武装的伏击,被消灭了一个营。

由于敌人援军大批地到达吉安附近,战斗到晚上十点,蔡申熙下令攻城部队撤出战斗。

第四章

战斗在湘赣边区

此次攻打吉安,虽未攻下吉安,但给了鲁涤平和成光耀以惊吓,消灭了保安第三团一大部,成光耀部也死伤四百多人。

1930年1月5日,毛泽东挥笔写下了《减字木兰花·广昌路上》一词:"漫天皆白,雪里行军情更迫。头上高山,风卷红旗过大关。 此行何去?赣江风雪迷漫处。命令昨颁,十万工农下吉安。"生动地描述了赣西南十万群众配合红军打吉安的伟大壮举。

刘作述率部到达安福严田时,遇到敌刘建绪的六十六团的伏击,赤卫队伤亡惨重。在这危机时刻,侯梯云置生死于不顾,果断地率队直朝敌团指挥所冲去。敌六十六团团长陈鹏在一棵大树下搭建的临时指挥所看着自己的部属把赤卫队包围在一个山冈上,赤卫队左冲右突都无法跳出包围圈,已牺牲了不少人,他的嘴角露出丝丝笑容,一手拿着望远镜,一手夹着雪茄,踌躇满志地对身边的人说:"这一下,老子总该立功了。你赤卫队狠,我比你还狠!这下我看你能不能跳出我的手掌心!"说完就想在一块大石头上坐下来。就在这时,侯梯云率十几个人冲到了他眼前,一阵冲锋枪扫射,打死了陈鹏的副官和一个参谋,卫队赶忙掩护陈鹏逃走。他一逃,士兵们跟着逃,阵地全乱了。赤卫队趁势勇猛追击,打死了不少敌人,但陈鹏逃走了。

　　战斗结束后,清理战场,被打死的敌人有四十多人,丢下枪支六十多杆。赤卫队战死一百多人,侯梯云的第一中队只剩下二十七人。他们回到驻地,开始休整、练兵、扩充队伍,赤卫队发展到千余人,编入黄公略的第六军第三纵队。

　　不久,鄢辉、刘作述、贺敏学相继调走,侯梯云任赤卫队大队长。后赤卫大队改称红六军第三纵队第三营,侯梯云任营长。

八

与周雪莲完婚

侯梯云来到黄公略的第六军后,黄公略问他与周雪莲结婚了没有,侯梯云说还没有。在黄公略的催促下,1929年5月1日,侯梯云与周雪莲正式完婚。洞房设在里田街周雪莲的回春堂杂货行,黄公略为其撰写了婚联。上联"新人结良缘志同道合",下联"旧店添春色男欢女爱",横批"天长地久"。婚礼很简单,只备了些糖果、花生、瓜子。晚上请参加婚礼的亲朋好友在里田街一家米粉店每人吃了一碗米粉。晚上八点,婚礼正式开始,先是证婚人黄公略讲话。黄公略说:"今天我有幸参加侯梯云、周雪莲两位同志的结婚典礼并担任他们的证婚人实在高兴。今天是全世界劳动者的节日,也是侯梯云、周雪莲两同志结婚志庆的日子,双喜临门。我祝全世界劳动者节日快乐,祝侯梯云、周雪莲两位同志婚姻美满,恩爱一百年,革命一辈子。值你们新婚志庆,无以为赠,作诗一首,算是我对你们的祝福。诗的题目是《心有马列万事通》。诗曰:水绕里田去无踪,碧波荡漾映山峰。山欢水笑迎朝日,红旗漫卷辉永新。喜看新人结良缘,拈来八句赞新婚。莫道征途有险阻,心有马列万事通。"

典礼结束后,客人散了,两人进入洞房,周雪莲依偎在侯梯云怀里,问梯云:"你为什么要从安仁跑到安福来,然后又跑到永新里田来?"梯云答道:"受恶霸地主的欺压无法生活就跑出来了。我原以为只有古塘有恶霸地主,有压迫,有冤情。现在看起来,哪里都差不多,天下乌鸦一般黑。哪里都有恶霸地主,都有压迫,都有冤情,不知道这种日子到什么时候才能结束?""新婚之夜,不谈这些伤心事,我们换个话题。"周雪莲提议说。停了片刻,她问梯云:"安仁美不美?"梯云骄傲地说:"美,非常美。一条永乐江流过安仁大半个县,滋润安仁大地,哺养着安仁十万儿女。它发源于永兴龙形市,在衡阳汇入湘江。几百里长的永乐江隐藏着无数的秘密和神奇。宝塔坳下的浮洲,看似永乐江上的一个小岛。岛上有小树、小草,无数小鸟在岛上搭窝。岛的周围鱼儿成群,碧绿的河水清澈见底,但只要你踏上那小岛就石沉大海,杳无踪迹。这是一个无人敢侵犯的地方,象征着安仁人民神圣不可侵犯的尊严。安仁有个山口田,山口田靠永乐江边有一个岩洞,岩洞有一半一年四季被河水浸着。一天,有两个青年冒险进了那洞,沿着那洞的上方攀爬,又到了一个洞。他们点燃早已准备好的蜡烛,一照,使他们大吃一惊,这是一个巷道,有一人多高,两米来宽,没有什么水。巷道向前延伸,烛光照不到巷尾。他们鼓足勇气,凭借蜡烛的光芒,一直往前走,也不知走了多久,只知道已烧完了七支蜡烛,捉摸着大概已经走了近七个小时了。突然,他们看见前方巷道的顶上有一丝微弱的光芒射了进来,知道洞口就在眼前。果然走不多远,终于到了洞口。鼓足勇气顺着洞口爬了上去,放眼四周,夕阳西下,白云飘逸,徐风习习,松涛声声,和尚们的诵经声穿越山谷,纸钱线香味随风而来,此时他们才知道,已经到了南岳后山。他们在南岳大庙借住了一宿,第三天才回到家。家里人见他们几天不回家,派人四处寻找,父母哭得死去活来。现在见他们回来了,既高兴又嗔怪。听他们说,沿着河边的洞口进入里面,可直达南岳后山,大家异常兴奋。后来有不少人从这岩洞进去到了南岳。1353年,朱元璋率兵到安仁,战败,被元兵追赶,危急之中得到山口田人的帮助,从此洞进入了南岳衡山。元兵追到山口田,不见朱元璋一兵一卒,朱元璋的人马消失得无影无踪。又过了几天,朱元璋的大队人马突然出现在安仁城边,县官惊道:'朱元璋得到神助,来无影,去无踪。天要灭元,元不得不亡。'说完抽剑自刎。

"安仁有个龙海塘,龙海塘更神奇。万田有个热水井,那井水冬暖夏凉,冬天热水井的水可达四十三摄氏度,夏天则只有三十五摄氏度。人在那井里经常洗澡,长精神,健皮肤,延年长寿,因此安仁、永兴、耒阳,甚至广东人都到龙海塘万田热水井来洗澡。

"万田还有个泉水塘,那泉水清甜可口,经常饮用,健胃强身。泉水塘村的人一年四季饮用此水,很少得病,长寿者多。

"安平司夹口出产的剁辣椒冰糖豆豉鱼是闻名湘南的佳肴。这辣椒是夹口产的,鱼是塘下岩鹰贱山脚下一个潭眼里捕到的。岩鹰贱山高路陡,一条石板路沿山崖而上。一边上山要走一百四十八级石阶,一边下山要走七十四级石阶,地势非常险要。崖下的潭眼深不可测,漩涡可吞船,小船无法靠近潭。潭里鱼儿成群,特别那小鱼用来做剁辣椒冰糖豆豉鱼真是美味无比,但在崖上往潭眼里撒网捕鱼绝非易事。豆豉是长沙产的。辣椒经过剁碎,小干鱼经过纯正茶油煎炒,出锅时又喷以甜酒糊,待冷却后与剁辣椒、

第四章

战斗在湘赣边区

豆豉、生姜一起混合搅拌藏入坛子里,再倒入一些茶油,放上两块冰糖,然后密封好。十天后开坛取食,又辣又甜又香,鱼儿又松软又脆,特别好吃。用来送酒送饭,堪称上等佳肴;用来送人,人人皆喜。

"安仁承坪的低洲梨,又脆又甜,美容健胃,清热解毒,营养价值、药用价值极高。用低洲梨治疗慢性咽炎,效果特好。先把梨子洗净,然后把梨子横切一刀,再把梨子中的核拿掉,用中药店买来的半夏子填入原核洞中,再把切开的梨合好放入碗中。碗里放入一点水,梨子周围放入两块冰糖,然后去蒸。待梨子蒸熟后,把半夏子倒掉,梨子和糖水全部吃掉,连续吃五六次,慢性咽炎就会痊愈。"

"低洲梨、冰糖掺半夏子蒸着吃治慢性咽炎真有那么好的药效吗?"周雪莲用带怀疑的语气说。

侯梯云说:"真有那么好的药效。我用这单方治好了几个慢性咽炎患者。"

"看样子,你还是半个医生。"周雪莲赞许地说。

侯梯云接着说:"安仁关王有个金紫仙峰,登上金紫仙峰可看到八个县,即茶陵、酃县、宁冈、永新、安仁、永兴、资兴、桂东,这叫

'一峰看八县'。"

"安仁这么美,这么好,你什么时候带我回安仁?"周雪莲问侯梯云。

侯梯云说:"目前还不能。总有一天我会带你回安仁,让你观赏安仁的美丽风光,品尝各种土特产,教你说一口地道安仁话。"

周雪莲调皮地说:"让我也说吃鱼说成'呷吾',我来了说成'恶来了',下雨了说成'下伍了',妈妈叫成'哎依'。"周雪莲的安仁话把侯梯云逗得大笑起来。

这是一个美丽的夜晚,是他俩最开心最难忘的一个夜晚,从此周雪莲总是盼望着去安仁。

九

永新土改

    1928年4月，朱德的部队和毛泽东的部队在井冈山会师，随即成立红四军。朱德任军长，毛泽东任党代表，之后，毛泽东、朱德率部在井冈山地区建立各级苏维埃政权。为进一步巩固根据地，激发工农大众的革命激情，推翻封建的土地制度，1929年春，毛泽东指示：凡是建立了苏维埃政权的地方立即开展土地革命，插标分田，实行耕者有其田。在进行土地改革的同时，各项工作开展竞赛活动。竞赛内容包括：进行土地改革看发动群众是否彻底，执行党的政策是否有偏差，分田是否插标，群众是否满意；分田后农民生产积极性是否高涨，粮食总产量是否增加；分田后农民入党人数是否增多，参加红军的激情是否高涨，各地扩充红军的任务是否按时完成;分田后干群关系是否进一步融洽,群众对干部的信赖率是否提高;红军战士的革命党悟是否极大提高,作战能力是否明显增强;各级领导班子的团结和工作的配合是否加强;后勤保障是否有力,军、政、民生活是否有明显改善;社会风气是否有明显改观,赌博、嫖娼、偷盗及封建迷信是否得到遏制。

根据这一指示,永新县委开展了以分田为中心,以竞赛为手段,以巩固苏维埃政权,粉碎敌人"围剿"为目标的各项工作的争优创优活动,简称"双优活动"。

在这"双优活动"中,侯梯云受红六军派遣参加了永新县里田乡分田工作。根据党的指示结合里田实际,侯梯云制定了分田细则。细则规定如下:

第一,此次分田按农村人口平均分配,除地主分差田外,其余一律好坏搭配。

第二,此次分田以原耕田为基础,采取"多抽少补"的办法进行调整,不搞全乡土地重新分配。

第三,富农自己耕种的田土原则上仍归其耕种,只有其出租之田应由乡政府收回重新分配。

第四,地主的土地,公有土地如庙会田、修路田等,一律由乡政府收回重新分配。

第五,红军指战员、游击队员、苏维埃政府干部等一切公职人员和当地农民同等待遇参与土地分配。

第六,出嫁之女原则上应在男方所在地参与土地分配;个别的因男方参加了红军,女方仍在娘家生活的,也可以参与娘家所在地的土地分配。但无论其在哪方参与土地分配,只能享受一方的土地分配权力。

第七,分田时应插好标,标明土地数量、户主姓名及左右上下土地户主的姓名。

第八,分田时原则上以村为单位,分田之前各村应将全村土地数量和人口数统计好,并测算出人均占有土地量,在此基础上再进行"多抽少补"。"多抽少补"先在本组进行,土地人平均占有量悬殊太大时才在全村调整。

第九,在分田过程中共产党员、各村村干部要以身作则,克己奉公,不准以权谋私,党员干部不准多占田,占好田。

第十,各村要成立分田领导小组,小组里既要有党员、干部,也要有群众。

第十一,田分好后要张榜公布,待群众无异议后方可插标,分田才算结束。

第十二，各村领导小组要两手抓，一手抓生产，一手抓反"围剿"。要做到分田、生产、反"围剿"三不误，因此分田既要公平合理，群众满意，又不能拖延时间太久，原则上半个月之内完成。

侯梯云制定了分田细则，又举办了分田干部培训班。培训班结束后各村分田领导小组深入农户进行政策宣讲。各村分田领导小组认真统计好本村人数和田土数量，确定人均占有土地量，再根据各组报来的各户现在占有土地数，从而确定"多抽少补"的对象，然后进行试点分田，继而全面推广。田分好后张榜，经群众讨论承认此分田方案后，实行插标，所以分田比较顺利。

插标后，侯梯云组织人员到各村、组进行复查，看是否还有遗留问题，结果在吴村他发现一农会委员多占了两亩好地。他家六口人，按村人均占有田亩数他家应占耕地九亩。分田之前他已耕种了八亩土地，照道理他只能再补一亩就行了。可是他觉得村里的公有田都是好田，阳光充足，水利条件好，土质肥沃，于是就把自己现耕种的靠河边的两亩易遭水灾的田退了出来分给了另一农户，他自己则从公有土地中要了三亩。侯梯云知道这一情况后，立即找那农会会员谈话，指出这是小农思想在作怪，是自私自利的表现:"我们打土豪斗地主就是因为他们依靠手中的权力剥削压迫农民。今天你刚刚翻身就以权谋私,这同土豪劣绅有什么区别?发展下去,有朝一日你不也成了打倒的对象?告诉你,革命不是革哪一个人的命,革命是一股潮流,它冲击的是一切腐朽势力,也包括我们自身的缺点和弱点,只会革别人的命不会革自己的命的人不是真正的革命者。你必须马上从自家退出两亩公有田给那个农户,再从那农户中要回你原有的那两亩。同时我告诉你:你的农会委员职务被撤销!"在场的村农会主席向侯梯云求情,说:"田退了就行了,农会委员就莫撤了,让他写个检讨,深刻反省,再观后效。"侯梯云不同意。

里田人民通过分田进一步激发了革命热情,各项工作都走在全县的前头,新吸收党员十八人,青年报名参加红军的有二十四人,农民分到田后,生产积极性特别高涨。永新县委在第一批分田工作结束后的总结大会上表扬了侯梯云,说侯梯云执行政策不偏差,对人对事不马虎,授予他"模范党员"称号,并把他拟定的分田细则推广到正在分田的乡村。

十

安福打银行

里田分田工作结束后，侯梯云回到了红六军。6月，侯梯云随黄公略的十七团去打安福县城。

安福县驻扎着正规军一个团，有一千两百多人。团部设在安福县城北门附近的泰和日杂公司内。城北门驻有一个营，城西门驻有一个营，城南门驻有两个连。因为安福东面与吉安接壤，吉安驻有敌刘建绪的二十八军，力量相当强大，红军难以从东边来进攻安福，故城东只驻有敌一个连。

黄公略的第六军第十七团只有六个连，两个营共七百多人。因此黄公略特从十六团（原第三纵队）抽调第三营侯梯云部三百多人充当攻城突击队，这样，红军攻打安福县城的人数达一千一百左右。

　　7月的夜晚,天气非常闷热,天空乌云密布,没有月亮,四周一片寂静。当时正是农历六月,是农村收获的季节。经过一天的劳累,多数人早早地睡觉了。野外蛙声一片。侯梯云率突击队来到了城门边,只见城门紧闭。有两盏灯高高地挂在城楼上,凭借微弱的灯光,发现城楼上有两个卫兵在走动。城楼有垛口,垛口架有机枪。城墙极高,无法攀爬进去。正当无计可施之时,不远处传来了"吧嗒,吧嗒"的皮鞋声,一个军官带着一个勤务兵朝城门边走来。侯梯云叫突击队赶快隐蔽好。两个敌人到了城门边,勤务兵向城楼喊:"快开门,龙营副回来了。"城楼上卫兵喊:"口令!"龙营副回答说:"老鹰。"城门立即开了。侯梯云的突击队顺势一跃而进。龙营副一回头,见许多红军冲进了城,正要喊叫,侯梯云眼疾手快,抽出马刀就把龙营副砍死了。其他突击队员也趁机打死了龙营副的勤务兵和两个开门的卫兵。楼上敌人见状,立即朝楼下城门边开火,侯梯云顺手朝城楼上甩了两颗手榴弹,机枪手也立即向城楼开火。在机枪的掩护下,侯梯云率部冲上了城楼,同敌人展开了肉搏战,城楼上的敌人见红军来势凶猛,慌忙逃命,仓促地向泰和日杂公司奔去。

此时红十七团也攻进了西门，枪声激烈。十七团人多，敌人招架不住，也仓皇向泰和日杂公司奔去。侯梯云见敌人龟缩在泰和日杂公司，率突击队员抢占安福银行，命令部属炸开银行大门，然后突击队一拥而进。侯梯云命令一个排守住大门。其余全部登上银行办公大楼的三楼。安福银行与泰和日杂公司相邻，两者相距不到五十米，且安福银行有三层楼，泰和日杂公司只有两层楼。突击队居高临下，机枪瞄住泰和日杂公司二楼的敌人猛烈扫射，突击队员的手榴弹也不停地朝泰和日杂公司的二楼掷去，泰和日杂公司的二楼被打得稀巴烂。敌人无法招架，敌团长赶忙率部向城南奔去。路上遇上红十七团，敌人前后挨打，无心久战，只能夺路而逃。激战半个小时，敌团长王吉中终于率领两百多人来到了南门。此时敌东门的一个连也来到了南门，两股敌人汇合，人数达到六百多人。王吉中终于从惊吓中冷静下来，重新调整部署，命令原南门守敌七连坚守阵地，阻击红军的追击部队，其他人员随自己向吉安方向逃去。

这一仗，红军消灭敌人三百多人，俘敌一百四十六人，夺得枪支五百多杆。战斗结束后，侯梯云率部抄了安福银行，夺得银圆两千五百六十九枚，黄金一百两，活捉行长董三行。

第四章

战斗在湘赣边区

　　第二天,刘建绪部大队人马朝安福扑来,红军退出安福,回到永新。在清理战利品时,战士们发现少了一枚银圆,向侯梯云报告。侯梯云把押运班全部找来,先向他们讲解了三大纪律六项注意,然后声色俱厉地说:"丢失一枚银圆事小,违背三大纪律六项注意事大。三大纪律明确规定一切缴获要归公。红军之所以战无不胜、攻无不克是因为有铁的纪律。纪律是执行路线、完成革命使命的保证。现在缴获的银圆少了一枚,我一定要查个水落石出,看到底是什么问题。"一个战士说:"是不是在运输途中不小心掉了一枚。"侯梯云说:"不可能。装银圆的木箱子没烂,怎么会有一枚银元丢失呢?"那战士又说:"可贴在木箱子上的封条没烂,这说明谁也没动过箱子。"侯梯云忙问:"那银圆装进箱子是哪几个在场?"那战士说:"我们全班都在场。"侯梯云问班长李富成:"是不是都在场?"李富成赶忙立正,报告说:"是! 都在场。"侯梯云又问:"装银圆时是否一个个数了?"李富成回答说:"是李桐生数的。"侯梯云问李桐生:"你数时有没有两千五百六十九枚?"这时李桐生脸红耳赤,结结巴巴地说:"报……报告……营长,是我拿了一枚银圆。"侯梯云问:"你为什么要拿一枚银圆?"李桐生说:"我家穷,又住在一个山沟里,独门独户。我祖母今年七十八岁,可她还从来没见过银

249

圆。今天我们缴获了这么多银圆,我想拿一枚给祖母看看,想不到却违犯了三大纪律六项注意。营长,你处分我吧!"说完,大哭起来。侯梯云听他这么一说,忙跺了一下脚,大声说:"李桐生,李桐生,让我如何说你呢! 你即使要拿也要请示领导,根据你说的情况,我们缴获了那么多银圆,会让你拿一枚的。但你不请示,私自藏了一枚银圆,这性质就不同了,我要关你三天禁闭,给你记过一次,并通报全营。"

李桐生关完禁闭后,侯梯云把他喊到办公室,说:"你家里穷,祖母七十八岁还没见过银圆,我同情你们家里。但你违背纪律,这是不能原谅的,希望你永远记住这个教训,再也不能违反纪律。我这里有一枚银圆,是我新婚后第一次出征,我爱人周雪莲同志送给我的,希望我带上它能平平安安。我今天把它转赠给你,希望你平平安安,早日把这枚银元送到祖母手上,见到你祖母时,代我问她好。"

李桐生死也不肯收下这枚银圆,侯梯云命令他收下。当李桐生双手接住这枚银圆时,再次哭了。

十一

二打茶陵城

　　1930年夏初,组织上让侯梯云重回茶陵游击队。当时游击队队长是谭家述,党代表陈韶,侯梯云与谭思聪任副队长,游击队有一千多人。

　　5月,游击队攻打茶陵城。当时茶陵城驻有敌正规军一个营,营长徐洞。

　　在攻城之前,游击队先让一百多人装扮成去城里卖菜的农民进了城。这一百多人隐蔽在八角楼、戏台和靠城门边的旅馆里。

　　半夜时分,侯梯云在城西门叫人在铁桶里燃放鞭炮,松树炮开始向城内发炮。两百多游击队员齐声高喊:"冲呀! 活捉徐洞,国民党军的弟兄们,缴枪不杀,起义有功。"佯装攻城的样子。徐洞闻西门战斗激烈,忙火速率一连亲赴西门支援。此时躲在城东门的游击队员在谭家述的带领下,架起云梯,翻越城墙,打开了城东门,游击队员蜂拥而入。"打呀!杀呀!"喊声震天。冲锋枪、轻机枪、步枪不停地向敌扫射,狸炮子大量甩入敌群,驻在城东门的敌第三连抵抗不住,慌忙向城内跑去,敌人乱作一团,哭爹喊娘,溃不成军。徐洞见东门枪声比西门还激烈,知道游击队来人不少,且主力在东门,要守住茶陵城已是无法。他想趁游击队还未对己形成前后包围之时,赶快率一连从西门突围出去,于是命令一连用机枪朝前猛射,手榴弹不停地朝城门边猛甩,杀开一条血路后,他喊一声:"弟兄们,冲啊!"自己带头冲了过去,正遇侯梯云。侯梯云大喝一声:"往哪里逃!"一个箭步,冲了上去,举起马刀就朝徐洞砍来,徐洞挥枪去挡,枪被砍落,手被砍伤。此时,敌人蜂拥而至,敌一连连长忙用大刀与侯梯云拼杀,徐洞趁机逃脱。游击队员见侯梯云身先士卒,也个个奋勇当先。两百多游击队员与一百多敌军厮杀在一起,用刀砍,用刺刀扎,相互扭在一起,你一拳,我一脚,你用双手卡我的咽喉,我用双手挖你的眼珠,刀光剑影,血肉横飞。足足战了一个多小时,敌军人少,渐渐招架不住,敌一连连长熊珠仔忙趁机逃出城门往山上跑去。这一仗打死敌人一百多个,俘虏敌兵一百多人,缴枪两百多杆,子弹五千多发,手榴弹十多箱,银圆一千五百多枚,衣服两百多件,被褥四百多套,香烟二十多条。第二天,游击队又在茶陵城抄了几个大富豪人家,杀了七个土豪,将他们的钱财粮食全部分给穷苦人家,老百姓欢欣鼓舞,家家张灯结彩庆祝游击队胜利攻入茶陵城。

打下茶陵后,游击队发展到两千多人。不久,中共茶陵县委也由测坪迁入茶陵县城,陈韶任县委书记。游击队改名为湘东游击大队,侯梯云任大队长。湘东游击大队不久又改名湘南游击大队,侯梯云仍被任命为大队长。

侯梯云把枪支弹药、衣服、被褥全部留下,分给了游击队员,游击队的装备从此大为改观。银圆全部上交给了茶陵县委。香烟给了茶陵县委两条,西路行委两条,赣西南特委两条,红六军六条,毛泽东两条,湘东游击大队有十个中队,每个中队一条。

此次战役歼敌多多,缴获多多,狠狠地打击了敌人的嚣张气焰,极大地鼓舞了游击队的士气。

十二

界化垅大捷

1930年冬,蒋介石开始对中央根据地和湘赣苏区进行第一次"围剿",为配合蒋介石的"围剿",国民党的军队加紧进攻茶陵,妄图切断江西同湘东南的联系和湖南对中央苏区及湘赣苏区的物资供应。在敌强我弱的情况下,侯梯云坚持游击战争,充分发动群众,利用茶陵山高路陡、树大林密的特点,在深深的丛林里神出鬼没地打击敌人。游击队时而抢夺敌人运输的物资,时而袭击敌人的据点,时而围歼野外的小股敌人,打得敌侯朋飞的六十八旅坐卧不安,昼夜不宁。敌侯朋飞率大队去追歼围攻游击队时,侯梯云早将游击大队化整为零藏匿于各个高山峻岭之中,让敌人无计可施。

战斗在湘赣边区

而湖南支援苏区的物资却利用各种渠道依然源源不断地运到井冈山,为此侯朋飞受到上司的严厉训斥。为摆脱困境,侯朋飞改变策略,将全面"进剿"改为重点防守,全旅只重点防守茶陵县城、茶陵通往江西的公路沿线、湘东通往赣西关隘界化垅;变挨家挨户搜查游击队改为撤村并保,兵民混居;在公路沿线把小村的居民房子全部烧毁,小村村民迁入大村居住;把一些小保合并成一个大保,军队不再设营房,而是驻扎在村中。这样军队就能严密地监视老百姓的活动,有利于切断老百姓与游击队的联系。游击队失去了老百姓的支持与保护,尤其是失去了生活物资的供应,就寸步难行。侯朋飞断定那时游击队为生活所逼必将主动去袭击其驻点,他就反客为主了。只要游击队来偷袭,他就用大队人马将游击队围而歼之。侯朋飞这一招确实狠毒。

为粉碎侯朋飞的新阴谋,侯梯云想出了新招。游击队白天在山上睡觉,晚上全面出击,不搞大的行动,四处出击,村村响枪,搅得敌人昼夜不宁。在四处出击的同时,选一至两个薄弱环节,重点打击一下,积小胜为大胜。另外严密监视敌运输连,把敌人送往前线的物资变为我方送给苏区的物资。他把两千多人的游击队分为夜袭队、突击队、飞虎队、侦察队。夜袭队的任务是晚上到敌人各据点放枪,组织山里的群众向各据点的敌人喊话、敲锣、放炮,迷惑敌人、扰乱敌人。突击队的任务是选准敌人的薄弱之处,狠狠打它一下,缴获一些武器和生活物资,保障游击队的供给。飞虎队专打公路上的敌运输连,使敌人的物资不能通过茶陵,逼侯朋飞派重兵驻守公路沿线,使敌人战线拉长,兵力不足,有利于游击队对他们的攻击。侦察队的任务是专门侦察敌情,把侦察情况及时上报游击大队部。侦察队又分成三个小分队,第一分队侦察公路沿线的敌人及敌旅部、团部的一切活动;第二分队侦察游击队内部敌人的密探、卧底及各村各乡镇之内应;第三分队打入敌人内部,长期潜伏,获得最重要的情报。

侯梯云这一招很灵,立竿见影。各据点之敌夜晚无法入睡,游击队枪声一响,喊声一起,锣一敲,敌人慌忙集合,四处追击。追到山里却不见游击队踪影。刚倒床而卧,游击队又来了,如若不理,游击队却真的攻进来了,死人、丢枪、失粮均有之。晚上各驻点的敌人必须一半睡觉,一半荷枪实弹,严阵以待,久而久之,军心涣散,士兵疲惫不堪,叫苦不迭。运输连无法安全运输,侯朋飞有时倾巢出动,尽全力沿公路保护运输连,但还是不断遭到游击队的袭击,车毁人亡时有发生,敌人前线所需物资得不到保障,上司责骂

第四章

战斗在湘赣边区

之电文像雪片飞来。侯朋飞面无笑容,成天拉长着脸过日子。潜入游击队的卧底、密探、内应连连消失,游击队的情报假的多,真的少。因此侯朋飞旅的行动经常受挫,无计可施。

一天,运输连的十二部汽车经攸县进入茶陵,侯朋飞为确保这十二车物资安全抵达前线,亲率一个营的兵力随车保卫。车到达界化垅即将驶入永新境内,眼看就要顺利交差了,突然飞虎队出现在车队前方,手榴弹不断地向车子里投掷,一声声爆炸使侯朋飞撕心裂肺般难受。侯朋飞命令部属反击,但车辆无法前进,游击队已在前方设置了路障。侯朋飞跳下车,亲率一营兵力向游击队冲去。游击队见敌人多,纷纷退入山中。侯朋飞仗着人多势众,下令追击。当侯朋飞部进入密林深处时,四周突然燃起火来。冬天,天气虽然很冷,风却很大,风助火势,侯朋飞及其士兵在里面被烧得哭爹喊娘,痛得在地上打滚。此时侯梯云率一小分队从山上冲到敌车队面前,车子里面的司机赶快举手投降。小分队的人立即上了车,缴了司机们的枪,命令他们快速向前开,此时路障也被拆除。由于车子竖的是国民党的旗号,开车的是穿着国民党军服的司机,装的又是军用物资,因此沿途哨卡未阻拦。车队很快就到达了永新境内,全部物资都送到了苏区,侯梯云因此被上级通报表扬。

这一天侯朋飞不但损失了十二辆汽车和大批军用物资,还有三百多个兄弟被烧死,他只带着百来个兄弟逃生。

侯梯云打了个大胜仗回到永新,不久被任命为湘赣红色警卫团团长。贺敏学知道后给他送来了一名警卫和一匹白马,还赋了一首《送匹白马常伴君》交那警卫带给侯梯云。

梅花岗上初识君,

有胆有识是英雄。

永新收编奇功在,

里田分田立新功。

茶陵大捷垂丹青,

界化一战鼓人心。

英名远扬吓敌胆,

湘东之敌唯怕兄。

瑞金红旗舞东风,

湘东屏障立大功。

凯旋归来无以贺,

送匹白马常伴君。

十三

求黄公略不杀周金城三代人

1986年6月23日,周金城的曾孙周启给安仁县党史办写了一封信,信中谈到这么一件事:

1931年春,被红军打散的一些国民党匪军在安福县南山一带为匪,抢劫一些过往客商,杀害无辜群众,弄得当地百姓无法生活。

事情是这样的,1930年7月,红军攻下安福后,敌二十八军刘建绪从吉安开赴安福,红军撤出安福。同年10月7日,红十二军、红二十军一部在地方革命武装的配合下又一次攻下安福县城,敌人被红军打得四处逃窜,伪县长王绍球仓皇外逃,保安中队队长郁建勋被活捉。

王绍球逃走后,收集残余匪兵一百多人在南山占山为王,抢劫

259

过往客商。晚上深入村户,绑架妇女,残害儿童,烧毁贫苦农民的房屋,洗劫财物。当地人民叫苦不迭。红色警卫团闻讯后,在侯梯云的带领下进剿南山。侯梯云把红色警卫团战士化整为零,穿上便装,有的装扮成客商,有的扮成上山打柴的农民深入南山,摸清匪敌情况,诱敌下山行劫。当小股土匪下山打劫时,红军战士将其聚而围歼之。敌人受到几次打击后,力量大大削弱,只好龟缩在山中不敢出来。红色警卫团这时死守山中通往山下的各处隘口,对过往行人进行严格盘查,匪敌得不到物资供应,纷纷前来投降。只剩下几十个极其顽固的土匪。红色警卫团在当地百姓的配合下侦察到他们藏在南山的大凹坳中。一天夜晚,侯梯云率人将此坳团团围住,然后放火烧山,敌人有的被烧死,有的为了逃生,不得不往外冲,冲出来的土匪全被打死。南山匪患终于肃清。

肃清南山匪患后,侯梯云部驻在安福洲湖乡中洲村一带。这时黄公略部也来到了安福,住在洲湖乡诸桥村一带。当时有人向黄公略报告:洲湖乡大富绅周金城1928年放高利贷、囤积食盐高价出售,赚了不少黑心钱,其子周纯正被侯梯云捉来游洞,其家被侯梯云罚款,周纯正书面向全乡检讨认罪。但事后周家对侯梯云怀恨在心,从此不再与侯梯云交往。后来挨户团进了洲湖,挨户团长

第四章

战斗在湘赣边区

李长智还特地去拜访了周家父子。黄公略得此情况后,立即派人把周金城、周纯正及周纯正儿子周钧生一并抓来,准备押往彭坊乡苍前村杀头。周金城听说红军要砍他三代人的头,泪流满面,大喊:"我冤枉呀!我虽然是大富绅,剥削过人民,但我不反对革命,我还资助过红军,资助过侯梯云,不信你们可问侯梯云。你们为啥不问侯梯云?"侯梯云知悉后立刻赶往诸桥村见黄公略。周启信中说:"记得当时的情景,侯万元带着一个警卫员,脚上穿着草鞋,背着斗笠来到关押我们的地方,站岗卫兵立刻高喊一声:'敬礼!'我曾祖父(周金诚)他们见侯万元来了,立刻露出了笑容,高兴地说:'你来了就好。'我伯父则说:'叔叔,我两天没有吃饭了,肚子饿了。'万元说:'你们不要怕,等一下我送你们回家去。现在我就去找黄公略说明情况。'说完就走了。"

侯梯云找到黄公略说:"周金城是民族资产阶级,他不是左派,但也不是右派,是我们团结争取的对象。他有过剥削,但不与国民党右派为伍。他支持过我们红军。挨户团团长李长智虽然到过他家,想拉他反共,但被他拒绝了。挨户团向他要钱要粮他一概不给。这样的人不能杀,杀了反而影响很大,不知我说得对不对?请军长裁夺。"黄公略听侯梯云这么一说,忙说:"那就不杀了,幸好你来得及时,要不然要误杀三人。"说完立即叫人送水送饭到牢房,并说:"让他们吃饱了回家。"

周金城回到家里后,派人给侯梯云送来了一封信。侯梯云拆开信封,抽出里面一张纸条,上面写着:"知我者侯梯云也。周金城手书。"

十四

三打茶陵城

1931年5月30日,第二次反"围剿"结束。7月份,蒋介石又纠集了30万大军对中央革命根据地和湘赣苏区实行第三次"围剿"。蒋介石鉴于前两次"围剿"失败的教训,命令部队不许孤军深入,也不准一字儿排开,形成长蛇阵。他命令部队以弧形圈齐头并进,步步为营,稳扎稳打,以破坏毛泽东的"诱敌深入,集中优势兵力各个歼灭"和"攻击一点,震惊全线"的战术。为打破蒋介石的"弧形并进"和"步步为营"的战术,毛泽东命令地方红军、赤卫队、游击队深入敌人后方,四处出击,分散敌人的注意力,瓦解敌人的战术,以利我主力红军迅速粉碎敌人的第三次"围剿"。

当时茶陵县是敌兵重点把守的县城之一,是敌后勤供给的重要基地。敌旅长侯朋飞虽经上次侯梯云的狠狠打击,却并未死心,一心想找侯梯云报仇。经过短时间的休整集训,待部队人员得到补充后,又率队来到湘东,并亲自率一个团驻扎在茶陵城里。茶陵城还驻有霍远鹏的土匪部队一个特务营,两支部队加起来有一千三百多人。

霍远鹏原是府阳一带有名的土匪头子,有匪兵两千多人。因积极反共,被蒋介石授予少将军衔并委任为反共救国军第一纵队司令,专门在湘东一带收集红军、赤卫队、游击队的情报,袭击、捕杀小股的赤卫队和游击队,罪恶累累。

侯梯云闻此二人在茶陵,即率红色警卫团奔赴茶陵。到茶陵后,得知红色警卫团第一营第三连连长李球乃是敌特务营营长丁吉元的表弟。又听说丁吉元为人正派,本不想为匪,因他是霍远鹏的一个远房亲戚,又有一身好武功,硬是被霍远鹏软硬兼施,强拉入匪帮。现在红军势力发展很快,兼之他加入霍远鹏的匪帮,所有亲朋好友都与他断绝了来往。李球乃是丁吉元亲姑妈的儿子,自从丁吉元加入土匪队伍后,姑妈全家再不与他家往来。丁吉元失去亲朋好友后,每天看到的是抢劫、杀人、分赃、赌博、斗殴等一系列为世人所耻的行为,心里痛苦极了,因此总想脱离匪帮,投靠红

第四章

战斗在湘赣边区

军。为了证实这一情况,侯梯云把李球乃找来,要他秘密去趟茶陵城,单独会一会他的表哥丁吉元,看他是不是有脱离土匪队伍投靠红军的念头。侯梯云对李球乃说:"只要他有这个念头,我们一定要将他争取过来。攻茶陵城有他做内应就不愁攻不下来。"

第二天,李球乃就秘密进了茶陵城。很快见到了丁吉元。两老表一见面,李球乃忙喊了一声:"表哥,还好吧。"丁吉元好久没听到李球乃喊他表哥了,这一下听到李球乃喊"表哥"喊得如此亲热,高兴极了。丁吉元知道李球乃参加了红军,忙小声对李球乃说:"你怎么来了? 这里好危险,有紧急事要找我吗? 快说。"李球乃对丁吉元说:"现在革命形势发展很快,共产党从无到有,从小到大,现在拥有大小不等的几十块革命根据地,将来的政权一定是属于共产党的。你也是穷苦人出身,共产党革命的目的就是要解放全国的穷苦大众,让穷苦大众翻身做主,你为何主子不做当奴才呢? 中国人最痛恨的就是土匪,因为他们不劳而获,是非不明,好坏不分,见物就抢,见钱杀人,是一群无人性无良知的披着人皮的禽兽,人人见之而深恶痛绝;不但如此,连土匪子女也遭人白眼,受人唾骂,你不能一辈子既害人还害子孙,还是趁早悔悟吧。"丁吉元说:"我何尝不想如此呢? 可是我摆脱得了霍远鹏的控制吗? 除非共

产党的红军肯收留我。"李球乃见丁吉元把话说到了这份上,忙说:
"我今天来就是受红军红色警卫团团长侯梯云的委托来做你的思
想工作,劝你早点起义。你现在起义可以立功,可以受奖,这是一
个千载难逢的机会呀!"丁吉元说:"只要红军肯收留我,我一定过
来,你快回去告诉侯团长,我的心意已定了,要他定个时间帮我出
个主意,我一定照办就是。"李球乃赶忙辞别了丁吉元。回到驻地,
向侯梯云汇报了与丁吉元谈话的情况。侯梯云听说丁吉元起义心
意已定,只等他定日子和办法,非常高兴,即附在李球乃的耳边说
了如此这般的一段话,李球乃忙点头称是。第三天,李球乃又进了
一趟茶陵城,把侯梯云的指示一五一十传达给了丁吉元。

7月4日凌晨四点,红色警卫团攻打茶陵城的战斗正式打响,
四门松树炮一齐向茶陵城开始轰击。守在茶陵城东大门的敌特务
营营长丁吉元按照李球乃的布置,忙叫人迅速打开大门,红军一拥
而入。在丁吉元的带领下朝团指挥所奔去。侯梯云向天空打了几
发信号弹,埋伏在西大门的红色警卫团的另一部分人也开始攻城,
一时枪声四起,喊杀声震天动地。坐在团指挥所的侯朋飞听到东
西激烈的枪声和无数人的呐喊声,知道红军已攻入城内,忙带着参
谋、警卫等急忙朝南门逃去。不到半个小时,红军占领了茶陵城。

第四章

战斗在湘赣边区

侯梯云刚带人冲到敌团指挥所,李球乃就带丁吉元来见他。丁吉元一见到侯梯云,忙行了个军礼。喊声:"报告,敌特务营营长丁吉元率全营官兵向红军缴械投降,请求红军宽大处理。"此时特务营全体官兵一律跪下,把枪支弹药全部放地上。侯梯云见状,忙说了声:"快起来,红军欢迎你们。"听侯梯云这么一说,全体官兵就站了起来。侯梯云接着说:"过去你们参加霍远鹏的土匪队伍多数人是被迫的,今天你们能顺时适势归顺红军,以后咱们就是一家人了。在今天攻打茶陵城的战斗中,你们充当内应,减少了红军的伤亡,使我们迅速占领了茶陵城,你们是有功的。共产党是向前看的,今后只要你们忠于党,忠于革命,英勇杀敌,前途是光明的。"侯梯云的讲话博得了特务营官兵的热烈掌声。

这一仗,红军收获很大,打死敌人二十四人,俘虏敌官兵三十二人,其中排长一人,连长一人,敌人起义三百十二人,还缴获了大量战备物资,受到了湘赣省委的嘉奖。

十五

智取攸县

茶陵城战役结束后,侯梯云立即率部去攻打攸县。

攸县驻有侯朋飞部的徐洞团,有八百多人。侯梯云部有一千多人,在人数上多于徐洞团,但武器不如徐洞团。且攸县县城有一条河绕城而过,河上又没有桥,如架浮桥去攻城很难得胜。侯梯云决定反客为主,诱敌出城。他把部队分成三支,一支开往攸县与安仁交界的菜花坪,一支开往衡东的草市,只留少部分人围住攸县城。徐洞见红军大部不在,认为出击时机已到。8月4日清晨,徐洞亲率部队从南门出城,向红军驻地发起突然攻击。侯梯云佯装招架不住,仓惶败逃,徐洞紧追不舍。待追到一座山林处,侯梯云率队返回,李球乃的三连和丁吉元的起义部队突然从山中冲出,切断了徐洞的归路,两头夹击,打得徐洞部哭爹喊娘。这里战斗刚刚打响,侯梯云的红色警卫团的一连、二连、四连就发起了对攸县县城的进攻。徐洞大部已出城,守城之敌见红军大队人马到来,只好赶快出逃,红军占领了攸县县城。徐洞突围出来后,人员已折损大半,见城已被红军占领,只好率残部三百多人往里旺方向逃去。

原来侯梯云为了迷惑徐洞,特意在附近找了几百个农民,让他们穿上红军衣服,背上他们自制的木枪在少数红军的带领下一队开往菜花坪,一队开往草市,其实红色警卫团依然隐蔽在攸县县城边上。徐洞被侯梯云的假象迷惑,果然中计,丢了县城又折兵,懊悔不已。

侯梯云攻下攸县后,抄了几个大富豪的家,把钱财衣物分给了贫苦老百姓,还杀了一个大土豪王富林,然后离开攸县县城。在茶攸边界又同敌人战斗了三天三夜,缴获敌军枪支一百余杆。10月初,在莲花、安福等县与敌挨户团打游击战达半个月之久。在安福他活捉了安福县靖卫团团长周毓乾。10月下旬,在酃县警卫营的配合下攻陷酃县县城。

由于侯梯云的红色警卫团在敌后方神出鬼没,四处打击敌人,不断截取敌人的战备物资,干扰敌人的部署,牵制了大量敌人,为主力红军粉碎国民党的第三次"围剿"创造了条件。1931年9月,红军第三次反"围剿"胜利结束。

1931年10月,湘赣省委将湘东独立师与红色警卫团合编为湘赣红军独立一师,原红色警卫团编入独立一师第二团,侯梯云任团长。

第五章

优秀的红军指挥员

宁冈摸哨

    1931年冬,即第三次反"围剿"结束不久。有一天晚上侯梯云带着几十个弟兄急行军几十里来到了宁冈县城的敌人驻地。他爬上一棵大树,仔细观察哨兵的放哨情况,只见敌哨兵在不停地来回走着,眼睛却从不向四处张望,头也从不抬起来。他知道这是一个毫无警惕性的哨兵,于是他从树上纵身一跳,落在哨兵面前,顺势用左手扭住了他的脖子,右手把一枚狸炮子塞进了哨兵嘴里,令他不准哼声,然后脱下哨兵衣服,叫一个红军战士穿了,让这个红军战士代替哨兵站岗。随即把哨兵带到一个僻静地方,逼他交待敌情及当晚的联络口令。那哨兵怕得要死,连忙说:"今晚的口令是'警戒'。回令'集中注意'。站岗是一人一班岗。一班岗要站一炷香,烧完一炷香就交接班。"待其说完,侯梯云忙招呼战友将敌哨兵押了下去。然后侯梯云来到岗哨处换下那个红军战士,自己亲自站岗。待第二个敌兵来接班时,侯梯云喊了声:"口令!"对方回答:"警戒。"侯梯云回令:"集中注意。"当敌兵走到他跟前时,又将他活捉了,缴了他的枪,也用土炸弹塞进他的嘴巴,然后叫人绑了,押了下去。待第三班岗哨的敌兵到来时,侯梯云喊了声:"口令!"对方回答:"警戒。"侯梯云回令:"集中注意。"当对方向他敬礼准备接班时,他操起枪托就将他打死了。这时天快亮了。侯梯云赶忙朝天放了一枪,随即大喊:"土匪来了!"跟侯梯云一起来摸哨的红军战士也朝天开枪,敌人听到枪声,又听说土匪来了,乱作一团,最后在敌营长的带领下,全部逃离了驻地。侯梯云随即率部冲进敌营房,每人背两杆枪,还抬着一挺重机枪回到了永新。

二

扬武街大捷

　　不久,湘赣红军独立一师师长李天柱调湘赣省军区工作,侯梯云被任命为湘赣红军独立一师师长。10月底,湘赣红军独立一师编入新成立的红八军,改番号为红八军二十二师。在王震同志的建议下,湘赣省委又组建了湘赣红军独立第三师,侯梯云为师长。湘赣军区政委甘泗琪兼任独立三师政委,袁任远任政治部主任,人员有一千两百多人。不久,独立三师编入红八军的二十三师。

　　1932年1月,湘赣省委把湘东独立支队,加上茶陵、萍乡、莲花的地方部队六百多人组成红军新编独立一师,师长侯梯云,政委陈韶,政治部主任袁任远,师参谋长兼一团团长谭利文。

　　1932年6月开始,蒋介石调集重兵五十万对中央革命根据地和湘赣苏区实行第四次"围剿"。此时,王明、博古的"左"倾机会主义路线已统治了党中央。他们排斥了毛泽东的正确军事路线,剥夺了毛泽东的军事指挥权,只给毛泽东"中华苏维埃共和国临时中央政府主席"一个毫无实权的职务。"左"倾机会主义者根本不懂军事,在敌强我弱的情况下,同敌人展开阵地战、堡垒战,反对毛泽东的"诱敌深入"和"集中优势兵力,打敌虚弱"的战略方针。因此第四次反"围剿"初期,红军处处失利,敌人步步逼近根据地。11月间,湘敌三个团趁机进占江西永新里田扬武街,准备进攻湘赣省委所在地——永新城。危难之时,湘赣省委命令侯梯云率新编独立第一师截击来犯之敌。

侯梯云接到命令后,仔细研究了敌情,认为敌人的长处,一是人多武器精良,二是占据了一些有利地形,处于主动地位。敌人的弱点一是不善于打游击战和夜战,对红军具有强烈的害怕情绪;二是骄横,麻痹思想严重。根据这些特点,侯梯云决定发挥红军夜战的优势,利用敌人麻痹思想严重的弱点,主动出击,打他个措手不及。

扬武街位于永新西南角,距城四十余里,是通往永新县城的必经之地。街的左边有一条河,连接两岸的只有一座小木桥。街的

第五章

优秀的红军指挥员

右边是一座山。为了打好这一仗,侯梯云三次潜入扬武街侦察地形和敌情,掌握敌人的火力布置。待一切情况明了之后,最后做出决定:第一,实行夜战。第二,动员群众参战,让群众和一部分红军事先占据扬武街右边的高山,不让敌人往山上逃跑,迫敌沿左边河岸逃跑。第三,师参谋长兼一团团长谭利文率本团三个连趁着冬天河水不深涉水过河,不惜一切代价,抢占扬武小学,把敌人分成两半。第四,侯梯云率部趁着黑夜敌人与谭利文团激战时,从上游进攻敌军指挥所——七十八团团部。敌七十八团团长是敌驻扬武街的代理总指挥,只要红军能捣毁敌指挥所,扬武街之敌就会争着逃命。第五,埋伏在河边山上的群众当战斗打响后要不断地燃放鞭炮,高声呐喊,造成红军人多必胜的假象,给敌人心理上增加压力,使敌不战自乱。第六,宣传队在战斗打响后指挥文工团高唱《思郎歌》。敌兵听到这首歌,斗志会大减。

晚上九点,进攻扬武街的战斗打响,山上群众不断燃放鞭炮,高声呐喊:"同志们,冲啊!活捉徐洞。""白匪弟兄们,缴枪不杀,顽抗到底死路一条!"文工团员唱起了《思郎歌》:

正月里来是新春,郎被抓去当新兵,

从此一去杳无音,天天思郎忆夫君。

二月里来万物新,盼郎回来赶阳春。
若不及时播上种,秋收哪里有温馨?

三月里来草当餐,家无谷米难过滩。
为着度日当银簪,思郎思得眼泪干。

四月里来倒春寒,郎在外面衣别单。
妹在家里养春蚕,缝件新衣等郎还。

五月端午粽飘香,突见门外闹嚷嚷,
探头一看匪抓兵,多少家庭又遭殃。

六月荷花满池开,满池莲藕无人摘。
留得残荷听雨声,人不成双花自哀。

七月中元是鬼节,家家户户敬祖忙,

第五章

优秀的红军指挥员

盼郎回来烧钱纸，聊表孝心与爹娘。

八月中秋桂花香，鸿雁不至妹悲伤。

若遇红军莫冲锋，朱毛是咱大救星。

九月登高是重阳，忆及茱萸思情郎。

春楼莫上花莫寻，叶落归根是故乡。

十月里来冬日融，思郎想郎夜难眠。

军阀混战国不宁，你我何日共枕眠？

十一月里雪花飘，又饥又寒夜难熬。

我为郎君做棉袄，盼郎回来穿我袍。

十二月里做年糕，雨打窗叶乱糟糟。

思郎想得人憔悴，无心抚琴夜吹箫：

国破山河在，夫妻两分离。

翘首长相盼,何日是归期?

仰天长叹息,静心听惊雷。

但愿人长久,归期自有期。

《思郎歌》一唱,敌人无心再战,许多敌士兵纷纷倒戈。群众的呐喊声使敌人不寒而栗,不少敌方士兵不战自逃,徐洞无法控制局面。此时,谭利文的一团顺利地占领了扬武小学,敌人被分割成两部。而侯梯云率领的谭源流团也从上游而下顺利地包围了徐洞的团指挥所。徐洞见士兵不战溃逃,又听到到处是红军的喊杀声和"缴枪不杀"声,以为红军的主力部队到了,也慌忙出逃。敌不熟悉地形,山上又有红军把守,只好纷纷往下游逃去。下游河水较深,淹死不少;逃上山的又被参战的群众用锄头、扁担、鸟铳打死不少;没有逃走的全部被红军俘虏。此次夜战,打死打伤敌人六百多人(包括淹死的),生俘敌兵八百多人,活捉团长一人,营长三人,连、排长各四人,缴获枪支六百多杆,子弹四千多发,水机关枪三挺(还不包括一挺无机脚的水机关枪)。

被俘的八百多人,经过教育,有三百多人自愿留下当红军,其余发给路费让其回家。自此侯梯云的新编独立一师有九百多杆枪,一千二百多人。

扬武街一仗,粉碎了敌人进攻永新的计划,保卫了湘赣省委机关和省苏维埃政府的安全,挫伤了敌人的锐气,发展了红军。萧克将军后来回忆侯梯云时说:"独立师师长侯梯云是一位很好的游击指挥员,经常灵活机动地打击敌人,是个很勇敢的人。"(中共安仁县委党史办、安仁县革命烈士传编纂办,《安仁英烈》)

三

夫妻重逢赋新诗

　　扬武街大捷后,侯梯云顺便回了一趟家。他从1929年新婚不久离开家里,到现在已有三年多没有回家了。他不知道家里情况怎么样,不知道妻子生活状况如何。一想到回家,他既高兴激动,也不免有点紧张和不安。侯梯云怀着忐忑不安的心情终于到家了。

　　妻子正端着潲盆去喂猪,一见梯云回来了,惊喜若狂,忙放下潲盆,奔了过去。看到妻子平安,侯梯云的脸上露出了笑容。夫妻俩手牵手地进了屋。一进屋,侯梯云赶忙把妻子抱了起来,举在自己的头顶上,在房中旋转了三圈。大声地说:"我好高兴,终于见到了我的妻子。周雪莲,我爱你!"雪莲也忙说:"侯梯云,我爱你!"两人在房中嬉闹了一阵子,周雪莲忙叫侯梯云把她放下来。侯梯云

优秀的红军指挥员

把她从自己头顶上放下来后,周雪莲在梯云脸上深深地吻了一下,然后赶忙跑进厨房刷锅给侯梯云弄吃的。很快一碗荷包蛋煮粉做好了,周雪莲递给侯梯云,叫他:"快吃,肯定饿了。"侯梯云久未吃到妻子给自己做的饭菜,今天吃起来特别香,接连说:"好吃,真好吃。我好久没吃到这么可口的米粉了。""哎!"妻子叹口气说:"你们在外打仗,连生死都不顾,哪还顾得上吃好的。看着你这饥饿的样子,真不想让你走了。但一想到地主老财和白狗子的猖狂,你还是要回部队去。否则,不但你性命难保,穷人永远不能过上好日子。只有把地主老财和白狗子消灭了,我们才能幸福地生活在一起。"这时侯梯云刚吃完了粉,一听妻子这话,特别高兴,忙说:"我的妻子就是与别人的女人不一般,说起话来就是入情入理。"忙又把妻子抱在怀里,久久地吻她。过了一会,妻子问他:"梯云,你怎么有这么大的力气? 轻而易举地就把我举到了你的头顶上去了,还像玩把戏一样把我举在你的头顶上转来转去。别人都说你武功高强,不但拳腿功夫好,还能飞檐走壁,你现在就当着我的面表演一下吧。""好喽。"梯云还未说完,一纵身,人已到了楼枕下,两手攀着房梁,像猴子一样,一眨眼工夫从这间屋到了原来那间屋,喊着:"雪莲,你看我在哪里?"雪莲赶快跑了过去,侯梯云却又飞到了另一间屋,又在喊;"雪莲,你看到我了吗?"雪莲又迅速回到梯云喊话的那间屋。这时侯梯云已站在屋中央,待雪莲进来,又一次抱起了她,不断地吻她。雪莲第一次尽情享受丈夫的温柔,心里快乐极了。

侯梯云告诉雪莲:"我母亲刘碧莲是个武林高手。我外祖父老家是四川的,因家穷后来流落云南,在云南崇圣寺当了世俗弟子,跟住持学了一身好武功,后来他把武功传授给了我母亲。我五岁随外祖父学武,十二岁开始随母学武。我八岁开始读书,从家里到学校中间隔着一条河。外祖父不许我从桥上过河,要我站在这边立定跳远过河,河面宽有两米多,开始我跳不过,经常掉在河里,后来慢慢地就能跳过去了。外祖父还教我射击,七岁就教我用鸟铳打飞鸟。现在我能用枪打灭线香火,打飞鸟是百发百中。在红军指挥员中我和罗炳辉算枪法最好,能双手打枪,百步之内百发百中,子弹可射入敌人枪管里。拳脚功夫外祖父也教了,不过母亲教的多,疗伤、接骨也都是母亲教的。母亲虽是武林高手,却从不在外张扬自己的武功,村里人根本不知道她会武功。母亲经常告诫我:学武一是用来强身健体,二是用来防身,三是用来报效国家,因此不是迫不得已不能显露自己的武功。我遵循母教,只暗暗练武,

第五章

优秀的红军指挥员

从不标榜自己的本事。后来参加了革命,为形势所迫,不得不重新学武艺来对付反动派。"雪莲听了他的话很是感动,认为学武之人以德为重是应该的。

侯梯云到家已有几个小时了,天色也不早了,他急于归队,现在是非常时刻,不能因儿女之情误了革命大事,只好与妻子依依惜别。临走时,他赋了两首诗交与雪莲,算是临别纪念。

为却革命敢献身

忆昔窑厂初识君,桃花脸蛋红润深。

两眸炯炯秋波露,多情尽在无言中。

一朝揽君入怀来,秋水碧波动我心。

今朝分别何日见,难舍难分是妻君。

夜宿山岭眼望峰,长夜难眠思知音。

相爱何必永相随,为却革命敢献身!

恕我舍家只为国

才相见来即又别,亲热未尽话离别。

军人回营心急切,妻子泪水透衣湿。

夕阳西下天快黑,鸡鸟回巢自安歇。

我负使命头顶月,有语无言喉咙涩。

但愿妻子能理解,恕我舍家只为国。

待到全国解放日,夫妻相逢从头越。

周雪莲看完两首诗,泪流满面,紧紧搂住侯梯云的身子,两人深情地吻着。一会儿,侯梯云走了。周雪莲送他出吴村,眨眼,侯梯云转过了山峰,周雪莲仍然呆呆站在村口,一动也不动。心里的酸楚、牵挂、思念尽化成泪水,一滴一滴地从脸上掉到地下。她深知做红军的妻子太难太难了。但是她爱红军,爱丈夫,她的爱是一般人不能理解的;她的爱是纯真的、质朴的,是人世间最深最伟大的爱。

这时,窗外传来了歌声,唱的是《妹妹嫁的是红军》。

悠悠河水清又清,

妹妹嫁的是红军。

闪闪红星耀眼睛,

喜在眉头笑在心。

第五章

优秀的红军指挥员

罗霄山峰峰连峰，

妹与哥哥情意深。

哥哥爱妹有真心，

妹妹爱哥是红军。

受苦穷人翻了身，

豪强地主不甘心。

请来白匪剿红军，

井冈山上起乌云。

敌兵前锋到永新，

蒋匪早有亡我心。

哥哥接令回营转，

妹妹送哥出吴村。（吴村，周雪莲娘家所在地。）

白匪来势气汹汹，

红军肩上担不轻。

此去必是鏖战急，

哥哥安危妹担心。

乌云乍起雷声声，

哥哥此去要记清：

服从命令听指挥，

镇定自若惩顽凶。

眨眼不见哥哥身，

妹妹仍然不转身。

呆呆站立想红军，

风急雨骤淋我身。

哥哥打仗莫心惊，

若遇顽敌要敢拼。

凯旋归来妹欢喜，

相拥相抱任你亲。

四

界化垅第二次大捷

据老红军原红十七师参谋长肖翔同志回忆，1932年三四月间，国民党十五师师长王东原率部由茶陵经界化垅去进攻我湘赣苏区，令侯朋飞的六十八旅为前锋。侯梯云得知这一情况后，立即率新编独立一师七百多人埋伏在界化垅两边的至高处。侯朋飞两次在界化垅遭到伏击，险些送命，至今记忆犹新，因此路过界化垅时特别小心。他先派一个连从界化垅经过，看是否有红军埋伏。当侯朋飞的连队通过界化垅时，二团团长谭源流想下令开枪，侯梯云立即制止，说："这不是敌主力，而像探路队。侯朋飞经过上次打击，狡猾多了。我们只能慢慢等。"敌人这个连队过去后，侯梯云他们在山上耐心地等着，时间一分一秒地过去，到了傍晚时，敌人还没来,战士们的肚子都饿得咕咕叫了,谭源流对侯梯云说:"敌人可能不会来了,我们还是撤吧。"侯梯云对谭源流说:"敌人一定会来,时间应该是明天早晨天刚亮时,不信我们可以打个赌。侯朋飞现在也聪明了,他先用一个连探路,迷惑我们,以为他的大队人马随后就来,他却故意迟迟不来,让我们等得不耐烦而自动撤离,然后来个闪电而过。他是明修栈道,暗度陈仓,实际上是此地无银三百两。你想想,敌人要去进攻湘赣苏区只派一个连行吗?侯朋飞的目的就是想以此来迷惑我们,认为他只派一个连到湘赣苏区,大部队仍在茶陵,使我们放松对这条交通线的监视,逃避我们对他的打击。想同我们红军斗智,我们就来个将计就计,在这里埋伏,好好休息,不搞任何动作,等待侯朋飞明早上的到来。"停了一下,他对谭源流说:"你带两个人到山下叫附近村子里的老百姓给我们送点吃的来,吃饱了好好睡觉。"

第二天早晨,天刚蒙蒙亮,侯朋飞全旅就大摇大摆地开进了界化垅的山坳里。他自认为红军早就撤走了,现在是最安全的时刻,因此他的部属毫无战斗准备,枪都背在肩上。侯朋飞骑一匹棕黄色大马,踌躇满志地夹在队伍中间走着。他的队伍刚进入伏击圈,侯梯云一声令下:"打!"手榴弹一排排地在敌六十八旅队伍中开

第五章

优秀的红军指挥员

花,机枪对准侯朋飞扫射。侯朋飞急忙从马上跳了下来,躲在马肚子下面。一阵激烈的枪声把侯朋飞的队伍打得溃不成军后,侯梯云命令号兵:"吹冲锋号!"随着"嗒嗒嘀嘀"的冲锋号在山头吹响,七百多名红军战士立即冲下山来,同敌人展开了肉搏战。敌人一见侯梯云的部队,立即怕得屁滚尿流,四处逃命。不到两个小时就消灭了侯朋飞的两个团,活捉六十八旅旅长侯朋飞,俘虏敌兵四百多人,缴获机枪四十四挺,子弹几万发,马一百多匹,打了个干净、利索、漂亮的伏击战。

王东原在高垅闻侯朋飞被俘,全旅完蛋,气得咬牙切齿,狂叫:"侯梯云,你在界化垅一而再地袭击我师部队,欺我无能,老子不报这仇,誓不为人!"说完命令部队向界化垅进发,打算找侯梯云算账。

当王东原的十五师向界化垅进发时,侯梯云又把部队秘密地开到了高垅。王东原的大部队刚走,他的后续部队就遭了侯梯云部的袭击,死伤一百多人。王东原调大部队复回高垅时,侯梯云部已不知所终,气得王东原当场昏倒在地。

五

天河救婴儿

侯梯云回到永新,不久,陈光中师围攻永新城。当敌人的先头部队打进城时,县委姚书记为了保护机密文件不受损失,赶忙把文件装进两个木箱里,然后挑着两个木箱就准备出门。留下一个一岁多的儿子在地上哇哇直哭,姚书记顾不得那么多了,临走时只是回过头来深情地看了一眼儿子,然后说一句:"儿子,爹为了革命只好对不起你了。"说完就走了。县委机关所在地是天河路,姚书记刚走,敌人就冲到天河路了。此时侯梯云骑马经过天河路,听到县委机关有小孩子哭,忙跑了进去。县委机关已空无一人,只有一个一岁多的小孩在地上号哭,侯梯云见状忙抱起这个小孩冲出县委机关跨上自己的白马,把马鞭一甩,白马四蹄奋威,疯狂地向县城

第五章

优秀的红军指挥员

门口冲去。冲到天河路时,敌人见侯梯云穿着红军服装,骑着白马,狂奔而去。忙喊:"这是红军里的大官!"一个军官大声喊道:"快开枪,打死他!打死他有奖。"侯梯云用左手护着小孩,回过头来用右手朝那军官开了一枪,那军官立即倒地身亡。敌方士兵一齐朝侯梯云开火,侯梯云左肩负伤,鲜血直流。他忍住疼痛,高举皮鞭,喝马快行,很快冲出城门,朝里田方向奔去。回到家里把小孩交给了周雪莲,向周雪莲叙述了事情的经过。周雪莲见小孩活泼可爱,心疼极了,忙把小孩紧紧地抱在怀里,说:"多可爱的孩子,要是让他被敌军打死了,那多可惜。我们还没孩子,就把他当自己的孩子抚养吧。"侯梯云说:"行,这最好。兵荒马乱的我们去哪找他的父母,也不知他父母还在不在。我去时他一个人正在县委机关号哭,肯定是机关里哪个同志的后代,他也是我们革命者的后代,我们一定要把他抚养成人。"周雪莲这时发现侯梯云肩膀上还在流血,忙问:"你负伤了?"梯云点点头,说:"我马背上那个挎包里有自制的枪伤药粉,你去拿来,给我伤口上洒一层。三五天就好,没事。你不用担心,我是学武的,懂得治外伤、枪伤。"侯梯云说得很轻巧,他不想让周雪莲为其伤势担心。周雪莲赶快从马背上取回了那个挎包,又脱下侯梯云的外衣,用盐水洗净了侯梯云的伤口。盐水洗伤口是非常痛的,但侯梯云未发出一声叫喊,只是满头是汗。伤口洗净后,周雪莲在伤口上撒上一层止痛粉末,然后贴上侯梯云自制的枪伤膏,再帮他穿好衣服。

侯梯云在家住了四天。第五天,接到上级命令,要他率部去消灭新七溪岭之敌。新七溪岭是永新县与宁冈县的交汇处。宁冈是红四军的大本营,永新县城虽被敌占领,但湘赣省委和湘赣省军区仍在永新。敌人占领新七溪岭之后把永新与宁冈隔离开来,有利于敌人将永新与宁冈分别包围,而后加以占领,因此,新七溪岭对红军来说是一个至关重要的地方。打掉新七溪岭之敌,使永新、宁冈连成一片,有利于红军粉碎敌人的第四次"围剿"。敌人在新七溪岭驻有一个团,有兵力一千多人。侯梯云率部急行军六十里,于天黑前在新七溪岭山脚下的树林中隐蔽起来。晚上九点,侯梯云率一侦察班到了敌驻地前沿,摸清了敌人的火力布置。敌人有两挺机枪架在前沿阵地。前沿阵地驻有敌一个连。七溪岭是因有七条小溪在七溪岭脚下汇合而成一条大河,这条大河就叫七溪河,岭就叫七溪岭。七溪河是宁冈与永新的界河,河面宽有五至六米,水深一般在两米以上,因此七溪河成为七溪岭的天然屏障。七溪河上有一座石拱桥,这是连接宁冈与永新的唯一通道。七溪岭不大,

第五章

优秀的红军指挥员

是罗霄山脉伸入宁冈的一个小支,但山比较高,路很陡。从宁冈到永新必先经过七溪岭,沿岭而下过七溪河上的石拱桥,然后才到永新。敌人的一个连就驻在这石拱桥上,两挺机枪也架在桥上,严密封锁从永新方向延伸过来的通道。任何人要从永新进入宁冈,不经检查是过不了石拱桥的。

敌人占据石拱桥这样的有利地形,真有一夫当关万夫莫开之势。红军靠硬攻拿下石拱桥是不可能的,因此侯梯云决定智取。智取的办法一是趁着晚上天黑无光派几个会游泳的战士先游到石拱桥下隐蔽起来,待战斗打响后趁敌不备向桥上甩几捆手榴弹,打乱敌人的部署;二是战斗打响后,侯梯云隔河用步枪打掉敌人两挺机枪,然后用一个连的战士分乘两只木筏向石拱桥攻击,把敌人赶跑;三是趁敌人严密注视石拱桥时,派一连的士兵乘木筏从宁冈方向爬上七溪岭,控制制高点,居高临下打击敌人,使敌人两面挨打,不战自逃。

作战计划制订好后,各连分头准备。半夜过后,敌人见周围毫无异常,除少数站岗者外,其余都回岭上睡觉去了。晚上三点,伏在敌前沿阵地的红军突然朝七溪桥开火,敌人机枪顿时响起。侯梯云端起冲锋枪"叭、叭"两下就把子弹射进了敌机枪管里去了,机枪顿时哑了。隐蔽在桥下的红军战士迅即向桥上甩了几捆手榴弹,桥面上敌人落荒而逃。乘木筏子的红军迅速占领七溪桥。山上敌人见红军占领了七溪桥,忙朝桥上开火。不料此时从宁冈方向去的红军已占领七溪岭的制高点,红军的机枪居高临下狠狠地狂扫敌人,敌人招架不住,纷纷逃走。红军占据了七溪岭。

此次战役打死、淹死敌人一百多,俘虏敌兵五十六人,缴获枪支两百多杆,子弹三千多发。

侯梯云正在指挥红军攻打新七溪岭时,周雪莲带着那个一岁多的小孩继续在里田街经营她的回春堂杂货行。因周雪莲为人贤惠,兼之回春堂杂货行是永新县委在里田秘密设立的一个联络点,因此来往的人特别多。顾客见周雪莲突然有了个一岁多的小男孩,都很惊奇。忙问小孩的来历,周雪莲只好一五一十地告知实情。文艺工作者知道后,把这件事编成了话剧,剧的题目就是《侯梯云天河救婴儿》。一天,永新县委书记姚启坤在高桥看了这个话剧,知道自己的小孩被侯梯云救了,无比高兴。第二天,他来到了里田回春堂杂货行。一进店就看见周雪莲在逗着自己的儿子玩,忙喊了声:"儿子呀,爸爸又见到你了。"小孩一回头,见是爸爸来了,忙喊:"爸爸,爸爸。"周雪莲忙把小孩递给姚书记。姚书记激动无比,不断地说:"谢谢,谢谢你们,谢谢侯师长。"

这件事一时在湘赣苏区被传为佳话。

六

惩凶除顽匡扶正义

　　1933 年安仁侯氏修族谱，侯氏土豪侯清满、侯恕、侯鼎炎等把持修谱权。为了破坏红军的第四次反"围剿"，为了替土豪劣绅歌功颂德，他们借修谱的机会，为侯澍椒、侯澍延、侯海鹏、侯世民等国民党反动军官立传，把侯兆元、万元、文元三兄弟及侯勇、侯福太、侯福洲等红军战士修在脚谱，称他们为匪。侯清满还叫嚣："要以修谱为契机清理门户，狠狠打击侯氏中辱没祖先、辱没侯门的不肖分子，坚决处死侯门中的'共匪'分子。要让侯氏子孙永远记住：参加共产党及其领导的红军是辱没祖先，是犯了十恶不赦之罪，要处死！"侯梯云听到这些话后，咬牙切齿。大骂道："这些王八蛋，真是贼喊捉贼！自己是土匪，反诬红军是土匪；自己罪恶滔天，反说

298

红军十恶不赦。是可忍孰不可忍。"于是马上率部朝安仁开来。

4月27日,侯梯云率部来到了古塘,见到了父母。爸爸侯恕铭对他说:"儿呀,你回来就好了,侯清满这家伙要处死我,说我养了三个土匪儿子,我犯了教子不严之罪。儿子犯法没有捉到,父亲就要抵过。你回来要教训教训这些伪君子。""好,我现在就带人杀了侯清满、侯恕。"侯梯云说完就怒气冲冲地走了。当他带人来到侯清满家时,侯清满的大门落上了一把锁,全家人都逃走了。于是他又带人来到侯恕家,侯恕也逃走了,只有他老婆在家。于是侯梯云叫部属抄了侯恕的家,把他家的粮食分给穷苦农民,把他家的两只肥猪宰了给红军战士吃。

当晚,侯梯云在红衣坪召开了村民大会。他说:"我在永新听到一些从安仁方面过去的商人说,侯氏在修族谱,凡是参加了红军的侯氏子弟一律修在脚谱里,入另册。纂修说:这些人是土匪,是侯氏的不肖子孙。我听了很气愤,特回来找侯清满、侯恕、侯鼎炎他们理论理论。问问他们,什么叫不肖子孙?什么叫匪?谁是不肖子孙?谁是匪?结果他们不敢见我,全都逃了。说明他们理亏,说明他们无中生有,黑白颠倒,血口喷人,混淆视听以此来诋毁红军,贬低红军的声誉。他们不敢在大庭广众之中与我辩论,因为他们心中有鬼。谁是匪谁不是匪,人民群众心里明白得很。

"修谱是好事也是坏事,因为在政权不在人民手中的今天,修谱成为土豪劣绅、贪官污吏掩盖罪行、颠倒黑白、攻击革命的工具,是他们控制族权、控制乡权的重要手段。他们利用老百姓热衷于修谱的心理,大搞封建迷信,拉帮结派,妄图用族情代替阶级之情,逃避人民对他们的惩罚。同时,他们借修谱的名义,大肆渲染封建正统思想,攻击革命,贬低红军形象。我们劳苦大众一定要擦亮眼睛,谨防上当。修谱是好事,是传承中华文明的一个重要手段。中华文明是中华各民族、各姓氏子弟共同创造的。没有各姓氏的历史就没中华民族的历史,没有各姓氏的文明就没有中华文明。修谱就是使中华文明更细化更具体,更能激发中华儿女、各姓氏子孙继往开来、奋发努力,把中华文明推向更高的境界。我对修谱的态度是既不热衷,也不反对。要修谱,一定要坚持四个原则:实事求是的原则,人民创造历史的原则,团结奋进的原则,坚持革命的原则。修谱决不能弄虚作假。修谱要为劳动人民唱赞歌。修谱不能挑起派性斗争,不能挑起这一行对那一行的不满。修谱要坚持男女平等,要为红军战士,为反封反帝志士,为在生产实践中有突出贡献、有重大发明的劳动者立传;不准为土豪劣绅立传,为反动军官立传,为封建族长立传。不准宣传愚忠愚孝。忠只能忠于民族,忠于国家,忠于共产党;孝只能对父母孝、对长辈孝、对烈士家属孝。乡亲们,农友们,你们说我的话说得对不对?"

群众热烈鼓掌,高呼:"说得好!"

开完群众大会后,侯梯云把大部队留在红衣坪,自己率侯福州这个班去了县城,准备到侯家祠去捉拿侯清满、侯恕、侯鼎炎,结果他们三人都不在。侯梯云在侯家祠写了一张《为修族谱告侯氏子孙书》,张贴在祠堂大门上,内容基本上与他在红衣坪群众大会上的讲话精神差不多。后来侯恕、侯鼎炎看到了这张《为修族谱告侯氏子·孙书》大为震惊,害怕得要死,再也不敢将红军战士修在脚谱里,将写好了侯澍椒、侯澍延、侯海鹏、侯世民等国民党反动军官传撕毁,所以侯氏七修谱里无传。当晚,侯梯云部住在侯家祠,并在侯家祠开了一个会,会上做出了三项决定:第一,天亮前,率部攻打伪县长何巍的公馆,打击一下他的反动气焰,激发群众斗志;第二,天亮后到肖湾去打土豪劣绅,为穷人申冤;第三,下午突袭龙海盐卡。

天快亮时,侯梯云率部袭击了伪安仁县县长何巍的公馆,打死为他守卫的团丁两人,何巍仓惶出逃。早晨八点左右他们回到了红衣坪。当时肖湾贺氏也修族谱,贺元满等土豪也把参加了共产党和红军的贺家子弟修在脚谱。肖湾贺应考的弟弟贺应孝是游击队员,曾率队冲入唐如轸家,杀了唐如轸家八口。贺元满借修谱之机,要将贺应考沉河处死。贺应考闻讯后立即出逃,见侯梯云回来了,特请他帮忙除掉贺元满等土豪。侯梯云听了贺应考的叙述后,故在侯家祠做出了三项决定。从县城回到红衣坪的侯梯云,吃过早餐立即率部进驻肖湾,二话没说就把肖湾的贺元满、贺元即、贺六生等七个大土豪抓起予以枪决,还榜示了他们的罪行,警告所有土豪劣绅再不要欺压红军家属,谤毁红军声誉。敢以身试法者,这七人就是下场。侯梯云的言行使各姓氏的土豪劣绅再不敢明目张胆地欺压红军家属,反动气焰有所收敛。

下午,侯梯云率部来到了龙海塘,发现上次被捣毁的盐卡现在又恢复了。盐卡主任仍是侯澍椒的堂弟侯八。听当地老百姓说,侯八正在龙海塘街上他野老婆家喝酒。侯梯云率十多个兄弟在当地一村民的带领下朝侯八野老婆家冲去,当场活捉了侯八。接着打了盐卡,放火烧了盐卡守兵之营房,夺得马一匹,枪十六杆,子弹四百多发,银圆六百多枚,然后回师古塘。群众告诉侯梯云,侯清满回来了,侯梯云立即率兵包围了侯清满家。此时,侯清满正在和江达生一起喝酒。侯清满说："江达生老弟,你到攸县请你弟弟江仪声营长率兵回安仁剿灭侯梯云,这事靠得住不?"江达生说:"这事靠得住,明天我弟弟就会率兵来安仁,侯梯云肯定是听到风声了,要不然这小子会跑得这么快。我量这小子这两天是不敢来古塘了,肯定又是去江西了。"江达生的话还未落音,侯梯云就冲了进来,说:"我有什么不敢? 我现在不是来了吗?"侯清满与江达生一看,真的是侯梯云来了。两人同时"啊!"的一声拔腿就逃。侯梯云顺手一枪结果了江达生的性命,然后一个箭步冲过去,把侯清满活捉了。

当天晚上侯梯云将侯清满、侯八在灵官庙枪决了。

七

只身入敌群夺枪三杆

　　第二天早上,侯梯云率部来到江家村,放火烧了江达生的房屋。接着又率部来到荷树村,烧了大土豪周树兰的房子,然后叫谭利文率部去关王捣毁关王区政府。他要到排的看望前妻李春英的妈妈。李春英十岁作为童养媳来到侯家,当时侯梯云十一岁。侯梯云十二岁去了江西,侯清满即叫人将李春英拐卖到攸县,不久李春英就死在攸县。侯梯云同李春英虽无夫妻之情,但李春英也是穷苦人家出身,且对侯梯云的爷爷、奶奶很孝顺,又死得很冤,所以侯梯云一定要去排的看望一下岳母。岳父当时已过世,岳母一个人生活,很孤单。

　　侯梯云带了一个班的战士由荷树朝排的走去,到了灵官,他叫班长徐望林带着战士去茶叶坳,然后从茶叶坳再取道去柏林,务必在柏林等他。他对徐望林说:"我还未到排的,敌人就可能围过来,带着你们目标大,不便于我突围,所以你们快走,这里马上就有战斗了。岳母家我不得不去,不去对不住她老人家。"说完侯梯云就来到了排的。岳母见他来了,非常高兴,忙给他宰了只鸡。侯梯云正端着碗吃鸡,排的两边山上都响起了激烈的枪声。岳母听到枪声,慌了,对侯梯云说:"梯云,别吃了,赶快从后门沿山脚下向茶叶坳方向逃去,要快,迟了恐怕就逃不出了。"侯梯云对岳母说:"岳母,别慌,我要吃完这只鸡,我不吃饱哪有力气跑?"岳母说:"那就快吃呀!"侯梯云迅速将鸡吃完。然后对岳母说:"我走了,我要到亭子坳上去夺敌人的枪去。"岳母一听忙骂他:"你要死了,亭子坳上站满了侯澍椒的挨户团,你去不是活送死!"侯梯云说:"岳母,这你就不懂了。古人说,越危险的地方越安全,这话一点都不假。敌人仗着人多,料定我不敢上山,一定从靠山脚边的洞里逃走。从洞里逃走,两边山上都布满了敌人。亭子坳上是侯澍椒的挨户团,张古山是江仪声的部队,两边山上的敌人朝我射击,我能活命吗?现在我只身潜入亭子坳,混入敌群,杀他几个人,夺他几杆枪,然后朝耒阳冲逃去,侯澍椒能奈我何?亭子坳树深林密,我一个人在树林中奔跑他们无法打到我，更无法捉到我。我枪法又好，跑得比狗还快，侯澍椒拿我是没办法的。"说完，从岳母家的后门冲了出去，才跑两三步就到了亭子坳上。岳母见他钻入了深深密林中，才忙把后门插好，回到房里。

侯梯云不但跑得快，而且脚步轻，加上枪声做掩护，树木挡视线，上山后在丛林中左转弯，右转弯，时隐时现，敌人毫无察觉。很快来到了一个单个士兵面前，见他背靠大树，倚枪闭目而立。侯梯云冲了上去，一刀砍死了他，背着他的枪迅速朝前跑去。突然，他发现一个军官正在一棵树下小便，于是纵身一跃，用脚把他踢了个狗吃屎。那军官还没反应过来，侯梯云的大刀已扎进他的背心窝，然后取下他的驳壳枪别在自己腰上，继续朝前跑去。这时一个大个子敌人发现了他，大喊："侯梯云来了！"侯梯云顺势把大刀掷了过去，正插入那大个子胸膛。侯梯云冲上去，捡起大个子敌人的枪放在自己肩上，飞也似的朝前跑了。

敌人听到喊声，大队人马立即赶来，却只见大个子满身是血，已经死了，侯梯云却不见了踪影。这一仗，有诗为证：

两边山上是敌兵，千军万马捉梯云。

第五章

优秀的红军指挥员

待到梯云现身时，搜遍丛林不见踪。

国军死了三弟兄，丢枪弃械倒威风。

古往今来谁最蠢？不及澍椒和仪声。

山林江渚添佳话，时人难忘侯英雄。

侯梯云攻打国民党安仁县县长公馆，大闹古塘、肖湾，攻打龙海盐卡，枪毙盐卡主任，使得县长何巍忐忑不安，提心吊胆，惶惶不可终日，不得不向上级求援。5月1日，他向国民党湖南省政府发电告急，电文如下："赤匪伪独立师侯梯云，枪约三百，人数倍之……俭午经过龙海塘，焚毁盐卡房屋，枪杀盐卡主任……情势既迫，草木皆兵，秩序维持，尤非易事。县长守土有责，唯有督同在县团队，凭河戒备，死守待援。"湖南省政府立即责令国民党衡阳区指挥王炽昌率湘南各县驻军及地方保安团队，一齐朝安仁扑来。进抵永新的陈光中、王东原两个师，也抽调部分兵力从茶陵、酃县方面进行堵截。敌人在中央革命根据地和湘赣苏区的"围剿"部署被打乱，为后来中央红军取得第四次反"围剿"的胜利创造了条件。

八

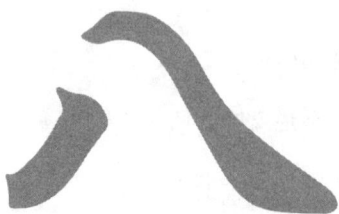

蒋介石看电文大为光火

　　大批国民党匪兵朝安仁蜂拥而来,而侯梯云部则经安仁耒阳冲、茶叶坳至耒阳大桥,再转往永兴打虎岭、仙水桥、樟树,而后到了柏林,与在那里等候他的徐望林部会合。侯梯云部时东时西,时隐时现,使敌人望尘莫及,慌乱不已。安仁、耒阳、永兴等县县长更是惶恐至极,不断向省政府、湘东南各县军团发电求援。5月2日,耒阳县长赵声誉致电湘东南各县军团,陈述侯梯云的独立师四处游击、骁勇无比,致使他们坐卧不安,窘迫得很。现在将民国二十二年(1933)5月4日《大公报》公布的赵声誉的电文摘抄于下:

第五章

优秀的红军指挥员

湘东南各县军团钧鉴：

赤匪伪独立师枪支三百余，人数倍之，于俭（二十八）日下午二时窜扰安属龙海塘，包围盐卡，夺去税警快枪数支，掳去员丁数名，复分窜安属古塘、耒阳大桥、永属打虎岭一带，捉人勒赎。现十五师徐团（洞）跟踪追击，郴、宜、永、常、衡各县团队均集中前进堵剿。王区指挥于东（一日）抵县指挥，常宁何团率部开白龙潭、导子洲、龙海塘方面围剿。职迭令各镇义勇队严密警戒，并派干探多名，切实侦探匪情，随时电告各军团，俾收歼灭之效。县城安益如常。

耒阳县县长赵声誉叩冬（二日）印

侯梯云与徐望林会合后，于当夜（5月2日）捣毁了柏林乡公所，击毙了乡长曹林及乡丁二人。然后率部去了龙形市，又由龙形市到了资兴，再由资兴到了广东坪石、水牛湾。他为什么要到坪石、水牛湾去呢？主要是使敌人摸不清他的去向，让敌人到处瞎撞乱碰，从而促使敌人分兵，打乱敌人对中央革命根据地和湘赣苏区的"围剿"计划，减轻中央革命根据地和湘赣苏区的压力，为红军取得第四次反"围剿"的胜利创造条件。侯梯云这一招很灵。从5月1日这一天起，安仁、耒阳、永兴、茶陵、酃县等县的县长都向湖南省政府发电，声称这些县都遭到了侯梯云部的袭击或骚扰，请求援助。

如安仁县县长何巍5月1日午后2时报告电云：

赤匪的独立师侯梯云部，枪约三百，人数倍之，于上月感日(4月26日)由酃县斜濑渡，进犯属县四区关王庙。28日俭午经土地河、龙海塘窜该匪故居离城约二十余里之古塘，寻报宿仇。翌日(4月29日)午后四时在古塘的徐洞团与匪相值，激战近一小时。4月30日，该匪由县属小背冲进抵耒阳之观音阁，然后转向永兴龙王铺再到达龙形市，日落时到达安仁县豪山。5月1日，该匪再次进犯关王庙，以便衣队先入，包围区公所，区董刘政平、助理员谭代煌、书记徐洪桥、电话兵刘立冬、剿匪筑路局催征路工委员喻慎世及殷实商民等多人，同时被掳。存亡未卜，义勇分队段排长，惨遭杀毙。兵房建筑，概被焚毁，劫掠财物，尤难胜计。

茶陵县县长何培基5月2日电云：

伪独立师侯梯云联合湘南游击大队周汉仔，伪县政府(茶陵县

优秀的红军指挥员

苏维埃政府)主席陈德发,有枪约五百支,人数倍之。自我军王(东原)、陈(光中)两师推进莲(花)、永(新)、宁(冈)后,该匪即窜至墨塘附近之界首及弥勒藏一带,思图扰乱后方。昨(5月1日)复窜回潭湾。

资兴县长曾楚才5月3日电云:

据报匪伪独立师于今日溃窜永兴所属之火冲垅,遭击被迫忽向郴资边境退移模样。现王大队长名淑,率队进至和尚坪,协同徐洞团痛剿中。

永兴县县长曹奇5月4日电云:

赤匪进犯县境,已被我徐(洞)、王(名淑)各军团击溃,刻正向安之潭湾追剿中。

湖南省政府将这些电文一并送呈南京。蒋介石一看电文,火冒三丈,对陈诚说:"4月30日侯梯云匪部由安仁县小背冲进抵耒阳之观音阁,然后转向永兴龙王铺再到达龙形市,日落时到达安仁县豪山。你知道这一天侯梯云部走多少路?走了两百多里。难道他们能飞?否则是不可能的,而且还说是日落时到达安仁之豪山,更荒唐已极。这个何巍县长真是饭桶一个。

"辞修,你再仔细看看这些电文,非要把我们的肺气炸不可。侯梯云只率几百人,从4月26日至5月4日,经过茶陵、酃县、安仁、耒阳、永兴、资兴六个县,与王东原、陈光中两个正规师和湘东南各县军团的一万多人的队伍激战,却能几经关王庙、古塘、龙海塘,还打死了不少我军将士,捉拿了许多地方官吏,'勒赎'了许多财物,电云居然称侯梯云是'溃匪'?幸好侯梯云是'溃匪',要不然现在已经到了南京。我们之所以能在南京安然无恙,多亏这些县太爷'保境有方,击匪有力'呀!"

说完蒋介石举起右手在桌子上用力一拍,怒道:"骗人也要自圆其说!"

蒋介石对这些电文非常不满,对国民党军的作战能力痛心疾首,对地方官员的自吹自擂和敷衍塞责的工作作风望而兴叹。最后,他对陈诚说:"看来我们当前的工作要两手抓。一只手继续抓好抓紧对共匪的剿灭,一只手要抓好对部队、对地方官员的作风整顿。"

九

侯梯云大闹火车站

侯梯云去广东坪石、水牛湾的另一个原因是他得知汝城惯匪、大土匪头子胡凤璋走私鸦片、贩卖军火,坪石、水牛湾是他的鸦片和军火的集散地。捣毁胡凤璋在坪石及水牛湾的鸦片和军火仓库,可以打击胡凤璋的反动气焰,还可为红军筹得一些军饷。胡凤璋不但是一个惯匪,还是红军的死对头。他投靠蒋介石,疯狂反共,用极其残酷的手段残杀了不少红军战士和赤卫队员,不择手段抢劫人民财产,造成生灵涂炭,是一个十恶不赦的人渣。

5月2日,侯梯云率领小分队来到了坪石。在这里他遇到了原在红六军一起共事的张明明。张明明现在是湘南游击大队驻水牛湾的联络员。张明明告诉侯梯云:胡凤璋的副官正从广州运来大批毒品。装毒品的汽车停放在南岭旅馆里,有六个荷枪实弹的士兵在守护。胡凤璋的副官带了一个班的匪兵,除六人守护车子外,其余的不是在嫖娼,就是在赌博。由于走私毒品从未失手过,所以土匪们都毫无戒备。侯梯云听到这个消息后非常高兴。这时联络站的一个人来找张明明,报告有一列装有军火的火车午夜将从坪石经过,是否要采取行动,请张明明定夺。侯梯云忙把张明明拉到一边,告诉张明明:"我这次的主要任务是'引狼出室',减少根据地的压力,让红军尽快取得第四次反'围剿'的胜利,因此今晚必须同时在几个地方向敌人发起攻击。在坪石、水牛湾一带大闹一场,让广东的敌人害怕,让南京震惊,打乱敌人部署,给蒋介石造成错觉,认为红军主力已经向东南转移,让他移师东南;给'围剿'我们的敌人造成错觉,认为我部已到了广东坪石、水牛湾一带,让'围剿'之敌尾追到此。而我们打完就走,让敌人疲于奔命,互相埋怨,互相扯皮,加大他们之间的隔阂。因此不但要在几个地方同时发起攻击,而且所到之处要张贴标语,标明红军部队番号,让敌人认为红军有大部队到此、我部全部到此。"

张明明同意侯梯云的意见,于是两人研究作战方案。经过反复推敲,两路人马的分工是:侯梯云的小分队负责炸掉装有毒品的

第五章

优秀的红军指挥员

汽车和装有军火的火车,干掉押送军火和毒品的匪兵;张明明的湘南游击大队驻坪石的小分队负责打掉坪石的乡公所和张贴标语。分工完毕,立即行动。

当时侯梯云的部属徐望林带着六个队员装扮成贩盐农民要进南岭旅馆住宿,被守在车旁的土匪发现,立即阻止,不准他们进住。徐望林哀求说:"老总,大家都是出门在外之人,我们是贩盐农民,今天已走了近百里路了,现在是又饥又渴,我们挑这么重的盐,你们不让我们住这里,你要我们到哪里去住? 我们是外地人,人生地不熟,我们住惯了这里,你就让我们住一晚吧! 老总,行行好吧。"土匪听说他是贩盐的农民,高兴极了。一个瘦高个子的土匪说:"我们山上正缺盐,弟兄们,快把他们的盐装上车,让他们滚吧。"另五个土匪立即来"盐农"肩上夺盐。说时迟,那时快,徐望林等七人顺势将他们打翻在地,缴了他们的枪。瘦高个子却突然爬了起来,从腰上掏出匕首就往一个红军战士胸膛上扎去。徐望林眼明手快,操起枪托朝那匪兵后脑壳打去,只见他脑浆迸发,鲜血直流,"扑通"一声倒地死了,其他五个匪兵老老实实被擒。徐望林把这五人的嘴都用布堵了,然后将他们分别绑在五根屋柱子上。这时,徐望林等七人立即在汽车上放起火来,火势汹汹,不一会汽车就爆炸了。徐望林等人立即冲进旅馆住宿部大喊："谁也不许动！我们是红军,我们的师长是侯梯云,我们不杀无辜群众。"胡凤璋的副官一听到爆炸声知道出事了,忙穿好衣服,提着手枪想出去看个究竟,突然听到"谁也不许动！我们是红军……"的喊声,赶忙跳窗逃了。正在赌博的土匪一听到喊声,连赌资都来不及收拾,也跳窗逃了。

此时,侯梯云和两个战士已爬上了那列装有军火的火车车厢。侯梯云眼明手快,双手开枪,结果了车厢里面守护军火的两个匪兵,然后三人点燃了炸药包,一纵身跳下了车。火车风驰电掣向前驶去,不到二分钟,"轰"的一声巨响,车厢炸翻了,火车脱轨了。他们三人却消失得无影无踪。

与此同时,湘南游击队的坪石小分队进攻乡公所的战斗也打响了。击毙了乡长和一个乡丁,秘书逃走。接着小分队炸毁了乡公所。

当晚,水牛湾、坪石一带的枪声激烈,爆炸声响彻云霄,火光冲天,人声鼎沸,黑暗之中到处有人在奔跑。老百姓吓得不敢出门,人们不知道这里到底有多少人在战斗。直到天明,这里才逐渐恢复平静。

第五章

优秀的红军指挥员

侯梯云夜闯坪石、水牛湾,炸汽车、炸火车,打乡公所,袭击南岭旅馆等情况很快传到南京,蒋介石大为震惊,立即电令陈(光中)、王(东原)二师及粤军梁(治)、王(名声)两个团快速向坪石进军。又电令徐洞团死死守住界化垅至界首一线,堵住侯梯云部回归永新的道路。

敌人被侯梯云搞晕了头,不知道侯梯云部到底有多少人,也不知道侯梯云到底在哪里。只知道侯梯云打了龙海盐卡;闹了关王庙,抓去了好多地方官吏;打了柏林乡公所;在水牛湾炸了汽车、旅馆;在坪石炸了火车,打了乡公所。侯梯云的一系列行动使敌人闻风丧胆,草木皆兵,对侯梯云怕得不得了。陈、王二师及梁、王二团急匆匆赶到坪石、水牛湾时,除红军标语随处可见外,侯梯云的红军连个影子都见不着。于是骂道:"蒋介石真是该死,身为总司令,被红军牵着鼻子走,自己当了牛,还要其部下当马,四处乱窜,到处碰壁,难怪累累吃败仗。"

陈光中等人劳师动众白跑了一趟,最后又回到永新,这样急去急回,把人都累坏了。回到永新,陈光中下令部队休整三天。

胡凤璋的副官带着四个匪兵,从水牛湾逃出,一路狂奔,于第二天回到了汝城,向匪首胡凤璋报告了在水牛湾发生的一切。胡凤璋一听毒品被烧,汽车被炸,跟随他的十个匪兵死了六个,气急败坏,二话没说,掏出手枪就把副官毙了,然后咬牙切齿地说:"侯梯云,我跟你没完!"

十

谭利文捣毁区政府

侯梯云在水牛湾炸完汽车,在坪石炸完火车后即率队爬上一列火车来到了永兴湘阴渡,然后取道龙形市。在龙形市稍事休整,就朝关王进发。5月4日晚与早已到达关王的谭利文部胜利会师。谭利文在荷树与侯梯云分别,当天就到了关王。本想从关王取道潭湾然后过酃县回永新,无奈国民党的十五师徐洞团扼守了从潭湾通往酃县的道路。4月30日得侦察员报告:5月1日晚国民党安仁县关王区政府开会,研究如何配合徐洞团"围剿"红军独立师,参加开会的除区政府的工作人员外,还有关王土匪头子霍远鹏、关王区义勇小分队的段排长及关王的一些劣迹昭彰的土豪劣绅等人参加,于是谭利文率部又回到关王。到关王后得知区政府的参会人员当晚要吃何寡婆家的米粉。何寡婆名叫何淑贞,现年三十六岁,有几分姿色,被区长刘政平看中,成为刘政平的姘头。谭利文叫人挟持了何寡婆,让侦察人员扮成何寡婆家的送米粉的人,先期进入了区公所,控制了有利地形。尔后,谭利文又率队打死了守卫区政府大门的卫兵,同先期潜入区公所的红军战士一道包围了会场。参会人员除大土匪头子霍远鹏及其副官走脱,区义勇小分队段排长不肯就擒,当场被击毙外,其余全部被活捉。谭利文捣毁区公所后连夜又回到潭湾。途经横塘时遭遇霍远鹏土匪武装的袭击,在激战中,区长刘政平逃脱。"剿匪筑路局"催征路工委员喻慎世在混战中妄图逃跑,被红军战士击毙。侯梯云到来后,释放了谭代煌、刘立冬、徐洪桥三人,枪毙了被关押的四个大土豪劣绅。谭代煌是谭善本的弟弟,侯梯云在安平司受伤,若无谭善本的救治帮助是无法摆脱侯澍椒的追捕的。况谭代煌虽当过区长助理,但民愤不大,因此放了他。区政府书记徐洪桥及电话兵刘立冬是一般工作人员,红军要杀的一般都是国民党中的那些罪大恶极的极端反动分子,所以也释放这二人。

十一

侯梯云独战敌团

5月5日,侯梯云来到安仁县鹏塘乡西草坪村(今炎陵县东风乡西草坪),在两头塘与徐洞团相遇,双方激战一个多小时,互有伤亡。傍晚来到酃县坂溪茶垅山。这里已是苏区,因连日奔苦,欲稍事休息。老百姓见红军战士回来,热情地给他们送来米和菜,让他们吃顿饱饭。晚上,侯梯云将战士安排在密密的丛林中休息,自己和谭利文等几个指挥员则轮流值勤站岗。

为侦察敌人在酃茶安边境的兵力部署,侯梯云派出了许多侦察员。但他派出去的侦察员刘金山、豆普生、扬盛昌等均被捕。敌人要他们说出侯梯云部的下落,刘、豆缄口不开,被徐洞杀害。扬盛昌怕死,立即向敌人报告了侯梯云的去向。徐洞让其匪徒穿上

321

红军服装,在扬盛昌的引导下向坂溪茶垅山进发。午夜时分,敌人秘密地包围了茶垅山,然后由扬盛昌引路,穿着红军服装的敌侦察兵紧随其后,来到密林中侯梯云居住的一间土屋里。侯梯云见扬盛昌顺利归来,忙从床上坐了起来,说:"回来了,快把侦察到的敌情说一说。"然后穿好衣服,准备听扬盛昌的汇报。这时,冒称红军的敌侦察兵掏出手枪对准侯梯云,说道:"我们是国军十五师的侦察兵,奉命前来捉拿你。"侯梯云一听他们是国民党匪兵,就势用手一勾,即把一个敌人的枪夺了过来,又腾空一脚,把另一个敌人踢倒在对面的土墙上,后脑出血死了。扬盛昌见状慌忙逃跑,侯梯云朝他开了一枪,把他打死了,又顺势用枪托打死了另一个敌人。这时丛林中枪声大作,敌人已钻到了红军宿营地来了。敌人抓到了红军的号兵,命令红军号兵吹集合号。侯梯云赶忙冲了出来,大喊:"不许吹集合号!同志们,敌人包围了我们,快突围呀!"但为时已晚,集合号误导了红军战士,红军战士本是分散宿营的,一听到集合号,忙朝着号声响处奔来。敌人二十多挺机枪同时向红军扫射,顿时就有几十个红军战士倒在血泊中。谭利文听到枪声时正在林中查哨巡逻,知道敌人来到了营地,赶忙端着枪朝敌人机枪架设处跑去,一枪打死了一个机枪手。敌人见谭利文是只身一人,忙从四面将谭利文团团包围。敌人人多势众,谭利文毫无惧色,手枪不停地射击,又击倒了两个敌人。子弹打完了,同敌人肉搏,终因寡不敌众,最后被俘。后被敌人押往长沙,在长沙英勇就义。

一部分红军听到侯梯云喊:"同志们,敌人包围了我们,快突围呀!"于是趁着黑夜往丛林纵深处狂奔。而红一团政委刘云汉一听到枪声立即命令谭勤生等人抢占山头,控制制高点。由于红军控制了制高点,居高临下朝敌人狂甩手榴弹,敌人的火力暂时被压制了。几百名红军战士冲出了敌人的包围圈,钻进了深深的密林丛中。敌团长徐洞见状,忙大喊:"快追,别让红军逃跑了。"敌一营营长张业立即率部冲了过去。刚跑了十多米,被侯梯云带来的徐望林班拦住。徐望林一阵长射,打死敌人不少。张业忙叫匪兵趴下。侯梯云纵身一跳,飞到了敌人中间,手舞大刀,逢人便砍。徐望林也率队冲进敌群,同敌人展开肉搏。刚刚趴下的张业部被突如其来的红军战士砍死不少。徐洞见状,挥刀来迎侯梯云。侯梯云忙丢下其他匪徒,来杀徐洞。两人在树林中你一刀砍来,我一刀砍去。你砍来,我忙躲在大树旁;我砍去,他侧身一避。真是棋逢对手难分输赢,将遇良才难见高下。树枝被砍得沙沙作响。凭借微弱的月光,侯梯云轻轻一跃,跃到了一棵大树上,顺势从口袋里摸出二把镖,朝徐洞身上掷去。徐洞左肩中镖,"哎哟"一声,慌忙逃走。这时徐望林班的红军战士已全部牺牲,只有徐望林仍旧挥舞大刀背靠大树同四个敌人拼杀。侯梯云见状,掏出手枪,连开四枪,打死了四个敌人,然后从树上一跃而下,冲入敌群,一边同敌人展开厮杀,一边命令徐望林:"快逃!"徐望林飞也似的逃走了。阵地上只有侯梯云一人迎战群敌。徐洞喝叫:"弟兄们,不要开枪,捉活的!"

侯梯云面对群敌,从容镇定,大声念道:

四面刀光影,狭路与敌逢。

生死置度外,临危更从容。

我自横刀笑,冷眼看敌人。

喝声徐饭团,快来决雌雄。

这一喊,使徐洞不寒而栗,赶忙倒退几步。其余匪徒个个颤颤抖抖,不敢挪步。侯梯云又轻轻一跃,跳到了一棵大树上,顺势朝敌群中投掷了几个手榴弹。剧烈的爆炸声,使敌人尸横遍野。侯梯云待爆炸声刚过,又从树上翻入敌群中,双手开枪,连毙八个敌

人。敌人惊慌失措,忙躲在荆棘中不敢抬头。侯梯云又念道:

> 翻身入敌阵,勇敢战敌群。
>
> 双枪无虚发,连连打敌人。
>
> 鬼哭狼又嚎,尸横遍山林。
>
> 英雄无所惧,唯我侯梯云!

念完,轻轻一跃,落到了徐洞面前。大喊:"徐洞,你这个缩头乌龟,有胆量你就来!别躲在大树后面。"接着又念道:

> 丹心照汗青,碧血铸忠魂。
>
> 血与火考验,方能显英雄。
>
> 今日鏖战急,明日见彩虹。
>
> 乌云不见时,当惊世界红。

侯梯云这种镇定自若、蔑视众敌、临危不惧、从容作诗的神态使敌人魂飞魄散,惊惧不已。徐洞喝道:"弟兄们,快开枪,打死侯梯云!"边说边往后逃。敌参谋长和一连连长忙冲出来拦住侯梯

云。侯梯云双枪齐射,敌参谋长和一连连长中弹身亡。敌人慌乱不堪,拼命往后逃。侯梯云又高声念道:

> 枪声响山林,更添我豪情。
>
> 只身压顽敌,蔑视众敌人。
>
> 我死无遗憾,成败有人评。
>
> 人生有此战,不枉此生行。

　　侯梯云的诗铿锵有力,敌人听之丧胆;侯梯云的枪法百发百中,敌人见之丧生;侯梯云的武功像古之恶来,人见人惊;侯梯云的喊声像千钧炸雷,敌人闻之发抖;侯梯云的战法千变万化,敌人防不胜防。侯梯云就是一个孙悟空,搅得敌人欲战不能,欲罢不能,欲逃不能。徐洞目睹这一切,又急又恨。急自己八百多人竟对付不了侯梯云;恨自己受伤;恨自己无能;恨部属怕死;恨侯梯云太凶猛;恨侯梯云死到临头,还有心念诗,不断奚落自己。他真无地自容,若有地缝恨不得钻进去。情急之下,他大呼:"快开枪,打死他!打死他奖现大洋一千。"一个匪兵闻之忙举枪就要朝侯梯云开火。侯梯云顺势一刀抛去,正中匪兵胸部。匪兵尖叫一声,倒地死了。

第五章

优秀的红军指挥员

侯梯云迅即跃上了一个大树,朝敌群又抛出了两颗手榴弹。敌人又倒下了一大片。侯梯云又一次高声念道:

今朝生死两茫茫,自思量,妻难忘。千里转战,留妻守空房。纵使相逢也匆忙,刚到家,枪声响。 离别见妻泪千行,驱虎豹,打豺狼。一生奔忙,难得话家常。料得今生难相逢,思娇妻,涌愁肠。夫是顶天立地汉,死到临头不彷徨。早将生死置度外,誓与顽敌拼一场。抖峭春风伴我行,苍天作证我坚强。难忘,两情脉脉牵肚肠。以身许国难顾家,原谅。未别娇妻向阎王。相爱只因志向同,诀别缘是迎彩虹。全国人民解放,死无妨。

此时,侯梯云的子弹打光了,手榴弹也投完了,天也快亮了。于是大喊一声:"徐饭团,我们后会有期!"说完,从这棵树上跃到了另一棵树上。此时,警卫侯福大牵来了白马,叫声:"师长,快上马。"侯梯云见是警卫侯福大在喊师长,忙问:"你为什么不逃?""我知道师长需要马,特躲在树林中守候。"侯福大解释说。侯梯云忙说:"谢谢。"然后与侯福大一同跨上了白马,一溜烟地跑出了丛林,消失得无影无踪。

徐洞一听侯梯云喊"后会有期",忙喝令部属:"快! 开枪,投手榴弹。"随着一阵激烈的枪声和剧烈的手榴弹爆炸声,这场持续一个多小时的战斗终于结束了。

徐洞怕上司责骂,忙叫部属张业营长把一个蓄西式发型留有八字胡的国民党军士兵的头颅割下,把他的脸部肌肉削掉一些,然后说是侯梯云被活活砍死了。

十二

徐洞授奖大会上发疯

徐洞回到驻地,旅长侯海鹏听说打死了侯梯云,异常兴高采烈,忙上书上司为徐洞请功,并下令将侯梯云的人头在酃县西门悬挂三天。

侯梯云战死的消息一传出,安仁县县长何巍即致电湖南省政府何键省长。电文如下:

何省长钧鉴:

伪独立师侯梯云部,感(二十七日)起犯安仁,侯旅长派徐洞团跟追十昼夜。转战千余里,裹粮从行,兵不解甲,使匪狼狈遁逃。所有古塘、潭湾、豪山各役,毙匪百余,获枪三十余,俘匪数十,救出区长刘政平等十余人。(五日)午灵西一役,张营竟将伪师长侯梯云生擒斩首,又夺枪三十余支。匪全部溃散,仍在搜剿中。实为湘边剿匪以来最大之胜利。侯旅长此次指挥有方,及徐团长奋勇杀贼,张营长业之生擒匪首,均属有功党国,伏乞从优奖叙,以昭激励,而励来兹。

安仁县县长何巍　呈　鱼(六日)、未　印

5月9日,国民党军十五师六十八旅七十八团"剿匪"有功人员授奖大会在安仁县举行。首先由十五师师长王东原宣读南京军事委员会对七十八团有功人员的嘉奖令。嘉奖令全文如下:

剿匪固国,功在千秋。国之大害,莫过于共匪之患。自民国十九年以来,党国上下,倾力围剿,国军上下,同心协力,舍生忘死,匪患之势,终有遏制。党国政策:通匪者诛,剿匪者奖。今国军十五师六十八旅七十八团剿匪有功,特对有功人员奖励于后:

侯海鹏旅长指挥有方,奖现大洋壹仟,记三等功一次。

徐洞团长指挥镇定,督战有力,奖现大洋壹仟,记三等功一次。

张业营长,奋勇当先,勇斩匪首伪独立师长侯梯云,奖现大洋

第五章

优秀的红军指挥员

叁仟,记一等功一次,官升一级。

望全体官兵,戒骄戒躁,精诚团结,合力剿匪。

此令。

中华民国革命军事委员会　委员长　蒋中正

当王东原师长点名徐洞上台领奖时,徐洞立即疯了,狂奔乱喊起来:"侯梯云来了,侯梯云没死,快逃呀!"停了一会又喊:"侯梯云,你不要杀我! 我投降! 我缴械!"就这样疯疯癫癫地跑出了会场。与会人员都是你望着我,我望着你,不知所措。

后徐洞被送进了精神病医院。三年后,徐洞死于精神病医院。

第六章

永远活在人民心中

一

侯澍椒岩鹰贱丧命

侯梯云部在鄞县坂溪茶垅山被围，遭到突袭，部队被打散。侯梯云本人同徐洞团激战了几个小时，因子弹打光，在警卫侯福大的帮助下逃离了现场。因王东原、陈光中两师严密封锁了鄞茶边境，侯梯云无法前往永新，只好重往潭湾，在半路遇见了徐望林。徐望林看到师长能活着逃离虎口，非常高兴。侯梯云又向徐望林叙述了一些战斗情景。徐望林对侯梯云的英勇善战、武功超群佩服得五体投地，连连夸奖侯梯云："师长，你真勇敢，面对近千名敌人，毫无惧色。时而用刀砍，时而用枪打，时而放镖，时而甩手榴弹，时而地上，时而树上，打法多种多样，战法千变万化，打得敌人眼花缭乱，尸横遍野。你真如古典小说中的一些上将军入万人之中取人

头就像囊中探物，我真的很佩服你。革命胜利后，我要把你的战斗历程告诉那些有文化的人，叫他们为你写书立传。我想这本书写成后一定比《三国演义》还要受人喜欢。"侯梯云问徐望林："你看过《三国演义》?"徐望林回答："我没看过，我只读了三年小学，看不懂《三国演义》，但我听人家讲过《三国演义》，我喜欢《三国演义》。"侯梯云又问："那依你看，我像《三国演义》中哪个人物?"徐望林说："有点像典韦。"侯梯云说："《三国演义》的武将中，论个人本事吕布应该排第一，第二就是典韦了。我哪有他那本事，你把我拔太高了，我最多能同周仓比一比。"两人一边谈一边走，不知不觉就到了潭湾。

在潭湾，不到两天侯梯云就收拢到部属四百多人。还打听到一个消息：5月15日是谭介愚四十岁生日。今年谭介愚已由警察厅的治安处处长荣任警察厅副厅长，主管全省的侦缉工作。大权在握，不趁现在大捞一把，更待何时? 因此他借四十岁生日之机会，大宴宾客，想多收点红包。安仁县挨户团团长侯澍椒收到了谭介愚的生日宴会请柬，准备带两个卫兵去赴宴。侯梯云得知这个消息非常高兴。他对刘云汉说："真是天赐良机，我一定趁此机会杀了侯澍椒。"刘云汉问侯梯云："你打算怎样去杀他?"侯梯云说："谭

第六章

永远活在人民心中

介愚的家在新洲乡塘下村,塘下紧靠岩鹰贱。岩鹰贱上有一条石板路,是塘下通往外地的唯一通道。这条路路陡弯多,又紧靠承坪河。路是石板修成。从塘下出来,爬上这条石板路要走七十四级石阶才能到达岩鹰贱最高处。从岩鹰贱最高处再往下走,要走过一百四十八级阶梯才到达平地。一般的人走完这段路要费时一个多小时,而且走得满头大汗,气喘如牛。有恐高症的人根本不敢走这条路。下雨天这段路路面很滑,一不小心就有掉进承坪河的可能。岩鹰贱下这段承坪河深不可测,河水湍急。人一滑下去,极难生还。当地人怕有不敢过此路者,特在山的两麓备制了竹轿,让这些人坐在竹轿里,由轿夫抬他们过山。侯澍椒那天绝不会自己走过这段路,一定会坐轿过山。我们则装扮成轿夫,预备好竹轿,等侯澍椒坐轿。只要他坐到轿里去,我们抬到山的最高处,连人带轿把他丢到承坪河里去,我看他死不死!"刘云汉听后,忙说:"这办法好,计划得天衣无缝,侯澍椒必死无疑。杀了侯澍椒,可大杀安仁反动派的气焰。况且《大公报》报道,你已在鄐县坂溪茶垅山被杀,人头已在鄐县西门示众。安仁县的反动头子都以手加额,互相祝贺,认为'匪患'已基本肃清,'防匪'意识已大大降低。我们出此奇策杀他,是任何人都不会料到的。等你杀了侯澍椒,有的人还不会相信是你侯师长杀的。当你侯师长在承坪、关王、潭湾一带到处袭击反动派时，他们还会感到诧异。死的侯梯云怎么能复活杀人呢？那时我看侯海鹏旅长怎样向上面交待，《大公报》又如何向读者解释。"侯梯云忙说："不要想那么多，那是他们的事。我们就依计而行吧。"

5月15日上午十点左右，侯澍椒一行三人到了岩鹰贱山脚下，见有一顶轿子停在山下，无比高兴。侯澍椒掀开轿帘就钻了进去，喝声："起轿！"刘云汉、徐望林抬起轿子就走。一行人艰难地向山顶走去，快到山顶时，侯梯云扮成过往商旅挑一担小杂货，手摇小鼓，气喘如牛地也赶到山顶来了。这时，刘云汉问徐望林："老弟，你长年累月在这里抬轿，这里山高路陡，路面滑，河水深，你老婆怕不怕你出事，放不放心你干这事？"徐望林回答说："我家无田无土，不干这事，拿什么养家糊口？没办法，舍不得也要舍，放心不下也要放。唉，你家嫂子放心不放心你干这事？"刘云汉说："我家跟你家一样，也无田无土，靠抬轿赚点钱养家糊口。"徐望林又说："我们命苦，老婆也命苦，舍不得要舍，放心不下也要放。"刚说完这句话，两人同时用力，连人带轿丢进了山下的河里去了。侯梯云见他们二人把轿子丢下河，飞起一脚就把前面一个匪兵踢下了山，让他也

永远活在人民心中

掉进了河里。另一个卫兵还未反应过来,侯梯云迅速冲上前去,用左手一推,把他也推进了山下的河里去了。三人继续朝塘下走去,到了塘下,只见谭介愚家张灯结彩,喜气洋洋。禾坪里摆了几十张桌子,酒菜还未上席,桌子上已坐满了人,人们吃三喝四,好不热闹。侯梯云一边摇鼓一边高喊:"要买杂货的快来呀。"不一会就围来了许多人,小孩子要买万花筒、糖果;女人有买发夹的,也有买胭脂的,也有买袜子的;男人有买手电筒的,也有买鱼钩的,还有买毛笔的,也有买蔬菜种子的。侯梯云忙活了一阵,待谭介愚家开席了,他才挑着担儿离开塘下,走上两里,赶上了刘云汉和徐望林。

当天下午,有人向谭介愚报告,岩鹰贱山下河里浮出一顶竹轿,肯定有人出事了。第二天下午,又有人向谭介愚报告,岩鹰贱山下河里发现三具尸体。谭介愚忙带人奔赴现场,叫人把死人捞上来。一辨认,却是侯澍椒及其两个随从警卫,河中没有其他死尸。谭介愚心中非常明白,这是蓄意谋杀。那么凶手是谁呢,谁有那么大的胆子敢对三个荷枪实弹的军人下手呢?青天白日,把三个军人活活丢在河里淹死,且不露半点蛛丝马迹,其道法之高超实在令人叹服。侯梯云死了,红军独立一师也被消灭了,还有谁有这么大的道法呢?谭介愚一脸阴沉,这个棘手的案子使他头痛了。

二

九姨太金紫仙庵见"活鬼"

5月16日,侯梯云肩挑杂货担,手摇小鼓,一边走一边叫卖,一步一步向金紫仙庵子里走来。刚到山门,却碰上了霍远鹏的九姨太。她刚烧完香,正要上轿往回走,冷不防一眼看见了侯梯云,立即狂叫一声:"有鬼!这里有鬼!"说完就晕死过去了。众匪兵见九姨太晕死了,以为她中了邪,赶忙跑去找住持瑞智和尚。

怎么回事?原来,九姨太看到一个人极像侯梯云,以为白天闹鬼了。实际上,这人就是侯梯云。为了解当前形势,他肩挑杂货担,手摇小鼓,一边走一边叫卖,没想到刚到金紫仙庵山门,就碰上了九姨太。九姨太晕倒后,侯梯云赶忙挑着货担下山去了。

瑞智和尚在众匪兵的陪同下,急忙赶到山门,问匪兵出了什么事。一匪兵答道："太太上完香正要坐轿往回走时,山门外来了一个货郎,太太一见,忙狂叫'有鬼,这里有鬼!'就晕死了。"

瑞智和尚问:"那货郎呢?"一直守在轿边的匪兵说:"哦,刚才还见他在,怎么一眨眼工夫就不见了,真是怪事。"瑞智和尚不问了,赶忙给九姨太扎了针。九姨太很快苏醒了。瑞智和尚叫匪兵扶她去禅房休息一下,不要急于下山,又叫厨房为九姨太等人准备斋饭。

九姨太等人当晚未归,急坏了霍远鹏。第二天霍远鹏带一个匪兵班亲自来金紫仙庵子里迎九姨太回府。一见面霍远鹏问九姨太:"昨晚为何不归?"九姨太说:"我烧完香正要到山门边坐轿往回赶时,看见了死鬼侯梯云,一下就把我吓晕了。醒来后只好躲在庵子里不敢出去了,我怕又遇见鬼。"霍远鹏说:"这不可能吧。侯梯云已经被国军擒杀了,头颅在鄞县西门还示了众,《大公报》对侯梯云被杀的经过做了详细报道,他不可能死而复生。即使有鬼,他跑到庵子里来干什么? 庵子是佛门圣地,鬼最怕佛门。"站在旁边的瑞智和尚赶忙接着他的话说:"不。释迦牟尼慈悲为怀,对厉鬼晓之以理,动之以情,用关爱、仁慈的心态感化他们,使他们脱胎换骨,改邪归正,来生做好人。也许他死得惨烈,故现身佛门,求佛门替他做法事,好好超度他。施主不如行行善事,捐点钱替他做场法事吧,也好了却你们今生之间的恩恩怨怨。俗话说,冤家宜解不宜结,施主你说是吧?"瑞智和尚的话还未说完,九姨太忙说:"远鹏,你就答应住持的要求吧!侯梯云生是杀人不眨眼,死后也肯定是个厉鬼,不好好超度他,他会总是缠着我们不放,我怕他,我会夜夜做噩梦。"霍远鹏忙依了她,对瑞智和尚说:"我捐一百块光洋,你替他做场法事,好好超度他。告诉他,别来烦我了。生时他处处与我作对。他在茶陵暴动后,带湘东游击队几次窜到潭湾一带杀了我不少兄弟;打茶陵,骗走了我的特务营;今天又吓坏了我的九姨太。"停了下,他问九姨太:"你又没跟侯梯云打过交道,你怎么会认识侯梯云?""哎呀,我的娘家是樟木塘的,他姐姐就嫁在樟木塘。4月27日我回了娘家,28日我看见他从樟木塘过,然后去肖湾。我站在娘家门边看见他的队伍来了,怕得要死,赶忙跑到房子里躲起来。你派给我的跟随一个个都躲到床底下去了。幸好没人告诉他我来了,否则我早就死了。那一次他把我吓坏了,昨天我看见的货郎跟侯梯云一模一样,所以我大喊:'有鬼!这里有鬼!'我也知道他死了,但我就是怕他。"九姨太心惊胆战地说。霍远鹏安慰她说:"以后别到处乱跑了,天天待在家里,就不会有危险了。"

三

谭介愚办案起疑团

不说瑞智和尚接到霍远鹏一百个光洋准备给侯梯云做道场的事。单说九姨太在金紫仙庵子遇着鬼的事,很快传到了谭介愚的耳朵里。谭介愚愈生疑虑,联系侯澍椒的死,他头发倒竖,心惊胆战,一个害怕的念头袭上心头:侯梯云没有死。那十五师为何要为徐洞请功呢?《大公报》为何要刊登侯梯云被杀的报道? 军事委员会为何要给徐洞等人授勋呢? 一连串的疑问使他百思不得其解。这中间到底出了什么问题,身为主持侦缉工作的省警察厅的副厅长的他,职业特性促使他要对这件事查个水落石出。

第二天,谭介愚率队来到了霍远鹏家,霍远鹏亲自出门迎接。一见面,谭介愚双手抱拳,非常有礼貌地说:"霍司令,鄙人事先未禀报就造访贵府，万望海涵。今有幸荣登司令贵府，深感荣幸。"霍远鹏也忙双手抱拳答礼道："谭厅长光临寒舍，蓬荜生辉。兄台光临，定有赐教，本司令洗耳恭听。"谭介愚忙正色道："司令在上，小的是下，言赐教是不让小的进门，那我只好告辞了。"霍远鹏忙向前牵住谭介愚的手说："你我之间都是安仁生，安仁长，相距咫尺，情同手足。今后不要分上下大小，皆以兄弟称呼，可也？"谭介愚忙说："司令此言，感人肺腑，有缘同司令亲近，在下三生有幸了。"霍远鹏忙说声："谭兄请。"谭介愚也说："司令请。"两人牵手入室，分宾主坐下，随从赶忙献茶。九姨太亲自送来香烟、瓜果。霍远鹏说了声："谭厅长请用茶。"谭介愚忙起身，说道："司令也请用茶。"霍远鹏忙说："厅长别拘礼，快坐下。"谭介愚坐下。喝了口茶后说："司令、九姨太，在下此次造访贵府，是有个问题想向司令和九姨太讨教。"霍远鹏说："什么问题？"谭介愚说："闻九姨太在金紫仙庵里看见了侯梯云，此言当真？"九姨太回答说："我在金紫仙庵的山门口看见了一货郎，很像侯梯云。"霍远鹏插话说："谭厅长难道觉得此事有蹊跷？"谭介愚说："是觉得这事有点蹊跷。我15日做生日酒，安仁县挨户团长侯澍椒带两个卫兵来寒舍赴宴，到岩鹰贱被人丢入山下承坪河，活活淹死。想到贵夫人在金紫仙庵子

第六章

永远活在人民心中

山门又看见一货郎很像侯梯云,我怀疑侯梯云没有死,这其中的奥妙请司令和九姨太帮我破解一下。""你是怀疑徐洞他们谎报军情?"霍远鹏不假思索地说。谭介愚忙说:"下这个结论还为时过早。"霍远鹏又说:"你的怀疑是有道理的。9日我出席了侯海鹏、徐洞、张业三人的嘉奖大会,当十五师师长宣读完嘉奖令后点徐洞名要他上台领奖时,他突然狂喊:'侯梯云来了,侯梯云没有死,快逃呀!'然后就疯疯癫癫地跑出会场。这也可以看出侯梯云确实没有死。当然这是我们两人在讨论问题,我才敢如此直言不讳。真正要查个水落石出,须到十五师去找在场人核实一下情况,真相就大白了。"谭介愚忙说:"可谁到得了十五师?"霍远鹏忙说:"这我可帮你一个忙。"

谭介愚向霍远鹏提出侯梯云没有死的疑问时,霍远鹏说要破解这个谜团必须到十五师去找见证人。谭介愚忙对霍远鹏说:"可谁到得了十五师?"因为十五师是直属南京军事委员会管,谭介愚只不过是湖南省警察厅的一个副厅长,管不了十五师。尽管谭介愚有证据怀疑徐洞、张业他们谎报军情,撒了弥天大谎,如果不能把一个活生生的侯梯云找出来让众人看见,或者不能让当时一些在场人证明张业杀的不是侯梯云而是另一个并且是为了某一目的故意编造了这么一个谎言,就无法控告徐洞、张业等人。所以必须有人进得了十五师,而且还能找到当事人问个明白。霍远鹏猛然想到了一个人,这个人是他的远房亲戚,名叫曹七仔,现在张业部下当排长。前两天他来过霍家,当霍远鹏对曹七仔说:"你们的张业营长真有本事,连侯梯云这样一个一米八多且武功高强,力气很大,一般情况下十来个人近不了他身的人,张业都不怕。侯梯云几次遭包围都能只身逃脱,这一次他是真的该死了,遇上了比他还有本事的张业。张业不但能把侯梯云撂倒,还能杀了他,再割下他的头颅悬在鄞县西门示众。这一下十五师可神气啦。"曹七仔听后却冷不防地说了句:"他不把十五师的颜面丢光那才是怪事。"说完就气冲冲地走了。谭介愚听完霍远鹏讲的这件事后两眼发亮,忙说:"霍司令,那就快把曹七仔请来问一些具体情况。他是你的亲戚,你问他,他什么都会说。要是再动之以利,晓之以官,更会竹筒倒豆子,一粒都不留。扳倒了侯海鹏、张业之流,你那亲戚肯定会升官。司令你也不会再受侯海鹏的气了。"霍远鹏忙说:"我就是看不得侯海鹏那神气。我是少将湘东游击司令,他才一个上校旅长,每次看见我,都不向我敬礼。自认为是黄埔生,认为我是土匪出身,每次在湘东开军事会,研究湘东的'剿匪'问题,我一发言,他就说,

第六章

永远活在人民心中

打仗你不行,抢东西我不如你,把我气得无话可说。老子早就想借题发挥了,这一次,我们要联手把这家伙整治一番。"谭介愚说:"侯海鹏是骄横无理,他们龙海黄埔生多,特别是他们侯家有五个黄埔生:侯澍椒、侯海鹏、侯澍延、侯朋飞、侯世民。再加上龙海的黄埔生李达才是蒋介石的亲信,他们六人串通一气,高傲得很,对我们这些人是不屑一顾。这次我做四十岁生日,他不来喝酒,连电话也不给我打一个,真是狗眼看人低。"

第二天,霍远鹏派人给他的远房亲戚曹七仔送去一封信。信中只写了一句话:"见信来我家一趟。"其余什么也没说。曹七仔一见信忙请了假,跟着霍远鹏的传令兵就来了。

曹七仔来了以后,霍远鹏对他非常客气,先是给他递烟,然后勤务兵给曹排长和谭副厅长献茶。霍远鹏的九姨太又亲自下厨做了一桌菜。霍远鹏亲自给谭介愚、曹七仔斟酒,弄得谭介愚、曹七仔都不知说什么才好。酒过三杯,霍远鹏对曹七仔说:"你那天听了我夸奖张业营长的话后,不是说了句'他不把十五师的颜面丢光那才是怪事'吗? 我当时没在意这句话,后来我把那天我俩谈话的前前后后说给了谭厅长听,谭厅长觉得这话中有话,所以今天又派人把你请来想问个究竟。表弟,要是侯海鹏、徐洞、张业三人干了谎报军情和一些见不得人的事,你大胆说出来,我和谭厅长给你撑腰。谭厅长是省警察厅副厅长,主管侦缉工作。你要是能举报他们三人的一些重大事情,就是立功。立功不但可以受奖,还可以马上升官。这可是名利双收的大好事,你可要把握好机会。佛争一炷香,人争一口气,只要你立功升官,你就为你曹家争了一口气。"

曹七仔听表兄霍司令这么一说,真的就把徐洞他们弄虚作假谎报军情向上邀功的一些做法一五一十地讲了出来。他说:"5月5日晚在茶坨山夜战我一直跟着张业。开始是国军捉住了红军的三个侦察兵。有一个侦察兵叛变了,于是徐洞叫国军的侦察兵穿上红军的衣服,在那个叛变红军的带领下到了侯梯云的房子里。我们十五师也趁机偷偷地把红军的宿营地包围了,接着双方发生了激烈的战斗。侯梯云一方面叫红军快突围,一方面又率少部分人冲入了我们的人群中。红军又控制了制高点,双方开始肉搏战。开始徐团长同侯梯云斗,后来徐团长被侯梯云的镖扎伤了,退了下来。最后红军方面只剩下侯梯云一个人了,但侯梯云太了不得,他一个人勇战我们一个团。他的大刀砍到哪里,哪里我们就要倒下一大批人。天上月亮时隐时现,树高林密,我们在丛林中四处看到的是自己人,因此不能开枪,侯梯云武功又高强。他

第六章

永远活在人民心中

杀了一阵,倏地翻身跃上了大树,我们还没看清他在哪里,他却用枪朝我们猛射。他能双手开枪,百发百中。他不但朝我们开枪,还朝我们投掷手榴弹。手榴弹的烟雾还未散去他又从大树上翻入我们中间,又用大刀一阵乱杀,杀得我们哭爹喊娘。他足足同我们搏杀了一个多小时,最后从地上跃上了一棵树,然后喊了声'徐团长,我们后会有期',就从这棵树上跃到另一棵大树上,然后下了地,和他的警卫一道跨上白马一溜烟似的跑了。他跑了之后,徐团长怕上面责怪他作战不力,一个团打一个人,死了几十个兄弟,还让敌人逃了,真是自古以来少见。于是就叫张业营长把一个同侯梯云身材一样高大蓄八字胡须已战死的国军战士的头颅割下,把其脸上的肌肉削去一些,报与师部,说是侯梯云被杀了,其部属被消灭了,鄢、茶、安边界匪患基本上肃清了。师座一见徐洞团的战况报告,当即眉飞色舞。立即拍电报给上司为徐洞等人请功。但徐洞等人心里清楚,侯梯云没死,总有一天侯梯云又会突袭国军,真相会大白于天下。因此,徐洞后来很懊悔。恨自己谎报军情,骂自己比猪还蠢。他知道真相大白之时就是他人头落地之日,天天惶恐不安。所以颁奖大会那天他就疯了。表哥,我说的句句是真话。"

349

谭介愚、霍远鹏听后忙叫曹七仔把刚才说的写成书面材料,且盖了私章,然后打发曹七仔回营。谭介愚叫九姨太把在金紫仙庵子里遇到的情况也写成书面材料,也盖了私章,然后回到塘下。

四

谭介愚举报惹麻烦

　　回到塘下后,谭介愚从所掌握的资料中整理出一份书面报告,题目是《关于侯梯云死的怀疑报告》。

　　何省长台鉴:

　　卑职自省政府委以安、茶、鄱边境剿匪特派员后无时无刻不牵挂剿匪一事。5 日晚,伪独立师在鄱县茶垅山被消灭,伪独立师师长侯梯云被当场生擒斩杀,将其头在鄱县西门悬挂三天,国人无不高兴,本人也稍以为安。不料,16 日卑职去拜访湘东剿匪游击司令霍远鹏少将时,突然听到一个令人不敢相信之消息:侯梯云没有死! 传此消息者是十五师徐洞团张业营的一个中尉排长曹七仔。

他亲自参加了 5 日晚茶坑山之战,亲见侯梯云从国军的包围中逃脱,临逃时还说声:"徐团长,我们后会有期。"又说徐洞团长怕走脱侯梯云难逃"作战不力"之罪责。于是叫张业营长割下一个身材同侯梯云相似蓄有八字胡须之国军战亡士兵头颅冒充侯梯云之头颅向上邀功。事后徐洞又非常懊悔,谎报军情是断头之罪,所以授奖之时怕日后真相大白当即就疯了。传此消息者还有一人,那就是霍司令之九姨太。九姨太在安属金紫仙庵上香完毕回到山门准备坐轿回府时,突然看见山门外侯梯云扮成货郎正朝庵子里走来,把她吓晕死了,侯梯云也随之逃了。这两人都把以上事实写了书面材料,现连同报告一并呈上。

又 5 月 15 日在岩鹰贱山下之承坪河发现了三具死尸。死去者是安仁县挨户团团长侯澍椒及其两名警卫。同时在河中发现的还有一顶竹轿,却未见轿夫尸首。经省厅侦缉人员分析属蓄意谋杀。三个荷枪实弹之军人猝死河中,此非一般人之所为。卑职怀疑是侯梯云所为。安仁其他人是无此胆也无此能耐置侯澍椒等三人于死地,而且弄死这三人后未留下任何蛛丝马迹。

还有人传闻:侯梯云于 5 月 17 日晚潜于茶陵高垅张业住室,将张业的头颅割下。18 日晚携人头来到鄞县县城西门,杀死西门守

第六章

永远活在人民心中

卫,将人头悬于城楼上。城楼上还张贴侯梯云手书的告示,公然声称自己没死,详细叙述了5月5日茶垅山的战斗经过,并说前鄞县西门所悬挂的人头非侯梯云人头,是一个国军战士的头颅,揭穿十五师六十八旅谎报军情的真相,给了十五师一个难堪。

侯梯云的死本已成定案。南京军事委员会已在安仁开了庆功授奖大会。《大公报》已做了详细报道。安仁县县长何巍已将战斗经历之电文报与了省府。在木已成舟的情况下,卑职斗胆呈此报告,实在有点不伦不类。但忠于职守是本人之天职,既有所闻,定当禀报,这才不枉食俸禄,不愧对党国。党国宗旨是做人做事忠诚坦白。堂堂正正做人、兢兢业业办事。因此卑职思前想后,毅然将此报告呈上。当否,请明鉴。

省警察厅副厅长兼省府驻安、茶、鄞剿匪特派员

谭介愚谨呈(印)

民国二十二年五月廿四日

报告送上后,何键当即批示:此案涉及面广,请蒋总司令定夺。然后将此报告转呈蒋介石。蒋介石批示:严查此案。着军统与湖南省政府共同组成一个调查组,立即赴十五师调查。调查后将结

果及时报与军事委员会。

调查组在十五师待了三天,即向湖南省政府及南京军事委员会递交了调查情况的书面材料。书面材料如后:

中央军事委员会

湖南省政府:

本调查组一行15人在接到命令后的第二天(五月廿六日)即来到了十五师,开展了座谈,个人走访,翻阅资料,实地勘察等活动。到过酃县县城、酃县茶垅山、安仁岩鹰贱。找过徐洞、张业、霍远鹏的九姨太问话,逐一查阅过十五师官兵花名册,与十五师六十八旅七十八团三营三排的战士座谈过。得来的情况是这样的:

1. 十五师六十八旅七十八团第三营第三排无曹七仔这个排长,查遍十五师的所有花名册无曹七仔此人,因此曹七仔所写的书面材料纯属谭介愚副厅长杜撰出来的。

2. 九姨太在金紫仙庵子里看到过一个像侯梯云的货郎,至于那货郎是否就是侯梯云九姨太不敢断定。

3. 在承坪河里被淹死的安仁县挨户团团长侯澍椒及其两个卫兵是否属侯梯云谋杀目前不好定论。因为:①目前尚无目睹者和证明人。②侯梯云死去已有十多天，安、茶、酃边界社会秩序稳定，无人自称见过侯梯云或其部属，可见侯梯云确实已死。③死了之人怎能继续作案？④岩鹰贱山高路陡坡度大，路面又窄又滑，坐轿者、行路者在此滑入河中屡见不鲜。侯澍椒三人之死可能与此因素有关。

4. 张业我们亲见其人，士兵们也确认他是三营营长。因此张业头颅悬于酃县西门城楼上纯属子虚乌有，是共匪造谣惑众扰乱军心民心贬低蒋总司令形象之阴谋，不可信之。

5. 谭介愚副厅长与侯海鹏旅长同系安仁人，两人曾有过节，他的报告可能有公报私仇之嫌。

报告人：联合调查组组长　徐恩增

副组长　程　龄

民国二十二年五月卅日

谭介愚、霍远鹏得知调查组的调查结论后，心头为之一惊。本想扳倒侯海鹏，却不料搬起石头砸了自己的脚，自己扳倒了自己。这个调查结论肯定是有人授意而为，授意者来头不小。从此谭介愚忧心忡忡，寝食不安。正当谭介愚惶恐不安时，何键把谭介愚叫到省府,痛骂了他一顿。说:"你吃饱了没事干也不能搞窝里斗,干无事生非的勾当。不为前方将士鼓劲叫好,却从鸡蛋里挑骨头,多此一举。"当即免了他的省府特派员之职。接着谭介愚又被厅长叫去谈话,说:"谭副厅长,你本来是个很稳健的人,这下又怎么这样鲁莽,不三思而行,只顾笔杆子生花,不顾脑袋是否开花。你这下的篓子捅大了,不但你今后的日子不好过,连我今后的日子也不好过。真是城门失火,殃及池鱼。你怎么可以把木已成舟的事,媒体连篇累牍报道的事进行推翻呢? 你想过没有,你把原结论推翻有多少人要受处分? 你还想过没有,这事情的结论是得到谁的认可呢?"末了,厅长加重语气说,"众怒难犯呀! 别书生气十足,你真以为有理走遍天下。如真是有理走遍天下那为何还有'一手遮天'的成语呢?"

谭介愚知道这事牵一发而动全身,蒋总司令已颁发了嘉奖令,自己要蒋总司令收回成命,惩办受嘉奖之人,这不是给蒋总司令一个重重的耳光? 这件事,真的严重了。

谭介愚被厅长叫去谈话后心中郁闷,坐卧不安,食之无味,寝之不宁。他知道此次不但未整倒侯海鹏,反而会被侯海鹏整倒自己。何键省长已免去了他的特派员之职,这是第一步。第二步很

第六章

永远活在人民心中

可能是撤他的副厅长之职。

正当谭介愚为自己前途担忧,成天唉声叹气之时,他突然得到了一个消息,省长何键因湘东匪患一日比一日猖狂,惹怒了蒋介石,蒋介石把他骂了一顿。他也心情沉重,寝食不安,每天难吃二两米饭。见到采购员就骂,骂他们办事不认真,菜谱天天一个样,叫人吃了恶心。见到厨子也骂,骂他厨艺毫无长进,炒的菜无色无香无味难以下咽。实际上采购员绞尽了脑汁,天天采购新鲜的食品,厨子也非常卖力,天天变花样,但是费力不讨好。何键还是吃不下饭,还是天天骂人。谭介愚知道这事后立即从安仁搞来一坛剁辣椒拌冰糖豆豉鱼,试着给何键的厨子送去了。

这一天,何键回家吃中饭,厨子给他弄了八样菜:一碗清炖鸡、一碗爆炒肚片、一碗辣椒炒泥鳅、一碗芦笋炒肉、一碗辣椒炒田螺肉、一碗清炒莲藕、一碗白菜、一碗剁辣椒拌冰糖豆豉鱼。何键看见剁辣椒拌冰糖豆豉鱼,随手夹了一点点放在嘴里,感觉蛮好吃,便对厨师说:"这菜好吃,是买的还是你自己做的?"厨师回答说:"是警察厅谭副厅长特意从他老家安仁带一小坛这样的菜来孝敬您,他听说你近来胃口不太好,试着给你送这么一个家乡菜。"何键说:"这菜好吃,安仁人弄这个菜还蛮有特色。这谭副厅长倒还蛮有心计,好呀,我喜欢。"何键上次看了谭介愚的《关于侯梯云死的怀疑报告》,心中火冒三丈,当即把谭介愚叫来训了一顿,现在正变着法儿要撤了他的差。如今吃上这安仁特产鱼,心里美滋滋的,什么气都没有了。倒是对侯海鹏无比恼火。一个旅长,指挥无方,作战不卖力,累累吃败仗,侯梯云就那么几百人,竟把他搞得焦头烂额。侯梯云出入茶、酃、安、永、耒、资六县如到无人之境,几经潭湾、关王、古塘、龙海塘,捣毁盐卡,杀国军,勒索商绅,捉地方官员,搞得人人自危。不思良策,不整顿军纪,却谎报军情,邀功请赏,实属军人之耻辱,党国之败类! 饭后他以湘赣"剿匪"总司令的身份立即给二十八军刘建绪军长打了个电话,说:"六十八旅旅长侯海鹏指挥无方,作战不力,任凭共匪猖獗,使得湘东南一带民不聊生,人人自危。不仅如此,还谎报军情,邀功请赏,行为恶劣,军法不容。前者,因误信他的谎言,将其功劳报与南京,蒋总司令特令嘉奖,各大媒体予以报道。现有人秉公禀报,戳其谎言,揭其阴私,述其危害,我反复深思,觉得此害群之马不得不除。当然,为免舆论攻击我们办事草率,轻信谎言,盲目嘉奖,不等战场情况核实清楚,就急忙召开庆功会。庆功会刚过,又说人家谎报军情。媒体如知道我们办事是如此不负责任,会不遗余力谴责我们,骂我们是饭

第六章

永远活在人民心中

桶,蒋委员会长也会声名受损,因此不能以谎报军情邀功请赏之罪治他,而要以其他罪名将其革职回家。具体操作方式请刘军长自行定夺。这样,人们还认为我们办事公道,处事有方。前者有功当奖,现今有过当罚,不能因其一时有功而任其胡为。功臣更应从严要求,让其不失功臣本色。治军之首要任务是治心,要治心先肃纪。纪是军队之纲,纲举而目张。以上是我个人意见,望刘军长三思。"不久,侯梯云在高垅割下了张业的头颅,谎报军情之事大白于天下。刘建绪暗自大骂侯海鹏,说:"侯海鹏,你自以为聪明,这谎报军情之事也是谁便能为? 你聪明反被聪明误,我看你这下是吃不完要兜着走了。"刘建绪立即以侯海鹏挪用军饷罪将其革职,遣返回乡。后侯海鹏又请求李达才帮忙,经李达才斡旋,侯海鹏最后被降为安仁县挨户团团长,1948年病死于此岗位上。

五

侯梯云智擒霍公子

　　侯梯云把张业的头颅悬挂在鄜县城关西门城楼上之后迅速离开了鄜县，复又来到潭湾。此时他派出去的侦察员回来报告，说5月22日湘东攸县、茶陵、鄜县、安仁、永兴五县联防工作会议要在安仁关王区政府召开。出席会议的有五县的挨户团长、县长、九县联防团总、国军十五师师长、六十三师师长、国民党湘东游击司令等人。会议着重研究如何加强联防，确保湘东各县社会秩序稳定，严防侯梯云部在湘东四处乱窜，尽量将侯梯云部围困在潭湾山里，断绝该部与外界的一切联系，然后伺机将其消灭。

　　侯梯云得知这个消息后，对红二团团长谭源流说："敌人要想方设法将我们消灭，我们则要趁敌人开会之机，打他个措手不及，

第六章

永远活在人民心中

因此,你先带十几个人到关王区政府附近侦察一下,具体了解有多少人参与会议,担任会场警戒的有多少人,火力配备如何,开会时间是晚上还是白天等问题,回来我们再研究一下如何袭击会场。"

谭源流带了侯勇、元仔(又名癫子)出发了。到了关王,他们扮成给区政府送柴的农夫进了区政府。徐洪桥给他们的柴过秤时,突然发现了谭源流,觉得这个人好面熟。但一时又想不起来,于是放下手中的秤,在苦苦思索。这时,谭代煌来了。谭源流知道谭代煌这个人不多事,于是忙喊了声:"谭助理。"谭代煌听到有人喊,忙走了过来,见是谭源流,先是一惊,然后平静地说:"你送柴来了。"谭源流忙说:"谭助理,好久没到高方了,哪天有空到我家喝上两盅。"谭代煌忙说:"好哇,过两天我就去。徐书记,我们两人一起去。这个人非常好客,老婆酿得一手好酒。"徐洪桥听谭代煌这么一说,心中的疑虑没有了,立即替他们过了秤,付了钱。在付钱时,谭源流顺便问道:"徐书记,你区政府今天买那么多的菜又要开会了?"徐洪桥见他跟谭代煌非常熟,也就有什么说什么。"是呀,今天晚上,五县联防会要在这里召开,有很多大官要来,伙食当然要办好一点,办热闹些。你们送柴来得早,再迟一点你们就进不来了。再过一会儿,这里就要布岗站哨了,非里面的人不准进来了。"谭源流说:"搞那么严干什么,侯梯云不是已经被杀了,其部属也被消灭了,还有谁敢来捣蛋?"徐洪桥忙说:"不跟你们说了,晚上开会,我还有许多事要做。"谭源流三人只好出来。

中午时分,区政府门口就有两个匪兵在值勤,一般人都不准进入区政府。谭源流知道开会的人已经进驻了区政府。同时区政府门口的灯泡换成了大瓦的,听电工说,四周围墙上也安了灯泡,这是防止有人攀围墙进来。

谭源流把侦察到的情况向侯梯云做了汇报。侯梯云和大伙共同分析了一些情况,然后说:"此次主要是我杀了张业,把张业的头和我写的告示都挂在了鄠县西门城楼上,对敌人打击很大,因此敌人要疯狂报复我们。为统一行动,所以由王东原主持召开了这个联防工作会议,鉴于张业被杀,敌人加强了戒备。这次会议我们要想冲进会场,像上次那样捉一批人出来是不可能的。但扰乱他们的会场,使他们开不成会,打死几个白匪是可以做到的。近来霍远鹏反共特别积极,为了教训霍远鹏,也为了我们的军饷,今晚可派一部分人员去袭击霍公馆,绑架霍远鹏的独生儿子霍良宇。现在我对参战人员做如下分工:谭源流率两个排的战士去攻打霍公馆,务必将九姨太及其儿子霍良宇捉拿到此;我率两个班的战士去攻打区政府;刘云汉留守营地。分工完毕后,各就各位,开始行动。"

先说侯梯云的小分队。晚上九点侯梯云的小分队已潜伏于区政府周围。关王区政府前面临街,后面靠山,左面靠着财神庙,右边靠着关王小学。晚上十点左右,侯梯云估计会议正开得火热,那些匪长官正集中精力开会,无暇顾及站岗巡哨。今晚站岗巡哨的全是霍远鹏的土匪兵,纪律比较涣散,见开了几个钟头的会平安无事,现在快十点了更不会有事,会麻痹大意。侯梯云说:"趁敌人麻痹时,我们攻其不备。徐望林,你带一个班用手榴弹炸死大门旁的两个站岗匪兵,把敌人注意力吸引到前面去,然后我率侯勇班用竹梯从后门处爬上围墙,朝区政府院子里甩手榴弹,炸死一批巡逻匪兵。闹了一阵后,我和侯勇随即把区政府照明线剪断,然后迅即撤回。大家不要恋战,也不许冲入里面。我们的目标是让他们开不成会,吸引霍远鹏的土匪兵来区政府支援,通过调虎离山使谭源流部顺利攻入霍公馆,把霍公子和九姨太一同绑架。"到了十点钟,徐望林率一个班冲到区政府门口,向站岗匪兵投了一枚炸弹,两个匪兵当场被炸死。炸弹一响,区政府院子里的匪兵忙冲出来支援,徐望林班与匪兵双方展开了激战。此时侯梯云指挥侯勇迅速爬上围墙,然后朝区政府院子里狂甩手榴弹。敌人哭爹喊娘,会开不成了。匪官们冲出了会议室,徐望林同战士们轮番甩手榴弹,匪官们忙缩了回去。

这时霍远鹏的匪兵们成群结队直奔区政府而来。谭源流叫战士迅速朝霍公馆发起攻击,打死了守门的匪兵。红军进入霍公馆后,直朝九姨太的房间奔去,不到十分钟就把九姨太和她的六岁儿子霍良宇捉住了,然后谭源流下令撤兵。谭源流的部队撤到区政府门口时,也向敌人打了一阵枪。此时区政府的电灯全没了,谭源流他们知道回营的时间到了,于是纷纷离开关王。

侯梯云这一骚扰打死王东原的副官一名,陈光中的警卫一名,霍远鹏的匪兵四十八名,夺得枪支四十二杆,子弹一万多发,手榴弹两箱,从霍远鹏家抄得现洋一千五百四十八枚,活捉了霍远鹏的九姨太和公子霍良宇。霍远鹏已四十多岁,娶了几个太太,只有一个儿子,这儿子就是他的命根子,他听到这个消息后当即就晕倒在地。醒来后,他大骂管家,说:"给你四十多个看家护院的保镖,高方、红岩各驻有一个连,关王街上也有我的一个连,看家保镖顶不住,为什么不打电话通知这几个地方派兵支援,你管的什么家!连我儿子、夫人都管不了,留你何用!"掏出手枪就将其毙了。

六

谭源流豪山被捕

五县联防会议当晚未开成,第二天移到霍远鹏公馆继续举行。会上不但研究了如何加强五县联防,合力消灭侯梯云部,还研究了如何营救九姨太和霍公子。王东原说:"当前最重要的是弄清楚侯梯云部的落脚地,因此要加强侦察力度,增加侦察人员。但是红匪反侦察能力很强,因此我们不能采用常规侦察方法,要变换方法,出其不意地获取情报。最近我看到金紫仙庵子里的和尚到处化缘,老百姓对和尚非常热情,给钱给物者不少。金紫仙庵的住持瑞智打算将庵子扩建,需要大量钱财,派了大量和尚四处化缘,这给了我一个启发,也给了我们侦察侯梯云部一个极好机会。我们的侦察兵可扮成和尚,以化缘为名,四处侦察侯梯云部的情况。大家看我的意见如何?"与会者一致赞同王东原的意见。自此,府阳、潭湾等地和尚随处可见。

一天,谭源流和元仔在豪山一家酒店吃饭,这时来了两个和尚化缘。和尚进来后向酒店老板说明了来意,要老板积德行善,为金紫仙庵扩建捐点钱财。老板非常乐意,答应捐木料四根,银圆十枚,稻谷一担。和尚登记了老板的姓名和所捐物资的数量就走了。谭源流未在意,这两个和尚却留意了谭源流二人。他们怀疑上了谭源流二人,因为两个和尚在同老板谈捐献事宜时,元仔同谭源流讲了话。和尚听出谭源流说的是江西话,元仔说的是安仁话。从表面看两人像生意上的合伙人,而仔细观察更像上下级关系。谭源流同元仔讲话时,元仔洗耳恭听。元仔回谭源流的问话时,特别小心翼翼。吃饭吃菜时,元仔对谭源流特别礼让,因此和尚断定这俩人是红军侦察员。和尚离开不久,谭源流和元仔也起身。刚和老板结完账,准备出门时,突然涌进十个和尚,倏地将谭源流、元仔二人扭住了。谭源流喝问:"你们这些和尚想干什么?"一个和尚回答说:"不干什么,只想要你们见见我们的长官。"说完就将谭源流二人捆了。

谭源流二人被押到霍公馆,霍远鹏亲自审问。问他们是干什

第六章

永远活在人民心中

么的。谭源流缄口不言。元仔一被押进霍公馆就战战兢兢,霍远鹏见元仔害怕,立即将他单独审问。审问室里摆满了各种刑具,元仔一见到这么多刑具心里就非常恐惧,因此在霍远鹏的大声喝问下,如实地向霍远鹏供出了一切。承认自己是红军,谭源流是他的上级,是红二团团长。此次他们来到豪山是要侦察霍远鹏在豪山的驻军情况和火力部署状况,准备袭击霍远鹏的豪山驻军。还供出侯梯云的师部设在云秋乡西草坪。最后求霍远鹏不要杀他。霍远鹏见他贪生怕死,又没有了利用价值,立即将他杀了。霍远鹏问谭源流:"你现在愿不愿意招供?愿不愿意归顺国军?如愿归顺国军,你仍可做团长,我还可奖赏你一大笔钱。不归顺你就死路一条了。"谭源流对霍远鹏不屑一顾,昂着头坚定地说:"革命不怕死,怕死不革命,共产党员绝不当叛徒!"气得霍远鹏咬牙切齿,恨不得立即毙了他,但想到九姨太和儿子都在侯梯云手中,不得不强压怒火,把他关进了大牢。

第二天,侯梯云派人给霍远鹏送来了一封信,愿以霍良宇交换谭源流,交换地点在云秋乡西草坪的两头塘。霍远鹏高兴极了。告诉来人明天中午在两头塘交换人质。霍远鹏为什么高兴呢?因为他们得到元仔的口供后,立即报告了王东原。王东原当即派了两个团将西草坪围住了。霍远鹏自己也派去了一个团的兵力参加包围,两千多人的队伍将云秋乡西草坪包围得水泄不通。霍远鹏盘算着,只要公子回到身边,立即向侯梯云部开火,将侯梯云四百多人全部消灭干净。

七

西草坪侯梯云英勇牺牲

第三天,霍远鹏的人押着谭源流朝云秋乡西草坪走来。云秋乡西草坪是一个小小山村,住着十来户人家。草坪在一个山坳里,四周都是高山峻岭,树木参天。西草坪前面有一口大塘,西草坪后面有一座山峰,是西草坪的一道屏障,侯梯云在这个山峰上修了几个暗堡,每个暗堡有两挺机枪。山峰后面又有一口大塘。因此西草坪另一个名字是两头塘。侯梯云从西草坪挖了条地道直通山峰下面那口塘。从塘里出来可以攀上另一个山峰,这一个山峰上全是原始森林。侯梯云之所以挖一条地道是怕又出现茶垅山的事情,晚上被敌人包围,敌人居高临下,把红军往死里打。那一夜要不是谭勤生抢占了制高点,可能就会全师覆灭。侯梯云还在西草坪里面也修了几个暗堡。这样即使敌人人多，也不可能将红军全部消灭。红军可以凭暗堡同敌人进行战斗，敌人无法冲入西草坪。从西草坪前面的山脚下，靠大塘走，有一条小石板路进入西草坪村。西草坪村是因村前有一个方圆一平方公里左右的大草坪而得名。石板路进村后继续延伸就到了村后的山峰上，沿山峰而下就到了村后那口大塘边，再由大塘边向前延伸就到了对面的山峰上。石板路到了对面山峰的中间地带，那里有一间亭子，亭子取名"两头塘亭"。侯梯云在亭子旁边的密林深处暗藏了一个班，配备了两挺机枪。这样石板小路就始终控制在红军手里。只要石板小路控制在红军手里，驻扎在村子里的红军在任何情况下都可以逃生，进入亭子这边的原始森林里。

中午时分，双方开始交换人质。交换地点是村前大塘边。霍良宇最先被侯勇和徐望林两人押到大塘边，接着敌人把谭源流也押到了大塘边。当敌人把捆住谭源流身子的绳子解开后，侯梯云叫侯勇放人。霍良宇飞也似的朝霍远鹏身边跑去，谭源流也飞似的朝侯梯云面前跑来。被谭勤生捆住的九姨太哭喊着："远鹏，你要救我。我不能死。"当霍良宇、谭源流两人各自回到自己队伍里时，王东原一声大喊："给我打！"敌人的机枪从四面往西草坪村开火。西草坪后山峰里的敌机枪刚开始射击,红军修在敌人后面暗堡的机枪也立即响了起来,埋伏在这个山峰中的敌人一下就全被打死了。西草坪里面的暗堡里的机枪也开始朝村前方向的敌人开火。敌人看不见红军,红军却看得见敌人,因此战斗刚打响时,敌人吃了大亏,死了不少人。王东原、霍远鹏万万没有料到侯梯云会来这一招。王东原怒骂道:"侯梯云,你狠!你聪明!但老子有的是人,我已经控制了西草坪的三面,我看你往哪里逃?"这时九姨太在村子里歇斯底里狂叫:"远鹏,你不能再打了,我在里面还没出来,你不能不管我呀!"王东原听到九姨太在狂叫,嘴角边露出狡黠的笑容,心想:九姨太所在的房子里就是侯梯云藏身的地方。于是,命令九门迫击炮手,一齐朝村子里的房子轰击。顿时九门迫击炮的炮弹呼啸而出,全部落在居民的屋顶上,十来户人家的房屋坍塌了一大半。接着又是一阵炮弹落下,房屋全打坍了。侯梯云受了重伤,谭源流被当场炸死,九姨太也被炸死。侯梯云命令一团政委刘云汉赶快率红军从地道里往亭子坳上退,动作要快。刘云汉叫人抬侯梯云走,侯梯云挥了挥手说:"我不行了,麻烦你把队伍带到苏区去,一定要带到苏区去。"又吃力地说,"把我扶起来,我要再看看西草坪村。"刘云汉等人立即将他扶起,侯梯云靠在刘云汉怀

371

里,从颈上取下了望远镜,举镜四望,西草坪村横七竖八地尽是敌人的尸体,四周硝烟弥漫,西草坪村被炸得七零八落,对面山上的松树傲然挺立。他触景生情,随口念道:"举镜四望草坪村,尸横遍野人心惊。飞鸟不知何处去,青松挺立硝烟中。我心向党终不改,愿学草坪一劲松。今赴黄泉仰天笑,无怨无悔显我忠。"说完,久久地凝视对面山冈上的青松,过了好久,他突然瘫了下去。刘云汉等人赶忙把他平放在地上,大喊:"师长!师长!你醒醒。"侯梯云又睁开眼睛并艰难地从口袋里摸出一封给妻子周雪莲的信放在刘云汉的手上,同时脑海里浮现了周雪莲,浮现了在窑厂里和周雪莲初相识的情景,浮现了与她初婚之夜的情景,浮现了从七溪岭回到家里与周雪莲嬉戏的情景,浮现了奉命回营周雪莲送他出吴村久久不愿离去的情景。耳边仿佛又听到了《妹妹嫁的是红军》的歌。

悠悠河水清又清,

妹妹嫁的是红军。

闪闪红星耀眼睛,

喜在眉头笑在心。

第六章

永远活在人民心中

罗霄山峰峰连峰，

妹与哥哥情意深。

哥哥爱妹有真心，

妹妹爱哥是红军。

受苦穷人翻了身，

豪强地主不甘心。

请来白匪剿红军，

井冈山上起乌云。

敌兵前锋到永新，

蒋匪早有亡我心。

哥哥接令回营转，

妹妹送哥出吴村。

白匪来势气汹汹，

红军肩上担不轻。

此去必是鏖战急，

哥哥安危妹担心。

乌云乍起雷声声，

哥哥此去要记清：

服从命令听指挥，

镇定自若惩顽凶。

眨眼不见哥哥身，

妹妹仍然不转身。

呆呆站立想红军，

风急雨骤淋我身。

哥哥打仗莫心惊，

若遇顽敌要敢拼。

凯旋归来妹欢喜，

相拥相抱任你亲。

浮想、歌声把侯梯云带入了美好的遐想之中。他嘴角边露出

第六章

永远活在人民心中

了笑容,在微笑中闭上了眼睛。众人见他久久没有反应,知道他走了,立即放声大哭。这位传奇人物从此离开了他热爱的红军,热爱的事业。刘云汉伏在侯师长身上号啕大哭,喊道:"侯师长,你不能死,你是我们的好师长!"其他战士也号啕大哭。可是侯梯云再也不会睁开眼睛了,再也听不到他们的声音了。刘云汉怀着极其悲痛的心情向侯梯云敬了最后一个军礼,然后带着剩余的战士急忙从地道退出。战斗持续了一个多小时,王东原听不到红军的枪声了,才命令士兵向村子里冲去。虽然没有红军枪声,但敌人还是非常害怕,小心翼翼,走一步看一看,极其缓慢地从山上向村子里走,走了近四十分钟才到达村子。村子里的房屋全炸塌了,村子里四十八个男女老幼全部遇难,红军战士牺牲了四十六人。敌人见着了侯梯云,脑袋被炸开了一道口子,全身是血。王东原听说侯梯云被炸死了,高兴得不得了,大叫:"我终于炸死了侯梯云。我终于炸死了侯梯云!"令王东原不解的是侯梯云部有四百多人,为什么只有四十多具尸体,其他红军呢?难道他们入地了?敌人四处寻找,终于发现了地道。王东原悲哀地说:"我虽然炸死了侯梯云,但我的能力、智商永远赶不上侯梯云,我为什么那么蠢啊!我花了那么大的力气,只打死红军四十七人,而我部伤亡一百多,我真

375

是庸才呀！"

　　侯梯云牺牲后，云秋乡的群众含泪把侯梯云全身沐浴一遍，然后给他穿上了一套新衣服才装棺入殓。安葬那天，一百多个群众跪在坟前呼喊："侯师长，安息吧！侯师长你不会白死，我们会替你报仇。"

　　这一天是 5 月 28 日，从这一天起云秋乡的老百姓自觉吃素三天，以悼念侯梯云的壮烈牺牲。

八

噩耗传来贤妻哭夫

侯梯云壮烈牺牲的消息传到里田,妻子周雪莲哭了一天一夜,泣不成声,泪流满面。母亲劝她:"要注意自己的身体,人已牺牲不能复生。你是党的人,要听党的话,继承梯云遗志,完成他未竟事业。"上级来劝她节哀,说:"侯梯云为革命而死,为救战友而牺牲,死得光荣,死得伟大。他是红军中的楷模,是流芳百世的英雄,你应该感到骄傲。"周雪莲就是止不住泪,忍不了哭。她对人说:"我看着他活生生地出去,却不见他活生生地回来,我怎能不哭!往日里,他打仗回来,离家门还有很远就高声喊着:'雪莲,我回来了!'现在我永远听不到他的声音了,怎么不心痛?我的梯云我的夫,你走得太早了,你走得太匆忙了,你走得太不是时候了!你说了要带我回安仁,带我回古塘见你父母,可是现在你走了,谁带我回安仁,回古塘？天杀的霍远鹏,不得好死的王东原,你们害死了我丈夫,我一定要找你们报仇,我一定将你们千刀万剐！"周雪莲的悲哀,周雪莲的长哭短哭,使在场人无不滴泪。周雪莲一边哭,一边拆开侯梯云牺牲前交刘云汉带来的信。信是这么写的：

爱妻莲：

我写此信时,心潮澎湃。回忆我们从相识到相知到相爱的历历往事,难挥难忘。认识你,拥有你是我一生的幸福,如有来生,还要娶你为妻。

我们都是坚定的革命者,从党旗下宣誓那一刻起,我们的生命就属于党,属于人民了。现在国难当头,山河破碎,我们这些为祖国统一、为人民解放而战斗的革命者随时都有牺牲的可能。5月5日,鄞县坂溪茶垅山一战就差点要到马克思那里去报到,搭帮警卫和白马救了我。现在每天都要和敌人战斗,随时都有牺牲的可能。我写此信时还活着,当你看到此信时,我可能先你而去。请你不要悲哀,要坚强,要顽强战斗,以辉煌的战绩迎接"英特纳雄耐尔"的实现。

第六章

永远活在人民心中

我走了,变成风,变成雨。风传送革命的喜讯,风卷走残叶败枝,迎接崭新的明天。雨融入沃土,融入你的心中,在没有我的日子,使你不会孤单。天还是天,雨还是雨,在没有我的日子,你要活得更潇洒,你要活得更坚强。世上没有跨不过的坎。多跨几道坎,你就会多几分刚强。你多美啊! 笑起来,酒窝是那么深,眼睛是那么亮。嘴角边上的丝丝笑容,是那么勾魂摄魄! 你太美了! 我爱你,我永远爱你。为了你的爱,我不能做孬种和懦夫;为了你的爱,我要用生命和热血荡涤周围的一切污泥浊水,让你生活得安逸恬静;为了你的爱,我要用战斗谱写一曲令你终身神往的歌曲。世界这么黑暗,命运注定我一生就是奋斗和追求。要奋斗就有牺牲。天还是天,雨还是雨,我走了,你不要太悲伤。我写给你的不是离歌,是一首用心写出来的战歌。革命者永不退缩,永不沮丧。望你握紧拳头,挺起胸膛,爬过前面山坡,就能看见黎明的曙光。你不要悲伤,你不要害怕,你也不会寂寞。豪绅的冷漠微不足道,敌人的疯狂如白光过隙。无数活着的同志和战友会关心你,爱护你,鼓励你。天还是天,雨还是雨,曙光就在前头,红日即将冉冉升起。我走了,变成风,变成雨,融入大地,融入你心中。在我心跳的最后一刻,我要再次大声呼唤:周雪莲,我永远爱你! 用深沉的爱与你话别，用深沉的爱为我们的情谊做最后总结。别了！

吻你，紧紧地吻你。

梯云

1933 年 5 月

周雪莲看完信，哭得更猛了。多好的丈夫，多好的同志，就这么走了，她能不悲伤吗？周雪莲对她妈妈说："梯云表面上看起来很粗，很严肃，只会打仗，不懂得生活，不懂得爱。其实，他很细心，很温柔，很会生活；他善于观察，善于揣度人的心理；很了解女人，知道我需要什么，不需要什么。只是忙于战争，很少同我生活在一起，可能会使你对他产生误会，以为他是个不懂得爱的人。"周雪莲的妈妈忙解释说："我知道他很爱你，只是战争中锻炼出来的人很难露出爱。他们严肃有余，温柔不够。今天听你这么一说，他倒是一个蛮懂得爱蛮体贴女人的人。"雪莲回答说："是的。我们虽然生活在一起的时间很少，即使这样，我对他的爱也是挥之不去，离之不开啊。在我们短短的相处时间里，他会以各种方式关心我、体贴我、疼爱我，让我感到幸福，得到温柔，享受到他的爱。我真的离不开他，他是世界上最懂得爱的人。"说完，她又大哭起来。周雪莲的妈妈也跟着人哭起来,母女俩抱在一起,哭作一团。周雪莲边哭边大喊:"梯云,你放心,我一定替你报仇!王东原、霍远鹏,我一定把你们碎尸万段!"世上什么算最痛苦?失去亲人最痛苦。世上什么算最悲?失去心爱的人为最悲。苦和悲,使雪莲母女泪流满面,长哭不已。

天若有情也会为之流泪,地若有情也会为之哀伤。

人苦到极点会产生力量,哀到极点会产生愤怒。这力量和愤怒使人特别坚强。周雪莲猛地站了起来,高举右手,喊道:"梯云,我一定坚强,继承你的遗志,完成你的未竟事业,让红旗插遍祖国的山山水水!"

1949年,安仁解放。1950年,府阳人民活捉了霍远鹏。出于对霍远鹏的愤恨,他们将霍远鹏押赴西草坪两头塘侯梯云的墓边,将他千刀万剐。剐了三天,让他喊天呼地,然后将他剖腹剁成碎片喂狗,实现了周雪莲的愿望。当时周雪莲在山西。1986年安仁党史办的同志将此事告诉雪莲同志时,雪莲同志既高兴又觉得太残忍了,对来访者说:"我们既要分清敌我,同时更要贯彻政策。"

九

里田追悼会万人垂泪

1933年5月29日,里田乡苏维埃政府为侯梯云举行追悼会,一万多人含泪参加。追悼会场布置得庄严肃穆,会场正中央悬挂"隆重追悼侯梯云同志"的横幅,两边写有挽联:

浩气长存辉日月;

英名不朽垂青史。

追悼会由里田乡苏维埃政府主席周安民主持。首先是全场肃立,向烈士三鞠躬,默哀三分钟,鸣炮,唱《国际歌》。接着师政治部主任袁任远介绍侯梯云的生平事迹:

第六章

永远活在人民心中

侯梯云又名侯万元,出生于安仁县南雷乡古塘村一个穷苦农民家庭。父亲侯恕铭,以做陶器为生。母亲刘碧莲,普通农村妇女,但武功极其高强,对侯梯云影响很大。侯梯云有六姊妹,大姐侯章英,农村妇女。二姐侯彩英,毕业于湖南省长沙第一师范,共产党员,社会活动工作者。大哥侯兆元,黄埔军校四期生,共产党员,已牺牲。大弟侯文元,黄埔军校五期生。二弟侯合元,已病逝。侯梯云的家庭是一个革命家庭,家庭对侯梯云的影响也很大。侯梯云1897年生,八岁进蒙馆,十二岁来到江西安福,进了周武小学。1913年在江西参加了孙中山领导的"二次革命"。"二次革命"失败后,又回到安福,开始反对土豪劣绅的斗争,被当地官绅诬为"土匪",躲进了谷源山中。1926年参加了北伐,同年底参加了王新亚的安福农民军,并光荣加入中国共产党。1927年农民军被国民党反动派打散后,来到了永新里田,结识了周雪莲。在永新他与李景才领导农民向李春才之流的土豪劣绅展开了斗争。后因反动派对其迫害甚紧,不得已回安仁。1928年3月在安仁组织了上十里农军,任大队长。参与了农军攻打安平司的战斗,受伤,在新洲治疗近二十天。之后来到茶陵,参与了茶陵暴动,暴动后茶陵成立游击大队，侯梯云任大队长。后又复回安福，组织农民开展武装斗争，打死安福县挨户团团长李长智。在洲湖成立了苏维埃政府。不久，农民武装被反动派打散，被迫流入梅花岗打游击。同年，贺敏学受党的委派把侯梯云从梅花岗接回到永新，参与了永新的农民暴动。暴动后永新成立了县赤卫大队，鄢辉任大队长，刘作述任党代表，侯梯云任副大队长兼第一中队长。同年受党的指派收编了刘宗安的土匪部队。1929年，永新赤卫大队编入黄公略的红六军第三纵队，侯梯云仍任第一中队长。不久参与攻打吉安的战斗。从吉安回来后，改任第三纵队第三营营长。同年5月与周雪莲结婚。婚后不久参与永新里田的分田工作。在分田工作中责任心强，工作细，政策把握准，被永新县授予"模范共产党员"称号。1930年在安福南山的大凹坳消灭了以县长王绍球为首的土匪部队。同年夏天，率部攻陷茶陵城。不久，任湘东游击大队长。同年取得界化垄大捷。之后被任命为湘赣红色警卫团团长。贺敏学给他送来一匹白马和一位警卫。同年向黄公略求情，请求黄公略不杀周金城祖孙三代人。1931年率部攻打茶陵城，取得辉煌战绩，受到湘赣省委的嘉奖。同年率部攻打攸县，用调虎离山计攻下了攸县城。10月，在莲花、安福等县与敌挨户团打游击战达半个月之久。在安福活捉了安福县靖卫团团长周毓乾。10月底,攻下鄞县县城。1931年8月,湘赣红军独立一师师长李天柱调走,侯梯云接任师长。冬,宁冈摸哨,大喊一声吓走敌一个营。11月被任命为湘赣红军独立三师师长。1932年1月任新编红军独立一师师长。同年4月又一次取得界化垅大捷。11月指挥新编红军独立一师取得扬武街大捷,六百人战胜敌三个团,表现了侯梯云的大智大勇精神。年底,永新天河救婴儿被传为佳话。接着又取得新七溪岭战斗胜利。1933年4月28日,晚上攻打了安仁县县长何巍之公馆。29日烧了大地主江达生、周树兰的房子。在排的只身潜入敌群,夺枪三杆,毙敌三名。30日,攻打了柏林乡公所。5月2日大闹坪石、水牛湾,炸了火车,炸了汽车,搅得敌人神魂不安。5月5日,茶垅山一战,威惊敌胆。15日,岩鹰贱智杀侯澍椒三个匪徒。16日潜入茶陵高垅张业住房,割下张业的头颅悬挂在鄞县西门城楼上,敌人闻风丧胆,坐卧不安。22日在关王搅乱五县联防会议,其部攻入霍公馆,活捉九姨太及霍远鹏土匪的儿子。28日为营救我战友谭源流壮烈牺牲在安仁县云秋乡西草坪。

侯梯云的一生是战斗的一生,革命的一生,伟大的一生,辉煌的一生,传奇的一生。

侯梯云同志永垂不朽！你的事迹与日月同辉，你的功勋与天地同在。

侯梯云同志，安息吧！

侯梯云同志，我们永远怀念你。

呜呼！

梯云出征未见还，

英雄早逝我心寒。

昨日还在同桌饮，

今日不见君容颜。

生死与共亲兄弟，

不见君颜我心烦。

忆昔谈心双促膝，

共论国是互恳谈。

无君伴我我太难，

苍天无眼心太残。

君若有灵常送梦，

护我红军扫凶残。

里田公祭颂英雄，

第六章

永远活在人民心中

万人垂泪悲宇寰。

罗霄山脉藏虎豹,

神州大地卷巨澜。

共产潮流无可挡,

问鼎中原谁敢拦?

红军北定中原日,

国祭英雄气非凡。

我欲因之思故友,

祭君再填菩萨蛮。

接着由原湘赣新编红军独立一师政委时任湘赣省军区政委甘泗淇致悼词。词曰:

呜呼梯云,不幸天亡! 我心哀伤,泪湿衣裳。英雄虎胆,一代忠良。红心向党,沥血为民,全师楷模。横扫阎罗,功勋卓著,我军栋梁。舍家为国,除暴安良,名留青史,世代辉煌! 运筹帷幄,决胜千里,不亚子房。舍生忘死,冲锋陷阵,英勇顽强。友爱同志,关心部属,优我同行。青春年壮,不幸蒙雠。水也悲鸣,山也哀伤。苍

387

天无眼，夺我同志，损我战友，我岂不伤？烧纸焚香，设酒摆牲，祭我梯云。君若有灵，享我三牲。吊君幼学，英名远扬；祠堂对联，初试锋芒；交往豪强，不卑不亢；茶壶绘画，巧骂豺狼；勇斗清满，名震祠堂；才高智长，豪强惶惶；参加革命，意志坚强；勇挑重担，常得表扬；与君共事，受益匪浅，增才长智，终生难忘；哭君早逝，悲恸哀伤；赞君勇猛，精神发扬；继承遗志，我军永昌。呜呼痛哉，伏惟尚飨。

甘泗淇叩首顿拜

1933年5月29日

侯梯云走了，他走得从容。

侯梯云牺牲了，他牺牲得壮烈、光荣、伟大。

侯梯云死了，他死得其所。他是为国家为民族而死。他是为信念而死。他的死，比泰山还重。

侯梯云的死，使党旗更鲜艳。

侯梯云的死，使共产主义信念更加深入人心。

侯梯云的死，使人民更加坚强，使红军更加勇敢。

烈士的鲜血必将浇灌出自由之花、和平之花、幸福之花。

第六章

永远活在人民心中

侯梯云牺牲不久,里田乡苏维埃政府在里田街为其建造了一座纪念坊。纪念坊上的对联是:

> 为革命牺牲精神尤挽在;
>
> 扛共产主义大旗永不放。

红军长征后,国民党反动派破坏了纪念坊,铲除了对联的下联。但磨灭不了人民心中的共产主义信念。

侯梯云永远活在人民心中。正如后人的一首诗所说:

> 青山埋英骨,
>
> 信仰铸忠魂。
>
> 遥想血与火,
>
> 能不忆梯云?

侯梯云走了,但侯梯云的传奇人生四处被人传颂。他和周雪莲俩人的忠贞爱情永远被人赞扬。《妹妹嫁的是红军》的歌永远被湘赣人民传唱。

悠悠河水清又清，

妹妹嫁的是红军。

闪闪红星耀眼睛，

喜在眉头笑在心。

罗霄山峰峰连峰，

妹与哥哥情意深。

哥哥爱妹有真心，

妹妹爱哥是红军。

受苦穷人翻了身，

豪强地主不甘心。

请来白匪剿红军，

井冈山上起乌云。

敌兵前锋到永新，

蒋匪早有亡我心。

第六章

永远活在人民心中

哥哥接令回营转，

妹妹送哥出吴村。

白匪来势气汹汹，

红军肩上担不轻。

此去必是鏖战急，

哥哥安危妹担心。

乌云乍起雷声声，

哥哥此去要记清：

服从命令听指挥，

镇定自若惩顽凶。

眨眼不见哥哥身，

妹妹仍然不转身。

呆呆站立想红军，

风急雨骤淋我身。

哥哥打仗莫心惊，

若遇顽敌要敢拼。

凯旋归来妹欢喜，

相拥相抱任你亲。

附 录

侯梯云生平大事记

1897年出生于安仁县南雷乡(今灵官镇)古塘村,父亲侯恕铭,母亲刘碧莲,有兄弟姊妹六人。

大姐　侯昌英

二姐　侯彩英

大哥　侯兆元

大弟　侯文元

二弟　侯合元

妻子　周雪莲

子　侯兆雄(1949年后失联)

女　侯秋英(1986年后失联)

侄　　侯广林　　侄媳　　曹梅妳

孙　　侯清智　　孙媳　　周蔓莲

　　　侯清德　　　　　　周秋莲

　　　侯清华　　　　　　曹清莲

孙　女　侯清兰

　　　　侯清瑞

　　　　侯清慧

曾　孙　侯海波

　　　　侯海浪

　　　　侯海霞

　　　　侯海磊

曾孙女　侯海燕

　　　　侯海琼（丈夫何冰）

　　　　侯建敏

　　　　侯　晰

八岁进蒙馆读书。

十二岁来到父母亲做窑的地方——江西省安福县洲湖乡葱塘村。原本是同姐夫一同来江西开办窑厂，因房主周金城看其年纪

侯梯云生平大事记

小,反对其弃学经商,劝其继续学习,于是进了周武小学,在这里又读了四年书。(据张远泉——张传位的儿子回忆)

1913年在江西参加了孙中山领导的"二次革命"。

"二次革命"失败后又回到安福,白天做窑,晚上带人打土豪,被当地官绅诬为"土匪",躲进了谷源山中。(见安仁县党史办《欧阳戈平走访记录》)

1926年参加了北伐,同年底参加了王新亚的安福农民军,并光荣加入中国共产党。(见《欧阳戈平走访记录》)

1927年安福农军被国民党反动派打散,王新亚率部分农军去参加秋收起义,侯梯云来到了永新里田。在里田结识了周雪莲。与李景(真)才一起领导农民反对土豪劣绅的斗争。(见《欧阳戈平走访记录》和江西省永新县党史办编写的《红色的记忆》)

1928年2月界化垅被国民党匪兵捉住,他打死匪兵,逃回安仁。(见中共安仁县委党史办、安仁县革命烈士传编纂办编写的《安仁英烈》)

1928年3月在安仁组建了上十里农民军,参与了农军攻打安仁安平司的战斗。在攻打安平司的战斗中负伤,之后在新洲治伤。伤愈后来到茶陵,参与了茶陵暴动,暴动后茶陵成立游击大队,侯

梯云任大队长。(据侯梯云的警卫员侯福大的回忆、《中国共产党炎陵县党史》及《中共茶陵党组织沿革》)

复回安福。组织农民开展武装斗争,打死安福县挨户团团长,成立洲湖苏维埃政府。不久,农民武装被打散,被迫流入梅花岗打游击。同年贺敏学受党组织委派把侯梯云从梅花岗接到了永新,参与了永新的农民暴动。暴动后永新成立了县赤卫大队,鄢辉为大队长,刘作述任党代表,贺敏学任副大队长,侯梯云任副大队长兼第一中队长。(见《欧阳戈平走访记录》)

同年受党的指派收编了部分土匪队伍。

1929年永新赤卫队编入黄公略的红六军第三纵队,侯梯云任第一中队长。参与攻打吉安的战斗,不久调任营长。(见《欧阳戈平走访记录》)

参与永新的分田工作,严格掌握党的政策。攻下安福银行,一个战士私藏一枚银圆被处罚,战士称他为"铁面人"。(见《欧阳戈平走访记录》)

1930年夏天,率部攻陷茶陵城,不久任湘东游击支队长。

率部取得界化垅大捷。(见《欧阳戈平走访记录》)

任湘赣红色警卫团团长,贺敏学送给他一匹白马和一名警卫。

附录

侯梯云生平大事记

（见《欧阳戈平走访记录》）

向黄公略求情，请求黄公略不杀周金城祖孙三代人。（见周金城曾孙周启给安仁县党史办的信）

1931年又一次攻下茶陵城取得辉煌战绩，受到湘赣省委的嘉奖。

同年率部攻打攸县。

10月在莲花、安福等县与敌挨户团打游击战达半个月之久。在安福县活捉县靖卫团团长。10月底，攻下鄮县县城。（见《欧阳戈平走访记录》）

1931年8月，湘赣红军独立一师师长李天柱调走，侯梯云接任师长，接任师长之前他是该师红二团团长。（见《欧阳戈平走访记录》）

11月，被任命为湘赣红军独立三师师长，政委甘泗淇，政治部主任袁任远。

冬，宁冈摸哨，大喊一声，赶走敌一个营。（见《欧阳戈平走访记录》）

1932年1月任新编红军独立一师师长，政委甘泗淇，政治部主任袁任远。

4月，又一次率部取得界化垅大捷。

11月，扬武街大捷，红军六百人打败敌三个团。

年底,永新天河救婴儿。(以上事实均见《欧阳戈平走访记录》)

1933年4月28日,打下龙海盐卡,活捉盐卡主任,当晚将其本村的一个大土豪与龙海盐卡主任一同在灵官处决,接着来到了安仁县侯家祠,要捉拿族谱撰修人侯恕与侯炎,未果,即攻打县长公馆,县城震动。(见《欧阳戈平走访记录》)

4月29日,烧了大土豪江达生、周树兰的家。上午去排的探望前妻李春英的妈妈,遭侯澍椒部与江仪声部的合围,危急之下潜入敌群,杀敌三名,夺枪三杆逃出包围圈。(据侯梯云外甥张远泉及原龙海乡党委副书记刘发喜、原古塘村支书侯盛清等人的回忆)

4月30日,攻打柏林乡公所。

5月2日,大闹坪石、水牛湾。

5月5日,茶垅山之战。

5月15日,智杀侯澍椒三匪徒。

5月16日,在高垅割下张业头颅,悬于酃县西门城楼上。

5月28日,为救战友谭源流壮烈牺牲于安仁县云秋乡西草坪(今该地属酃县)。(见民国二十年(1931)五月份的《大公报》及许邦行、侯廉敦在古塘村、万田村的座谈记录)

关于侯梯云牺牲的时间,有人认为是1933年5月5日。但是酃

附录

侯梯云生平大事记

县(今炎陵县)东风乡西草坪村(又名草坪村)的人有自己的看法,他们认为侯梯云不是1933年5月5日牺牲在坂溪茶垅山,而是这一年5月28日牺牲在西草坪村。侯梯云牺牲后,他的遗体还是西草坪村人替他收敛入棺的,葬在西草坪村的两头塘。1950年,安仁县政府召开全县农会主席会议,当时西草坪村属安仁。西草坪村农会主席与古塘村农会主席刘发喜同住一室,西草坪村的农会主席问刘发喜:"你是哪个乡哪个村的?"刘发喜说:"我是南雷乡古塘村的。"那人忙说:"你们村有个红军师长侯梯云不?"刘发喜答:"有呀。可惜他1933年牺牲了。"那人说:"他就牺牲在西草坪,还是我爸爸给他沐浴后入棺的。"这是2011年刘发喜亲自对作者和一些寻访人员说的,在座的还有侯梯云的后人和亲属。1967年原新编独立第一师副师长刘秀英曾写信给侯兆元的孙子,郑重声明侯梯云不是牺牲在茶垅山,可惜这封信"文化大革命"期间被红卫兵抄走了。侯梯云在岩鹰贱智杀侯澍椒一事,我们寻访组曾到万田找侯澍椒的后人对证此事,其后人虽未直接承认是侯梯云杀了侯澍椒,但承认了侯澍椒死的地点和死的时间与民间所说相吻合。文中"谭介愚用安仁特产鱼扳倒侯海鹏"的故事,则是作者亲自听黄埔学生李达才讲的。徐洞在授奖大会上突然发疯,说"侯梯云没有死,侯梯云来了",都是有好多人看见的。因此,作者认为,侯梯云真正牺牲时间在1933年5月28日。

图片提供者:黄显文、吴丰清、侯清德、许邦行。

题写书名:许邦行(侯持恒烈士孙女婿、作者的父亲)。

跋

　　《红军师长侯梯云》一书的出版是安仁党史和红色革命历史人物研究的丰硕成果，系统丰富了安仁侯氏宗祠重建后文物史料。笔者作为安仁侯氏文物保护协会负责人和新时代重走长征路的新队员，多次徒步穿越井冈山，在仔细阅读《红军师长侯梯云》后，思想得到全新刺激和净化，心灵受到震撼与洗礼，对红军形象和井冈山精神的认识越发清晰而深刻。侯梯云师长身上彰显了鲜活的红军特质和鲜明井冈山精神，这种特质和精神是融为一体的，是这本书之精髓，其要义如下。

一、胸怀理想

胸怀理想,坚定信念是红军精神的灵魂。俄国十月革命成功后,中国无数仁人志士致力于探寻救国救民之道。中国革命火种靠什么点燃?靠的是无数共产党人胸怀理念,靠的是敢于破坏一个旧世界、建设一个新世界的责任担当和对中国革命光明前途无限憧憬的坚定信念。侯梯云师长就是其中之一。侯梯云出生在安仁县南雷乡(今灵官镇)一个贫苦农民家庭,从小就饱受地主豪强的剥削压迫,八岁时就差点被同村缙绅侯清满活活整死。他幼小心灵饱受摧残,萌发了革命的念头,心怀革命理想。1926年,青年窑工侯梯云参加了中国共产党领导的农民自卫军,义无反顾走上革命道路,投身打土豪劣绅的革命斗争中,其间不断学习新思想,阅读了大量马列主义著作,1927年加入了中国共产党。几年时间里,由一个普通红军战士成长为优秀红军指挥员,成长为一个坚定的共产主义者,先后担任湘赣独立一师师长、独立三师师长、新编独立一师师长。正是因为信念坚定,侯梯云在第一次国内革命战争时期那段烽火连天的特殊历史岁月,特别中国大革命失败后,革命处于低潮时毅然决然投身于革命。同样是心怀坚定信念,在"四一二"反革命政变后,侯梯云所在的农民自卫军被打散仍不放弃,不停寻找队伍。后追随朱德带领的工农革命军,积极为部队筹粮筹款,收缴保安团武器,跟随湘南起义部队安仁农军上了井冈山,积极投身井冈山革命根据地的创建,用青春与鲜血保卫和发展红色根据地。

二、勇于担当

勇于担当,敢于胜利是红军精神的根本。革命就要拼命,这是立足之本。侯梯云能迅速淬炼成钢,成为红军一师之长,除了认准了革命道路之外,更敢于担当,敢于拼命。其英雄故事举不胜举,如永新收编土匪、洲湖成立农民协会、天河救婴儿、一枚银圆的故事、打土豪分田地、惩治侯清满、枪杀李春才、打龙海盐卡等一系列斗争。每次战斗侯梯云都是身先士卒,冲锋陷阵,英勇杀敌。侯梯云从参加农民自卫军到任职农军赤卫队,从编入工农红军纵队到负责整编湘赣游击大队,从改编为湘赣省委红色警卫团再到率领独立师,不论红军战士还是红军师长,党指到哪打到哪,表现了对党的赤胆忠心和敢干敢闯的军人品质。在湘赣苏区,他叱咤风云,把王东原打得焦头烂额,威名扫地;运用游击战术,出神入化,出奇制胜,屡建奇功。如突袭茶陵县城,保卫江西永新阻击战等,让敌人闻风丧胆,为红军第一次到第四次反"围剿"的胜利创造了条件,为革命根据地的巩固做出了杰出的贡献。

三、不守成规

不守成规,勇于创新是红军精神的核心。湘赣苏区创立之时,敌强我弱是当时的实际情况,工农红军如何生存和发展壮大,是生死存亡的重大问题。毛主席创造性地发展了马克思主义,提出了农村包围城市这一适合中国国情的伟大战略,在战术上提出了"敌进我退、敌驻我扰、敌疲我打、敌退我追"的十六字方针。侯梯云活学活用毛主席的军事思想,在湘东根据当时的特殊情况,灵活机动地打击敌人,见势而为,见机而作,把敌人打得焦头烂额。

四、不怕牺牲

不怕牺牲,舍生取义是红军精神的价值取向。自侯梯云参加红军以来,历次战斗都是冲锋在前,视死如归。1933年5月,侯梯云率新编独立一师四百多人在酃县坂溪茶垅山上遭追踪的敌人包围。敌众我寡,侯梯云毫无惧色,率部同敌人展开肉搏战,利用树

跋

密林深、月色无光这个特殊环境，深入敌人中间，逢人便砍，砍得敌人鬼哭狼嚎，打得敌团长胆战心惊，红军顺利地跳出了敌人的包围圈。正是这种英勇顽强不怕牺牲的精神，使我们的革命闯过了一个又一个难关，使我们的革命队伍由小到大，由弱到强，终于推翻了三座大山，赢得了全国的解放，让五星红旗高高地飘扬在神州大地上。正如毛主席所说："为有牺牲多壮志，敢教日月换新天。"

今天侯梯云家乡安仁县在全面建成小康社会的新时代中，正朝着"实力安仁、美丽安仁、幸福安仁、实干安仁"的目标迈进，现在的安仁发生了翻天覆地的变化。2019年是中华人民共和国成立七十周年，在习近平新时代中国特色社会主义思想引领下，神州大地处处绽放践行社会主义核心价值观的光芒，中华民族已行进在从站起来、富起来到强起来的伟大进程中，大踏步走在中华民族伟大复兴的中国梦的新征程上。唯愿我们在中国共产党的坚强领导下，牢记使命，不忘初心，为实现人民对美好生活的向往继续奋斗！这应该是作者心血力作《红军师长侯梯云》一书出版的初衷。红军精神永放光芒！

侯军生

2019年3月18日

后记

《红军师长侯梯云》一书终于要与广大读者见面了，我心里很高兴。这本书写成和出版得到了许多人的帮助，在此一并表示感谢。

我的老外公侯持恒从20世纪30年代就被人说成是"土匪"，土匪是人人恨之入骨的，老外公的后人也因此在"文化大革命"中受到了牵连。

1986年，安仁县党史办的李栋才交给我舅舅一本《安仁英烈调查纪实》，并说："经我们查证，你爷爷侯持恒不是土匪，是一名红军战士，是烈士。县政府准备为其在烈士陵园修一座墓，立一块功德碑。"全家人听到这个消息欣喜若狂，侯持恒恢复了名誉，我们成了红军后代。妈妈对我说："妙惠，你要好好学习，长大了一定要把老外公参加革命的事情写成一本书,一是为了正本清源,二是为了宣传前辈的革命精神,让子女后代不忘共产党的恩情。"我大学毕业后,妈妈已经过世,但我始终没有忘记她的遗愿。

2009年,我在安仁宾馆遇见了刘声贵同志(侯廉材烈士的孙女婿),他曾经在安仁县当过县长,后在宜章县当过县长,后又担任郴州市人大常务委员会副主任。刘声贵在中华人民共和国成立前就参加了革命,是老干部。当时,安仁县党史办同志告知刘声贵,说他们准备找人重写侯梯云传,刘声贵当即说:"就把这任务交给许老师吧。"当时的党史办主任阳启明欣然同意。侯梯云、侯持恒在大革命时期都是赤卫队的负责人,是战友。刘声贵知道我对那段历史非常熟悉,所以推荐我来写侯梯云传。第二天,党史办派副主任黄显文带上我和侯梯云孙子侯清德等七人赴江西等地调查。这次调查我们去了炎陵、茶陵、安福、永新等地,获得了大量第一手资料。回到安仁县后,党史办又在灵官、华王、龙海等地召集有关人士开了座谈会。我们把得到的资料整理成册,交党史办负责人审阅,最终形成了一份八万多字的调查记录。

有了这份调查记录,我便着手写作,一个月后初稿写成,分别交由党史办、刘声贵、安仁县侯氏宗祠管委会审阅。三方审阅后都对书稿内容进行了肯定,并建议上交郴州市委党史办进一步审读。据此情况,安仁县党史办出具了审读意见,接着又派专人专车送我去郴州市委党史办上交书稿。三天后,市委党史办来电话告诉我,书稿内容详实,文笔生动,事实清楚,可以出版。

我从市委党史办领拿到审读意见后立即联系了出版社,出版社审读后建议我请安仁县委书记为该书作序。我把这一情况向党史办做了汇报,并通过党史研究室主任、县委政策研究室负责人许国君将书稿送给了县委书记李小军。一周后,书记通知我序已写好。我万万没有想到书记对这件事非常关心,更没有想到的是书记在序中不但高度评价了该书写成的意义,还评价我"其德其行令人感佩",这让我受宠若惊。

接着侯氏宗祠管委会、安仁县党史办为我筹集了出版费。对于出版后的发行工作,县党史办、县文联、县新华书店、侯氏宗祠管委会等单位也做了安排。这本书的写成与出版光靠我一个人的力量是不够的,它是各方共同努力的结晶,更是五十万安仁人民向革命烈士献上的崇高敬意。

许妙惠

2020年6月3日

图 1　左起侯清德（侯梯云烈士孙子）、许邦行（侯持恒烈士孙女婿）、侯茂藻（侯廉材烈士孙子）、侯军生（安仁县侯氏协会会长）在侯氏宗祠前合影